Master of Business Administration

工商管理硕士(MBA)系列

MBA

管理信息系统

GUANLI XINXI XITONG（第2版）

■ 主编　赵　鹏

重庆大学出版社

图书在版编目（CIP）数据

管理信息系统 / 赵鹏主编 . -- 2 版 . -- 重庆：重庆大学出版社，2024. 6. --（工商管理硕士（MBA）系列教材）. -- ISBN 978-7-5689-4556-1

Ⅰ. C931.6

中国国家版本馆 CIP 数据核字第 20249A1P10 号

管理信息系统
（第 2 版）

主编 赵 鹏

策划编辑：尚东亮

责任编辑：夏　宇　　版式设计：尚东亮
责任校对：王　倩　　责任印制：张　策

*

重庆大学出版社出版发行
出版人：陈晓阳

社址：重庆市沙坪坝区大学城西路 21 号
邮编：401331
电话：（023）88617190　88617185（中小学）
传真：（023）88617186　88617166
网址：http://www.cqup.com.cn
邮箱：fxk@cqup.com.cn（营销中心）

全国新华书店经销
重庆长虹印务有限公司印刷

*

开本：789mm×1092mm　1/16　印张：15.5　字数：348 千
2014 年 9 月第 1 版　2024 年 6 月第 2 版　2024 年 6 月第 2 次印刷
ISBN 978-7-5689-4556-1　定价：59.00 元

前言（第2版）

近年来信息技术有了极大的发展，管理信息系统相关前沿技术层出不穷，其应用上也日趋广泛和深入。从政府机关政务信息化及网络化，到企业管理信息化和电子商务化，信息系统无处不在地发挥着巨大的作用，对社会发展产生了深远的影响和积极的作用。管理信息系统的广泛应用不仅支持和帮助组织提升了管理和决策效益，使其能够保持竞争优势而持续发展，同时也为社会生活带来了极大的方便与快捷。

目前，高等院校经管类专业普遍都开设了"管理信息系统"课程，按其教学培养计划，学生通过课程学习后应能够掌握有关信息及信息处理的基本理论和方法，了解管理信息系统的主要特征、基本结构、规划及开发等建设过程的一般性方法，从而对信息系统理论及应用有较为深刻的了解。然而，"管理信息系统"这门课程学科理论交叉、实践性较强，除了管理类理论基础以外，还需要一定的工科基础知识。对于工商管理硕士（MBA）及经管类专业的学生而言，因其基础知识结构较偏向文理科，相对缺乏有关计算机和信息技术的专业性基础知识，因而在学习和理解上或许会存在一些困难，需要针对性的教程设置及适合的教学方法。本课程重点基于管理应用的角度讲解信息系统，同时也适当地教授一些相关信息技术的基础性知识，更有助于学生理解和掌握课程知识，提高学习兴趣和积极性。

"管理信息系统"作为管理领域的一门重要课程，也是工商管理硕士（MBA）核心课程之一。本书在综合目前国内主流教材特点的基础上，结合编者十余年 MBA 课程教学实践，采用管理信息系统经典的理论体系和框架，力求深入浅出，理论与应用相结合，内容与形式上均有所创新。全书共分为七章，从管理信息到管理信息系统的基本概念、信息处理技术等基础知识入手，较为系统和完整地讲解了管理信息系统的战略规划、系统分析、系统设计；再到系统实施、运行维护与评估等系列相关理论及应用知识；最后还简要介绍了目前管理信息系统的应用与发展动向。通过教学能够帮助学生从无到有，从一般性了解到理论与实践相结合的系统性掌握有关管理信息系统的理论知识及应用技能。全书充分考虑了经济管理类学生的知识结构特点，内容形式上浅显易懂且富有趣味性，使读者更易于学习和理解。

笔者多年从事 EMBA、MBA、MPA、工程硕士，以及经管类研究生、本科生的管理信息系统课程的教学工作，在长期的教学实践中逐步摸索、总结出一些较为有效的教学方法和经验，期望借此机会能抛砖引玉与同行进行交流和探讨，同时能给大家提供一点教学思路上的参考。

本书自 2014 年 9 月第一版发行以来，已被十余次选作硕士、本科课程教材，教学效果良好。基于本教材的"管理信息系统"慕课也于 2018 年年底上线（智慧树），目前已成功运行六期，并被评为 2021 秋冬"一流高校精品课程（专业课）"。本次修订删除了原书部分略显过时的内容，更正了已知错误，同时依据教学使用意见补充和调整了部分内容，特别是增加了一些相关信息前沿技术方面的介绍。此外，因计划另出配套的案例及习题集，故原书中的案例分析及习题部分未再保留。

本书在编写及修订过程中得到了学院领导、同事及出版社编辑的大力支持与帮助，在此一并表示衷心的感谢！受编者学术水平和知识范围所限，书中疏漏和错误之处在所难免，真诚希望学界同行与读者提出宝贵的意见，以使本书能不断完善。

编　者

2021 年 11 月

目录

第1章 管理信息系统概论

开篇几句话

事实上，"信息"这个名词在我们当今生活中已然是广泛出现，但直到 20 世纪 90 年代，民间更为熟悉的恐怕还是另外一个名词——情报。改革开放以后，随着现代科学技术的发展及应用，"信息"以及与其相关的系列概念才为大众所普遍运用。

在我国港台地区，还有一个和"信息"类似的名词被广泛运用，那就是"资讯"。"情报"也好，"资讯"也罢，本质上均同义于"信息"。

此外，人们还常常听到"信号""消息"等词汇，这些与"信息"有区别吗？其间又有何关系呢？这个问题我们随后也将讨论。

再来说说"管理"，对于经济与管理类专业的读者而言，当然深谙"管理"一词的含义。我们这里所说的"管理"是本书名《管理信息系统》中的"管理"这两个字。

首先，这里的"管理"是名词定语而非动词，表示随后的"信息"的类别属于管理类的，或者可理解为管理方面的信息，并非去管理什么信息或者信息系统。"管理信息系统"意指有关管理方面的信息系统。

最后还有一个问题需要强调，经管类专业学习本课程的意义和目的是在管理工作中更好地运用管理信息系统，或者说通过使用管理信息系统来增强管理能力、提高管理水平。再直接地讲，管理信息系统是现代管理中的先进工具和技术手段。

在课程中我们需要学习和掌握与管理信息系统相关的基本概念和基础知识，也需要了解一些有关管理信息系统的规划、设计和实施等在建设和使用过程中必备的基础理论和常规方法，但是课程学习的根本目的还是能够在管理实践中更好地运用管理信息系统。即便是作为用户的管理人员，虽然不一定是管理信息系统主要的设计者和建设者，但一定是最重要的参与者，脱离用户参与的管理信息系统注定是失败的。

正如普通人家里需要装修房屋，尽管找了专业的装修公司，但自己懂得一些与装修有关的基本常识还是很有必要的。比如了解一下通行的装修工艺及规范、常用的装修材料和用途，以及正规的装修方法和施工步骤等。当然并不是为了亲自干装修，而是为了更好地与装修公司沟通，表达自己对装修的要求，并能够更好地参与或配合装修工程，更重要的是有利于将来入住后的使用和维护。对于经管类学生而言，本课程学习目的大致同理。

当今世界，全球经济趋于一体化，社会经济高速发展，经济信息化已成为世界经济发展的大趋势，这也正是社会生产力发展的必然。在这个信息时代，信息已经成为人类社会不可或缺的基本需求。从宏观上讲，信息是国家制定政策、进行宏观调控的重要战略资源；从微观上看，企业从事日常事务处理、生产控制、生产决策也离不开信息的支撑和作用。随着信息管理水平的提高，信息技术应用范围日益扩大，与企业经营关联最为密切的管理信息系统也得到了前所未有的重视和发展，其应用领域越来越广泛，应用层次越来越深入。可以毫无疑问地说，信息尤其是管理信息已经作为当代社会发展的最新生产力，正从总体上引导着世界经济和社会发展的进程。

一般认为，信息系统是由计算机硬件、网络、通信设备、计算机软件、信息资源、信息用户和规章制度组成的以处理信息流为目的的人机一体化系统，其系统目的是实现从信息的收集、传递、存贮、加工、维护到使用的完整过程。其中以管理应用最为突出，现阶段七成以上都是管理信息的应用。这类管理方面的应用信息技术已发展成为专门的"管理信息系统"。

管理信息系统是一门新兴的学科，其主要任务是最大限度地利用现代计算机及网络通信技术以加强企业的信息管理，通过对企业拥有的人力、物力、财力、设备、技术等各类资源的调查分析，建立起正确的数据和数据处理模型，将与管理活动有关的数据加工处理、编制成各种信息资料并及时提供给管理人员，以便进行正确的决策，从而不断提高企业的管理水平和经济效益。

那么，究竟什么是管理信息系统？其定义、组成及作用是什么？它和一般的计算机数据处理或控制系统又有什么共同点和区别呢？要系统地掌握这些知识，最好还得从几个最基本的概念说起。

1.1　有关信息的几个基本概念

1.1.1　信息与数据

由于信息与数据的关系如此紧密，我们在介绍信息概念的时候也不得不提到数据。这两个概念就像一对孪生兄弟，有着太多的相似之处，甚至更似血脉相同的母子，关系密不可分，以至于人们在实际活动中的很多时候并没有在意和区分其不同。但是，为了科学地应用信息，我们必须搞清楚信息和数据这两个基本概念的不同。

为方便理解，还是首先说说信息吧。

1）信息

"信息"一词有着很悠久的历史，早在两千多年前的西汉即有"信"字的出现。"信"常可作"消息"来理解。作为日常用语，"信息"经常是指"音讯、消息"的意思，但至今"信息"还没有一个公认的定义。

说到"信"的由来或典故，讲一个戏曲故事，越剧《柳毅传书》。

唐代，淮阴秀才柳毅赴长安应试落第，归途中借道访友，途经泾河畔，见一牧羊女悲啼，询知竟为洞庭龙女三娘。三娘悲述遣嫁泾河小龙后饱受虐待，遭贬为牧羊女，被折磨得遍体鳞伤。柳毅甚为同情三娘的遭遇，亦憎恨泾河小龙残暴成性，不但欺凌妻室，且常涂炭生灵，乃仗义誓为三娘传送家书，遂慨然跋山涉水，千里奔波至洞庭湖，奋身入海向三娘之父洞庭龙王求救。然洞庭君优柔寡断，虽心疼女儿受难，却又不敢发兵泾河，救回女儿。所幸其弟钱塘君惊悉侄女被囚，勃然大怒，即刻赶奔泾河，杀死泾河小龙，救回龙女。三娘得救后，深感柳毅传书之义，乃请叔父作伐求配。不料柳毅为避施恩图报之嫌，竟拒婚而归。可喜三娘矢志不渝，偕其父洞庭君化身为渔家父女同柳家邻里相处，与柳毅感情日笃，遂以真情相告。柳毅与她订齐眉之约，终结为伉俪。

而另外一个有关于信息的案例故事可就不那么美好了，这就是"烽火戏诸侯"。"烽火戏诸侯"的故事可谓家喻户晓，其实这也可以说是一个关于"信息"的最古老的故事。众所周知，烽火本是古代敌寇侵犯时的紧急军事报警信号，却被周幽王当作了博美人一笑的儿戏，最终导致西周的灭亡。

可见，关于对信息的使用自古有之。运用得当，成人之美，千古佳话；滥用信息，误国害己，遗臭万年。

当然，"信"可以表达和传递信息，但信息毕竟并不完全仅限于"信"的形式。那么，近代对信息的概念描述又是怎样的呢？

1928年，哈特莱在《信息传输》中提出：信息是指有新内容、新知识的消息。1948年，克劳德·艾尔伍德·香农博士在《通信的数学理论》中给出信息的数学定义，认为信息是用以消除随机不确定性的东西，并提出信息量的概念和信息熵的计算方法，从而奠定了信息论的基础。诺伯特·维纳教授在《控制论：动物和机器中的通信和控制问题》一书中，阐述信息是"我们在适应外部世界、控制外部世界的过程中，同外部世界交换内容的名称"。1956年，英国学者阿什比提出"信息是集合的变异度"，认为信息的本性在于事物本身具有变异度。1975年，意大利学者朗高在《信息论：心得趋势与未决问题》中指出：信息是反映事物构成、关系和差别的东西，它包含在事物的差异之中，而不在事物的本身。可见，至今为止，信息的概念仍然仁者见仁智者见智。

另外一个与信息同义的词是"情报"，在过去的几十年中，相当程度上我们对这个词的使用还要多于"信息"这个词。或许是因为字面上的敏感容易导致某些误解，"情报"这个词现在用得确实比较少了，显然已经被"信息"所代替。

本书认为，信息是关于客观事实的可通讯的知识。这个定义虽短小精悍，却简明扼要地诠释了信息的三个基本特性。

（1）信息首先是知识，具有知识的特征和作用

所谓知识，是人们对自然、社会的认知和见识。关于知识，英国伟大的哲学家、思想家培根有句名言："知识就是力量。"可见信息确实具有知识的基本共性。

早些时候，知识也被人们称为"学问"。电视剧《白鹿原》里有这么一段情节，白嘉轩初任族长，甚感迷茫恐不能胜任其职，于是求教于姐夫朱先生。朱先生给他讲了远古舜帝的故事，希望他为人做事能多学习古人风范。感悟之余嘉轩不无崇拜地赞叹姐夫真有学问，不料被朱先生反问学问是什么，嘉轩有些不解，说你那一屋子的书不就是学问吗？

（2）可通信是信息的基本特性，通信才能传播

可传播性是信息最重要的根本特性之一，大多数情况下，只有传播的知识才能是信息。而知识也往往是通过各种方式的传播才得以实现其信息价值的。

除了与生俱来的本能和潜意识之外，人的知识来源于各种社会实践和学习。人们通过各种渠道获取数据，并加以理解和接受而转化为自己的知识。从这个角度讲，信息处于知识的前一阶段即传播过程，信息最终成了新的知识并被运用。

电影《星语心愿》中"洋葱头"车祸去世后，在天堂入口竟中了大奖得以重返人间。他回到心仪的护士秋兰身边，想方设法想要告知对方自己是谁，但每当他说到相关话题就会发生癫痫而无法说话；用写信的方式告知，秋兰打开却只是一张白纸；再尝试用录音带的方式告知，秋兰听见的却全是噪声。正如天使所言：天机不可泄露，他始终无法将有关天堂的信息传至人间。

反之亦然，古时候正是受限于通信的匮乏和落后，知识和文化仅限于极少数人所掌握，导致人们愚昧无知。直到笔墨和书籍的出现，以及各种通信手段的发明才促进了现代文明的普及。

（3）信息是客观的事实

信息必须具备真实性。人们日常生活中经常会提到消息这个概念，但消息并不等同于信息，消息中可以蕴含信息，或者说消息中客观真实的部分才是信息。

信息系统可以通过处理数据来加工信息，但没有信息系统能够主动验证和辨别消息的真实性，信息的客观性需要靠采集或输入信息的人来保证。针对信息的这个特性，关于信息系统有一个说法：输入是垃圾，输出肯定是垃圾（garbage in and garbage out），即著名的"GIGO观点"。因此，我们应该确保输入信息系统的就是客观真实的信息（数据），从而才可能有正确的输出信息（数据）。信息系统本身是没有变废为宝的能力的。

此外，正如开篇就提到过的几个基本概念需要厘清，即信息、信号和消息。

先说信息与信号，信息的概念通过上面的介绍大家一定都比较清楚了，那么信号呢？信号与信息又有什么主要的区别呢？

其实信号对于大家来说并不陌生，在交通、电力、通信、工业控制等领域，在日常工作和生活中经常都会遇到各种各样的信号。信号不就是信息吗？是，但也不完全是。

为什么这样说呢？我们还是先了解一下数据吧。

2）数据

数据是人们最熟悉的概念之一，在现实生活中大家会接触和使用到各种各样的数据。数据也称资料，有时甚至被简单地称作数字。关于数据的定义实在是太多了，这里介绍最简单的一个定义，即数据是被记录下来可以被鉴别的符号。数据的这个简单定义实际上也包含了两个最根本的意义。

（1）数据是一种有特定意义的符号

数据可以是数值、字符等基本形式，也可以是图形、图像、动画、视频、语音和音乐等多媒体形式。

（2）作为数据的符号必须可以被识别

不管数据的类别是什么，也无论数据的符号形式如何，作为数据的符号必须是可以被识别的。如果不能被识别，数据的值就无法获取，其含义也就无从知晓。

以前很多医院的医生以手写方式为病人开药方，字迹怪异到一般人难以辨认，但药房的药师却能准确无误地照方抓药。如果真的无人识得，那这个药房岂不就毫无作用了。所以，对数据符号的识别，只要有能够正确识别的可能，无论是多人还是一人，甚至只是某种机器设备能够识别（如磁盘、光盘上存储的数据）也是算数的。

从本质上讲，信号属于数据范畴，或者说是数据的一种形式。

1.1.2 数据与信息的关系

了解并区别了信息和数据的基本概念后，还有一个重要的问题需要弄清楚，那就是数据与信息的关系。透过现象看本质，人们关心数据，其实是关心数据所代表的意义。故我们可以这样来理解数据和信息的关系：数据是对信息的表述，而信息是对数据的解释。人们用特定的数据形式来表达、存储和传播信息，也通过对数据的正确解释和理解来获得信息。

作为信息表现形式的数据首先必须是能够被识别的，甲骨文的发现和红崖天书的破译就是很好的例子（图1.1、图1.2）。

图 1.1 甲骨文

图 1.2 红崖天书

甲骨文作为中国最古老的文字之一，沉寂于漫长的历史岁月长河中，直到1899年才被重新发现和认识。因此引发的对殷墟文化的发掘等一系列考古活动，极大地推动了考古研究，取得了许多举世瞩目的研究成果。可以说，甲骨文的发现对中国考古学具有划时代的意义。

红崖天书原名"红岩碑"，位于贵州省安顺市关岭晒甲山半山处，红色岩壁上那些赤红色的神秘符号，似字非字，古怪离奇，仿佛蕴含着穿越时空的非凡意义，数百年来被视为天书宝卷，引历代中外学者不断地探索求解。多年来数度卷起破译热潮，产生了很多的破解猜测版本，最为主流的有诸葛亮兵书说、藏宝秘籍说、建文帝讨燕檄诏说等，近代甚至还有人提出过史前文明或外星文明遗迹这样异想天开的猜测。也有地质专家认为，这属于岩石中天然矿物质沉积及风化后的痕迹呈现，属自然现象而非人为作品。20世纪末当地政府曾重金悬赏破译研究成果，再一次掀起了天书破解高潮。其中，建文帝讨燕檄诏说认为，明建文帝在"靖难之役"后逃到贵州，采用变体组合文字书写讨伐朱棣篡位的檄文，以表明其复国之志。但该说法也存在不少争论和质疑，尚无明确定论。

更广为人知的还有英国著名的麦田怪圈（图1.3）、智利的复活节岛巨石像（图1.4）等。正是因为这些怪异的符号特征无人能够完全解读，至今仍是悬而未决的世界之谜。

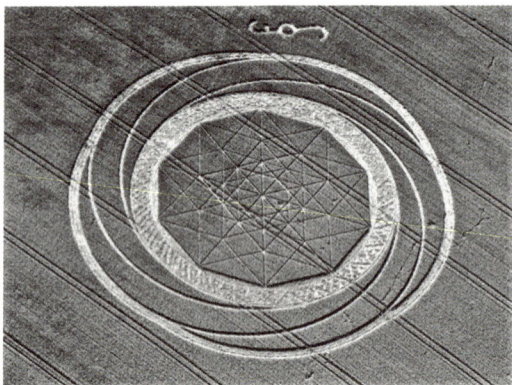

图1.3　英国麦田怪圈

图1.4　智利复活节岛巨石像

由此可见，符号必须被识别才能成为数据，而数据能够被理解和解释才成为信息。

再回头说说《白鹿原》里白嘉轩和朱先生的对话，当白嘉轩说书就是学问，朱先生又继续追问："书？还是书上的字呢？"见白嘉轩无以为答，朱先生继续说："对读书人是书，而不识字的人只当作如厕用的纸。"然后顺手捏住了书上的一条小虫子继续说道："对于它来说，就是一碗香喷喷的油泼面呢。"白嘉轩听得似懂非懂。

其实朱先生所言正是道破了数据与信息之间的某种关系，那就是只有真正读懂或者说理解了数据的实质，也就是获得了其对应的信息，数据才是有意义的。

数据必须被正确地解读才能传达其所蕴含的信息，错误地解读数据不仅不能得到有价值的信息，有时甚至会导致严重的后果。

　　除了上面提到的消息并不一定是信息之外，信号与信息也是不同的。现代社会普遍使用各色各类的信号，如交通管理中的红绿灯信号，这些信号告诉人们此刻应该采取何种对应的操作或控制动作，这是否也是一种信息呢？如果你是一位驾驶技术娴熟的老司机，当你看见红灯信号时需要大脑理解和思考一下后才会去踩刹车，还是几乎不假思索就把脚踩了下去呢？自动控制及人工智能技术的发展已经出现了各种自动驾驶技术，如无人机、无人驾驶汽车等，这些先进的控制系统完全能够识别预设中的各种信号，然后根据既定处理程序进行自动控制。

　　俄国心理学家巴甫洛夫曾用狗做了一个实验：每次给狗送食物以前打开红灯、响起铃声。这样经过一段时间后，铃声一响或红灯一亮，狗就开始分泌唾液。这就是著名的条件反射实验（图 1.5）。

图 1.5　条件反射实验

　　动物和机器能够对信号做出条件反射，但却无法像人一样产生更深层次的自主性思维，这也正是信号和信息的差别。人不仅能对信号产生本能性的反应（类似于条件反射，有些情况下也称肌肉记忆），而且还能够基于自身的意识条件进行理解和展开思维活动。

　　因此可以认为，动物和机器只有信号反应，但并不会有信息。信息需要有意识地思维和理解，只有人才能够通过对信号（数据）的理解获得信息，即只有对于人而言信息才有意义。

　　信号常常容易被误解为信息，其实它仅是数据的一种表现形式而已。再先进的人工智能系统也只能进行数据处理而不可能如人一样有信息这种深层次的反应，这一点正如机器人能够进行各种复杂操作但永远无法实施人类的管理活动一样。

　　很多时候，数据和信息还真的难以区分，因为两者之间有着太密切的关系。一方面，数据的本质意义是其所代表的信息，正确理解和解释数据即可获得对应的信息；另一方面，信息需要以各种数据形式予以表述、存储及通信。我们所看到或听到的是数据，以各种方式存储或读出的是数据，包括在各种途径下正在进行通信和传递的也都是数据，只有能够在人的大脑的意识形态层面引起反应的才是信息。

　　数据和信息这样密不可分，犹如"鸡与蛋"一般的密切关系，不由得令人想到那个亘古纠结的问题：是先有鸡还是先有蛋呢？

当然，现在的问题应该是：到底是先有信息还是先有数据呢？

先来看看以下几个常见的事例：教室后面的墙上挂着时钟，正常走时的时钟不断显示着当前时间的数据，大家回头看看就能知道此刻是几点几分，这就是对时间信息的获取。开车的时候，只需要瞄一眼仪表盘上的速度表就知道当前的车速是多少。关心自己的体重，只要站上体重秤，看一下显示数据就明白了。再如，想要获知本月的耗电量以计算应缴纳的电费，先观察电表上的数字，再用该数据减去上月的抄表数据，就可以得到本月的实际耗电量了。

上述事例中我们通过观测仪器仪表上的数据而获得了所需的信息，在最后一个例子中还需要进行一点简单的计算。那么，在没人去看、去关注那些数据的时候，那些数据也不一直是显示着的！当然了，体重秤上的数字是我们站上去后才有显示的，等显示稳定下来后再读出。我们每一次都是先读到了数据，然后才会在大脑里产生对应信息意义的反应：哇，快下课啦；不好，已经超速了；或者，唉，又长胖啦；等等。

可见，上述事例中都是先有数据再有信息的。说到这里，一定有不少读者会感到困惑：前面不是刚提到"数据是对信息的表述"吗？那不是先有了信息才用特定的符号形式来表达这些信息，从而得到数据的吗？

没错，其实这取决于信息的获取方式，或者说看该信息是直接还是间接获取的。一般而言，直接获取信息都是通过对数据的读取或感知来获得的，这种情况显然是先有了数据再有的信息。而很多时候人们可能是以间接方式获取的信息，比如说看新闻、听广播或者上网等。以报纸为例，或许有人会想到是记者把自己已经知道的信息写成文字（数据）在报上登出，这似乎就是先有了（记者的）信息，然后才有（报纸上的文字）数据。然而，这其实只不过是从读者的角度来看的，也就是说是间接地获得信息。如果从信息的本源上看，仍然还是先有数据再有信息的，因为记者就是通过现场采访、调查等直接方法获得第一手数据并转化为自己的信息的。

到这里，如果对信息和数据究竟哪一个先的问题仍然不甚理解，别急，等学完有关信息的分类之后就一定会更清楚了。

信息可以被加工，实质上是对描述信息的数据进行加工处理，使其成为人们所需要的表达着新的信息的数据。对信息的加工也可以有算数和逻辑等处理形式，如上面提到的电费的计算，通过当月计数减去上月计数而得到本月的实际耗电量，然后再依据电费计价标准计算得到所需要缴纳的电费金额。那么，关于电费的信息就是通过一系列对相关数据的加工处理而得到的。

因此，我们可以把管理信息定义为"反映控制管理活动中经过加工的数据"。信息和数据就是这样辩证而统一的一对概念，虽然两者之间有区别，但这种区别往往也只是相对的。因此，在现实的管理活动中，人们在使用"数据"和"信息"这两个术语时经常也并不太严格地加以区别。介于管理活动的连续性和广泛性，其中许多的决策和控制过程都需要相应的数据处理。每个过程都有其所需的数据输入并通过一定的处理后输出对应的决策信息，前一个过程的输出信息也可以是后一过程的输入数据。如果从一系列连续的决策过程整体上看，信息与数据的区别确实并不太明显。比如，在企业管理中，下层管理决策的结果为上层管理决策提供依据，而上层决策结果又是下层管理工作的重要指导。从供应链的角度上讲，一个企业内部的信息还可以提供给上下游的其他企业使用，这就是所谓管理信息的递归定义（图1.6）。

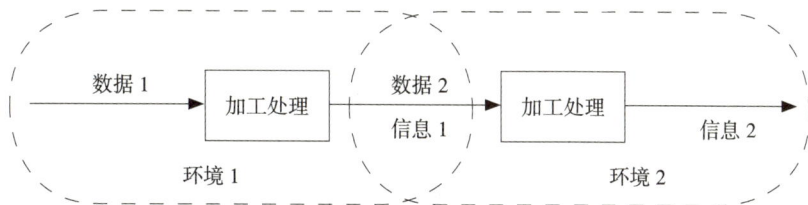

图 1.6　管理信息的递归定义

1.1.3　信息的基本特性

信息具有许多特性，比较重要的有以下几点：

①客观性。由前述信息的定义可知，信息应该是人们意识中对客观现实事物的反映。非客观不真实的意识反映不仅没有价值，反而可能误导人们的判断和决策。

②可识别性。信息是可以识别的，不同的信息源有不同的识别方法。或者通过感官直接识别，或者通过各种形式的测试手段间接识别。

③价值性。信息的价值性体现在两个方面：一是获取信息所付出的代价，即信息的交换价值（成本）；二是使用信息所带来的收益，即信息的使用价值。现代社会中，企业经营或者人们的日常活动都可能需要使用信息，其作用与原材料、设备、能源等生产资料以及人力资源等作用同等重要甚至更为重要，可以说信息是一种战略资源。信息同时也可以是一种商品，具备商品的基本特征，可以使用也可以交换。

④可传输性。信息通过各种各样的传输方式进行扩散，信息的可传输性是信息的本质特征。很多时候信息的传输速度和传输质量还会对信息的价值产生直接的影响。随着现代通信技术特别是网络通信技术的飞速发展，信息的传输方式及传输速度都在发生着革命性的变化。在某种意义上可以认为，信息传输技术的发展决定了人类文明和社会发展的进程。

⑤可存储性。信息可以通过各种方法进行存储，并通过存储来实现信息的积累，而信息的积累对信息价值也同样有着重大的作用。一般来说，信息的积累会增大信息的价值，很多情况下甚至会呈指数级增加。

⑥可压缩性。信息来源于对数据的抽取、加工。因此，信息是数据的概括和综合，但这种综合并不会影响信息对决策的作用，而且在满足管理需求的同时亦不改变信息的本质。同样，压缩也是必需的，因为收集全部信息是不可能的，也是不必要的。面面俱到、大量而繁杂的信息反而有可能模糊重点，对决策产生误导而起副作用。信息

的可压缩性决定了信息是不完整的。人们对信息进行加工、整理、概括、归纳就可使之精练，从而浓缩。只有正确地取舍才能保证信息的使用价值。

⑦可扩充性。信息在具有可压缩性的同时也具有可扩充的特性。这个特性是指信息随着时间的变化将不断地扩充。因为只要保持信息来源畅通或者开拓出新的信息渠道，我们就可以源源不断地获取到最新的信息，这些新的信息是对已有信息的补充和扩展，而信息的可存储性也保证了信息扩充和积累的实现。

⑧可转换性。信息可以由一种形态转换成另一种形态。这可以从信息的形式和价值两个方面来理解。信息是经过加工而来的，因此，从信息的表现形式上看，信息是经过转换的数据。另外，从信息的价值上看，通过指导正确的决策，信息转换成企业或组织的价值。

⑨可分享性。信息是可以共享的，信息资源的共享与一般物质资源的分享有所不同。一方面，信息资源的分享是非耗损性的，共享中信息的量并不会减少，但其价值则可能会降低，这是因为信息的分享虽没有直接损失，但会造成间接损失。如果传递出去的信息涉及企业的竞争策略，就会造成企业的经济损失。另一方面，从全局上来看，信息的总利用价值可能随其共享过程而增大。就组织内部而言，信息的分享性使信息成为一个组织的资源。作为组织中重要的信息资源，信息只有实现共享，才能实现组织各部门的协调一致和企业内部的集成。

⑩不完全性。信息世界丰富多彩、包罗万象、无穷无尽，人们所获得的信息只是其中的一部分，随着信息技术的发展，人们可以获得越来越多的信息。从信息的作用来说，当然信息量越大越好，但在实际应用中往往不可能也不需要那么面面俱到的信息，而应该掌握最核心、最关键或者必需的信息，只要能满足应用需求就可以了。所谓认识无穷尽，需求有目的。

⑪特定范围有效性。信息在特定的范围内是有效的，否则是无效的。这其实也可以分为时间范围上的有效（时效性）和应用范围上的有效（适用性）两个方面。

信息具有时效性，过时的信息往往对决策失去意义。没有人会买过期的报纸，还有天气预报信息、交通路况信息、股市行情信息等，过期以后是没有意义的，如果再使用甚至会导致错误的判断和决策。一般情况下，随着时间的推移，大多数信息的价值会贬值（少数特殊信息，如有历史性意义的才有可能更加珍贵），而且往往会存在临界点，一旦过了临界点信息就失效了。

信息也具有适用性，如果超出了其适用范围的信息也是无助于决策的。我们不能用上海的天气预报信息来决定重庆的田径运动会是否如期举行，也不可以用北京的交通路况信息来指挥重庆的道路交通。在企业管理应用中，即便是同行业，别的企业的生产信息也不太可能适用于本企业的生产管理。

1.1.4　信息的分类

为了便于研究和利用信息，人们对林林总总、形形色色的信息采用了多种分类方法。

比较常用的分类方法有以下几种：

1）按信息的产生及属类划分

信息按产生根源和归属内涵可分为自然信息和社会信息。

（1）自然信息

自然信息是指在自然界中产生和客观存在，并被人们所感知、采集及认识的各种生物或非生物的物理信息。这些信息一般反映了自然环境的状态和变化，如气候、天象、温度、风速、雨量等。

（2）社会信息

社会信息与人类活动有关，是人类在社会实践活动中为了生存、生产和社会发展而收集、加工和利用的信息。

2）按获取信息的方式划分

这种划分方式是按照人们获取待使用信息的方式来划分的，可分为一次信息和二次信息。

（1）一次信息

一次信息也称直接信息、原始信息，是指在自然界中产生并被人们所感知、采集及认识的信息，如气候、天象、温度、风速、雨量等。它是人类社会实践活动中直接产生或得到的各种数据、概念、知识、经验及总结。

（2）二次信息

二次信息是经过了加工和处理后的间接信息，是根据特定的需求对原始信息资源进行加工、分析、改编、重组、综合概括等处理后生成或获得的信息。

信息按这种方式分类就只有两种形式，非一次信息即为二次信息。也就是说，除了直接获得的信息之外，其他所有间接或者更多间接获得的信息均为二次信息。

由此可以知道，既然二次信息均来源于一次信息，而一次信息又是通过直接采集数据而获得的，那么总的来说当然是先有数据再有信息了。

3）按信息的反映形式划分

这种划分方式是按照表达信息的数据的形式来划分的，一般可分为文本数字信息和多媒体信息。文本数字信息的数据形式以字符文本和数值数据为主，而多媒体信息的数据表现形式就比较多样化了，包括声音、图形图片、视频图像等。

1.2 信息的度量

信息的可存储性和可通信的特点需要依靠一定的技术方式来实现，这个实现过程需要对信息进行度量。此外，信息的价值性决定了信息也可以作为一种商品，通过交换和使用得以实现其价值，而作为商品的交换过程也同样要求信息是可以度量的。那么，该如何对信息进行度量呢？

1.2.1　数据量与信息量

人们可以通过看书读报来获取信息，书报的页数和篇幅与信息的度量有关吗？人们可以通过发电报、打电话来交换或获取信息，电信局是按照电报字数或者通话时间来计算费用的，那么信息的度量与电报报文长度或者电话通话时长有关吗？互联网是目前人们获取信息的主要手段，网络服务商也常用网络通信流量来进行计费，那么信息的度量与网络数据流量有关吗？

以上都可以归结到一个问题，那就是：信息的量与表达信息的数据的量有关吗？

试想：两本同为《管理信息系统》的书，一本250页，30万字，25元；另一本500页，50万字，52元。哪一本的信息量大？读者会选哪一本呢？好吧，就算是同一本书，不同的人读完以后，所获得的信息量是一样的吗？

如果大家都看完同一本《管理信息系统》后，每个人从中获得的信息量相同吗？作为该课程的任课教师，乃至该书的编者在看完这本书后所获得的信息量会是一样的吗？如果不一样，那么谁获得的信息多，谁获得的信息少呢？如果获得的信息量更多，那是因为他勤奋、聪明吗？而获得信息量更少的人，是因为他笨或者懒惰吗？

或许答案有些出乎读者的意料，不要惊讶，如果你就是这样认为的，那么可以推测你在学完本书后就能够获得更多的信息！而任课教师从本书中获取的信息相对就会少得多，编者当然获取的信息就更少了。

为什么会有这样的结果呢？这是因为有关信息的度量是这样定义的：信息量的大小取决于信息内容消除人们认识的不确定程度，消除的不确定程度大，发出的信息量就大，消除的不确定程度小，发出的信息量就小。如果事先就确切地知道消息的内容，那么消息中所包含的信息量就等于零。如果信息使得人们认识的不确定程度更大了，则该信息量为负值。

注意：信息量为负值并不等于就是有害信息。理论上信息的度量只是反映其产生的作用及影响，并无好恶之分。所谓好消息、坏消息本身也是相对的，信息量有正负，但信息没有好坏之分。

对信息的度量本质上是衡量信息的作用程度，并非针对其表现形式即数据量的大小。下面介绍两种常用的对信息进行度量的方法。

1.2.2　利用概率来度量信息

既然信息的量与其发挥的作用，即实际消除掉的不确定性直接相关，那么我们就可以从信息作用前事件的确定概率到信息作用后事件的确定概率之间发生的相对变化比率来确定信息的量，也就是说信息可以利用概率来进行度量。

下面是一个度量信息的案例：

有人到重庆大学来找某位教师，为计算简便起见，假设重庆大学共有教师1 000人，那么在其头脑中，目标的可能性空间为1 000人，也就是找到该教师的概率是 1/1 000。到了学校大门第一次打听，门卫查询后告知"该老师是管理学院的"，而已知管理学院共有 100 名教师，于是目标的可能性空间就缩小到 100 人，为原来的 1/10；继续找下去，来到了管理学院，第二次打听后又得知该教师是信息系的，而信息系只有 10 名教师，至此目标的可能性空间又缩小到 10 人，只需要在 10 个人中寻找了。

在整个找人的过程中共获得了两次信息，每次信息均可度量，而总信息就是各次信息的总量。在该案例中，目标的可能性空间缩小到原来的 1/10，并不是直接用 1/10 来计量信息，而是以 1/10 的负对数来表示其相应的信息量。

对数法计算是为了方便各次信息量的总计求和，类似声学中有关分贝的计算，工程应用上常用此方法来简化整个系统的计算量，而取负值暂时可以理解为是为了保证在"人们认识的不确定程度"缩小时有正值的信息量。

下面是该案例中两次信息总量的计算：

$$-\log \frac{100}{1\,000} + \left(-\log \frac{10}{100}\right) = -2 \log \frac{1}{10}$$

显然，只要可能性范围缩小了，获得的信息量总是正的；如果可能性范围没有变化，$-\log 1 = 0$，获得的信息量就为零；如果可能性范围扩大了，信息量变为负值，人们对这事件的认识就变得更模糊了。

此外，还有一点大家要特别注意，在该案例中两次获得的信息量分别是：

第一次：

$$-\log \frac{100}{1\,000} = -\log \frac{1}{10}$$

第二次：

$$-\log \frac{10}{100} = -\log \frac{1}{10}$$

可见，两次打听所获得的信息量竟然是一样的！大家可能在直觉上都会觉得第一次获得的信息有更大的作用，但为什么两次获得的信息量实际上是相等的呢？这里主要是需要区别信息量和信息的价值这两个不同概念，前者取决于获得信息前后认识的不确定程度的相对变化量，后者则与使用信息后的作用效果，即认识程度的绝对变化量有关。

由此可知，在以上对信息量的计算方式中，信息量不是按信息作用前后事件概率变化的绝对量，而是按相对量来计算的。

现在我们已经知道信息量可以计算了，按照物理学的量纲原则，要实现对信息的度量还得有确定的度量单位。那么，信息量的度量单位是什么？这个单位又是如何定义的呢？

我们再来看一个猜硬币的游戏，恐怕这样的小游戏各位都玩过。如果想在游戏中保证每次都能猜中结果，当然就得依靠提示了，比如旁边有人用暗语把关于硬币状态的信息传递给你。那么，这个提示的过程中所需传递的信息量该有多少？如果要按照信息量（不是价值）的多少收取信息费，该如何收？

先告诉大家吧，信息量的单位叫作比特（bit），关于比特单位的定义如下：

1 比特的信息量是指含有两个独立均等概率状态的事件所具有的不确定性能被全部消除所需要的信息。

信息量的计算公式可以写成：

$$H(X) = -[P(X_i)\log_2 P(X_i)] \qquad i = 1, 2, 3, \cdots, n$$

式中　X_i——第 i 个状态（共有 n 个状态）；

　　　$P(X_i)$——第 i 个状态的概率；

　　　$H(X)$——用以消除该系统不确定性所需的信息总量。

验证一下，要完全猜中抛硬币结果所需的信息量为：

$$
\begin{aligned}
H(X) &= -[P(X_1)\log_2 P(X_1) + P(X_2)\log_2 P(X_2)] \\
&= -(0.5\log_2 0.5 + 0.5\log_2 0.5) \\
&= -(-0.5 - 0.5) \\
&= 1 \,(\text{bit})
\end{aligned}
$$

在上面的游戏中，如果对相应信息定价为 10 元 / 比特，即每提供一次信息来保证猜中就要收费 10 元。

现在换个难度更大的游戏：猜骰子。那么，要完全准确地猜中投掷六面体骰子的结果所需的信息量又是多少呢？如果还是按 10 元 / 比特（相当于信息的单价不变），每提供一次信息来保证猜中该收费多少？

按照以上关于比特的定义和信息量计算公式，有以下计算：

$$
\begin{aligned}
H(X) &= -[P(X_1)\log_2 P(X_1) + P(X_2)\log_2 P(X_2)] + \\
&\quad [P(X_3)\log_2 P(X_3) + P(X_4)\log_2 P(X_4)] + \\
&\quad [P(X_5)\log_2 P(X_5) + P(X_6)\log_2 P(X_6)] \\
&= -\left(\frac{1}{6}\log_2\frac{1}{6} + \frac{1}{6}\log_2\frac{1}{6} + \frac{1}{6}\log_2\frac{1}{6} + \frac{1}{6}\log_2\frac{1}{6} + \right. \\
&\quad \left. \frac{1}{6}\log_2\frac{1}{6} + \frac{1}{6}\log_2\frac{1}{6}\right) \\
&= -\left(\log_2\frac{1}{6}\right) \\
&= 2.584\,962\,5 \,(\text{bit}) \\
&\approx 2.6 \,(\text{bit})
\end{aligned}
$$

按此计算的话，提供完全准确地猜中投掷六面体骰子的结果所需的信息量的收费应该是 26 元。

1.2.3　全情报价值

利用概率计算来度量信息的方法是针对信息量的大小进行的，我们已经知道信息量本身大小并不等同于其使用价值几何，这也许不太适合于经济管理类的应用，那么，有没有更直接计算信息价值的方法呢？有，还真有！这就是全情报价值，一种直接计算信息使用价值和最大可接受获取成本的方法。

所谓全情报价值是指获得全部情报，对客观环境完全了解，使一切决策均在最优情况下可能得到的最大收益与不收集情报所作的最好收益之差。

这个全情报价值的概念可以绕过关于信息量的计算而直接体现信息的使用价值，同时也可以昭示为获取信息可以接受的最大成本。值不值得收集信息，或值不值得使用新的信息系统，都可以用全情报价值的观点来衡量。

以下是一个有关全情报价值应用的经典示例：

某菜贩由郊区向市区贩卖蔬菜，如果市场好，可按原价卖出三车；市场为中，可卖两车；如果市场差，只能卖一车。每车 6 000 斤（1 斤 =0.5 千克），每斤赚 0.1 元。若超过以上市场情况多运，则多的部分要便宜处理，每斤损失 0.05 元。按照以往的统计规律市场好的概率为 0.3，中的概率为 0.5，差的概率为 0.2。

以菜贩的角度考虑，怎样做才能赚得更多一些呢？靠涨价显然是违背市场经济规律的，靠做广告开拓市场确实是一种方式，但是在既定的市场条件下，那就只能靠科学的运作方式了。

具体而言，那就是每天究竟拉几车去卖好呢？是保守地只拉一车保险，还是胆大地拉三车以博取最大利润？或许应该采用折中方案，拉两车既稳妥又有望多赚钱呢？

做生意当然不能全靠运气，更不能靠瞎蒙乱猜，至少我们可以先用应用统计学的方法来进行科学的计算和分析，那就是计算三种方案的平均期望收益，取其最大者。

按照本案例中已知的条件，三种方案及其对应于不同市场行情的平均期望收益矩阵见表 1.1。

表 1.1　各种运菜方案的平均期望收益（1）

市场行情及对应概率　　收益 / 元　　运量 / 斤	好 0.3	中 0.5	差 0.2	平均期望收益 EMV/ 元
一车：6 000	600	600	600[*]	$0.3 \times 600 + 0.5 \times 600 + 0.2 \times 600 = 600$
两车：12 000	1 200	1 200[*]	300	$0.3 \times 1\,200 + 0.5 \times 1\,200 + 0.2 \times 300 = 1\,020$[*]
三车：18 000	1 800[*]	900	0	$0.3 \times 1\,800 + 0.5 \times 900 + 0.2 \times 0 = 990$

稍作说明，如果固定按拉一车的方案执行，显然无论市场行情怎样，都能卖出去，但最多也就只能赚到 600 元；如果固定按拉两车的方案执行，遇到市场行情好或中都

能全部卖出去，赚到 1 200 元，但遇到市场行情差时，第一车卖出去赚到 600 元，但第二车就卖不出去了，只能处理掉而倒亏 300 元，最终只赚到 300 元；如果固定按拉三车的方案执行，只有在市场行情好的情况下能够全部卖出去，赚到 1 800 元，遇到市场行情中或差的情况，就会有一车或两车卖不出去导致要处理，会分别倒亏 600 元和 300 元，结果只能赚到 900 元甚至完全没有赚到钱。

通过以上计算可知，两车方案的平均期望收益值最大（1 020 元），可见该方案最好。

必须指出，这个方案的选择是因为其平均期望收益最大，而不是因为市场行情的概率最大（50%），更不是因为遵循了所谓的中庸之道而采取的折中方案。

如果将该案例的参数稍作调整，比如说改为每斤卖出去可以赚 0.2 元，其他参数不变，则情况就会有所变化。对应的平均期望收益计算见表 1.2。

表 1.2　各种运菜方案的平均期望收益（2）

市场行情及对应概率 收益/元 运量/斤	好	中	差	平均期望收益 EMV/元
	0.3	0.5	0.2	
一车：6 000	1 200	1 200	1 200*	0.3 × 1 200 + 0.5 × 1 200 + 0.2 × 1 200 = 1 200
两车：12 000	2 400	2 400*	900	0.3 × 2 400 + 0.5 × 2 400 + 0.2 × 900 = 2 100
三车：18 000	3 600*	2 100	600	0.3 × 3 600 + 0.5 × 2 100 + 0.2 × 600 = 2 250*

显然，这次是拉三车的方案最好，因为其平均期望收益最大（2 250 元）。

所以如果案例参数改变，盈利和亏损数据，以及有关市场行情的概率不同都会影响到最终方案的选择。此外，最大的平均期望收益是否就是利润的极限了呢？还有没有可能赚得更多一些？

仔细分析上述案例，如果固定地采用某一个方案，随市场行情的变化都会存在"没赚够"（拉少了，失去了多赚的机会）或"有亏损"（拉多了，有卖不出去的只好处理掉）的情况。如果我们能够准确地把握市场需求，每天都按照市场的实际需求能卖几车就拉几车，而非固定的方案，这样既可以避免卖不出去的亏损，又可以把握卖得出去的机会，必然可以获得更高的收益。

那么，怎样才能做到这一点呢？关键就在于对有关市场行情信息的利用。要能够做到这一点，就需要完全了解市场的实际需求，换句话说，就是需要获得有关市场需求的信息。

其实有很多方法可以尽量地获得有关市场需求的信息，市场调查、预约销售等都是常用的手段。当然，获得信息也是需要付出代价的，这就是信息的成本。使用全情报价值的概念和计算方法，可以分析计算出多花多少钱去收购有关该市场行情的情报是值得的。

全情报价值计算公式：

$$EVPI = P\left(\theta_j\right)\max\left[C\left(a_j,\ \theta_i\right)\right] - \max E\left(a_i\right)$$

此式的第一项是：市场为好运三车，为中运两车，为差运一车。

以表 1.1 中的案例数据为例，表中"＊"表示每天均能得到该种市场情况下的最大收益，这样卖一段时间后的总平均收益为：

$$0.3 \times 1\ 800 + 0.5 \times 1\ 200 + 0.2 \times 600 = 1\ 260（元）$$

公式中第二项是按照平均期望收益 EMV 最大选择的一种方案，以此方案执行一段时间所获得的平均收益，即为 1 020 元，故：

$$EVPI = 1\ 260 - 1\ 020 = 240（元）$$

从而可知该案例的全情报价值为 240 元，即获得该市场情况情报的代价若超过 240元就得不偿失了。同理，可以计算出表 1.2 中案例数据所对应的全情报价值：

$$EVPI = 2\ 520 - 2\ 250 = 270（元）$$

现实中很多商家乐意采用各种预售优惠活动，例如电商经常推出的定金加倍抵货款等形式，其实质就属于对全情报价值理论的运用。商家通过顾客预订情况以掌握市场的真实需求，而其所做出的让利等活动成本当然会低于对应的全情报价值。

1.3　信息与熵

有关信息的概念我们已经略知一二，那么什么是"熵"，信息与熵又有什么关系呢？确实大有关系，通过信息与熵的关系可以进一步加深我们对信息的理解。下面首先来了解一下"熵"的概念。

熵其实是对英文单词"entropy"的意译。"entropy"最初由德国物理学家鲁道夫·克劳修斯创造并应用于热力学。"tropy"源于希腊文，是转变之意。"en"是源于 energy（能量）的字头，可知其意与能量转换有关。1923 年，德国物理学家普朗克来中国讲学，担任翻译的我国著名物理学家胡刚复教授苦于无法将"entropy"这一概念直译成中文。他根据"entropy"意为热量与温度之商，而且这个概念与火有关，就在"商"字前加了一个"火"旁，创造出了一个新字"熵"，含义极其妥帖，故得以沿用至今。

1850 年，克劳修斯首次提出了熵的概念，用来表示任何一种能量在空间中分布的均匀程度，能量分布得越均匀，熵就越大。当一个体系的能量完全均匀分布时，这个系统的熵就达到最大值。他认为在一个系统中，如果任由其自然发展，那么能量差总是倾向于消除的。让一个热物体与一个冷物体接触，热就会以下面所说的方式流动：热物体将冷却，冷物体将变热，直到两个物体达到相同的温度为止。熵的变化和最大值确定了孤立系统过程进行的方向和限度，熵增加原理就是判断自发过程进行方向和限度的热力学第二定律。

熵的概念虽最早源于热力学，但后来逐步在控制论、概率论、数论、天体物理、生命科学等领域都有了重要应用，在不同的学科中也引申出更为具体的定义，是各领域十分重要的参量。比如，在物理学上熵指热能除以温度所得的商，标志热量转化为功的程度；在系统论中用以表述体系混乱的程度。

熵在科学技术上用来描述、表征系统不确定程度的函数，亦被社会科学用以借喻人类社会某些状态的程度，而在传播学中表示一种情境的不确定性和无组织性。

1948年，克劳德·艾尔伍德·香农在《贝尔系统技术期刊》上发表了《通信的数学原理》一文，首次将熵的概念引入信息论中。香农借鉴了热力学的概念，把信息中排除了冗余后的平均信息量称为"信息熵"，并给出了计算信息熵的数学表达式，这才解决了对信息的量化度量问题。

所谓信息熵，可以简单理解成某种特定信息的出现概率，而信息熵和热力学熵是紧密相关的。根据查尔斯·本内特对麦克斯韦妖的重新解释，对信息的销毁是一个不可逆过程，所以销毁信息是符合热力学第二定律的。而产生信息，则是为系统引入负（热力学）熵的过程，所以信息熵的符号与热力学熵应该是相反的。

信息熵的概念也表明了信息的基本作用就是消除人们对事物的不确定性。不确定性越大，所需要的熵也就越大，也就是把它搞清楚所需要的信息量越大。

信息熵也是信息论中用于度量信息量的一个概念。一个系统越是有序，信息熵就越低；反之，一个系统越是混乱，信息熵就越高。故也可以说信息熵是系统有序化程度的一个度量。

再简单一点，可以认为有关信息度量的计算公式恰好与热力学第二定律中有关熵的公式基本一致。还可以这样认为，熵是系统无序状态的量度，即有关于系统的不确定性的量度。

众所周知，自然界中物质往往可以呈现出三态（固态、液态、气态）之间的物理变化，而这个变化就与熵的作用相关。

加热（增加熵）→ 固态 ↔ 液态 ↔ 气态 ← 降温（减少熵）

而信息量与熵所反映的系统运动过程和方向相反。

减少信息 → 清晰 ↔ 模糊 ← 增加信息

因此，信息在系统运动过程中也被视为负熵。

1.4 管理信息系统概念

管理信息系统是在多门科学的基础上建立起来的，涉及管理学、信息处理技术、系统工程科学等多个学科领域，是一门综合性质的应用学科。因此，学习管理信息系统，首先除了上节有关信息与数据的若干基本概念要掌握以外，还必须了解和掌握有关管理与系统工程的一些基础知识。

1.4.1　管理

要解释管理信息系统的相关基本概念，按照字面顺序来看，第一个基本概念就是管理。不过关于管理的基本定义显然不是本书的重点，相信大家在此之前已经有了了解，这里也就直接给出一个比较简单的定义：管理（manage）是指在社会组织中为了实现预期的目标，以人为中心进行的协调活动。

在这里还有一个关于管理的定义很值得一提：管理是指通过计划、组织、领导、控制及创新等手段，结合人力、物力、财力、信息等资源，以期高效地达到组织目标的过程。该定义中有两点要请大家注意：一是说明了管理的基本职能手段是计划、组织、领导、控制，另一个更重要的是指明了信息也是一种资源。

要特别注意的是，管理只能是人类的活动，再先进智能的机器人也不可能进行管理工作。

1.4.2　管理信息

1）管理信息的概念

之前我们在讲述信息与数据关系时曾提到管理信息是"反映控制管理活动中经过加工的数据"，而从其本质意义上来说，管理信息是能反映组织各种业务活动在空间上的分布状况和时间上的变化程度，并能给组织管理决策和管理目标的实现带来参考价值的数据和资料。如企业中的调查资料、技术文件、计划文件、工艺规程、原始记录、统计报表、工作指令等都是管理信息。由此可见，管理信息是专门为某种管理目的和管理活动服务的信息。相对于一般的信息概念，管理信息属于狭义信息。

管理信息通常通过数字、文字、图表等形式反映企业生产经营活动的运行情况，并借之以沟通和协调管理活动中各个环节之间的联系，实现对整个企业的有效控制和管理。

管理信息是企业计划和决策的基础，是企业内部调节和控制生产经营活动的依据和前提，是联系企业管理活动的纽带，是提高企业经济效益的保证。

同理，管理信息仅对人才具有价值和意义，必须通过人的解释和运用（决策）才能产生作用。离开了人的活动就无所谓管理，也就不存在管理信息了。

2）管理信息的特性

管理信息是信息的一种，当然也就具有信息的一般特性。此外，作为一类狭义的信息，管理信息还具有其自身的一些特性。

①系统性。管理信息是在一定的环境和条件下，为实现某种目的而形成的有机整体，必须能全面地反映经济活动的变化和特征。因此，任何零碎的、个别的信息都不足以帮助人们认识整个生产经营活动的发展变化情况。

②目的性。管理信息能反映生产经营过程的运行情况，可以帮助人们认识和了解生产经营活动中出现的问题，为各种决策提供科学的依据。对任何管理信息的收集和

整理，都是为某项具体管理工作服务的，都有明确的目的性。

③等级性。由于管理活动本身就是划分等级的，一般可以分为基层的作业活动、中层的管理控制和高层的决策。不同层次的管理活动产生或使用的信息也是不同的，因此信息具有等级性。

决策层的信息有关企业的长远发展和全局利益，比较全面、抽象，也较为宏观，称为战略信息。作业层的信息反映业务活动的全部内容和需求，较为具体、详尽，信息量也极大，称为作业信息。而介于以上两个层次之间的是关于企业运营活动的战术信息。战术信息来源于作业级信息的汇总和统计，如月生产计划、产品质量和产量情况，以及成本的统计资料等。这个层次的信息既是对下层作业信息的分类和汇总，同时本身也是上层战略信息处理的来源，因此其信息量、信息的抽象程度、详尽程度都处于以上两个层次之间。不同级别的管理信息在诸多属性上有很大差异，如图 1.7 所示。

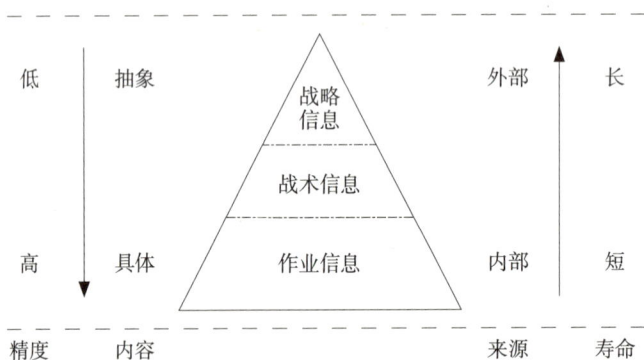

图 1.7　不同等级管理信息及其属性差异

从图 1.7 中可以看出，越向底层管理信息量越大、精度越高、内容越具体，越向高层管理信息越浓缩、时效性越长、来源越外部化。

④滞后性。生产经营过程中产生的原始数据需要经过一定的加工才能成为信息，利用信息并经过决策才能产生对应的结果。数据、信息、决策状态的前后之间存在一定的时间间隔，这就是管理信息的滞后性。企业管理工作者应当设法缩短它们之间的时间间隔，减少滞后性，以提高管理信息的利用效率。

3）管理信息的分类

前面曾经介绍过信息的分类，根据管理信息自身特点和应用上的需要，有学者对其进行了专门的分类。

管理信息的分类是指根据信息管理的要求，按一定标准和属性将信息划分或归并为若干类别。信息分类对确定信息系统的组织结构、信息加工技术手段的选择、便于检索和使用都有重要的意义。管理信息的分类方法比较多，主要的分类方法如下：

（1）按信息反映的时间划分

管理信息按信息反映的时间可分为历史性信息、现时信息和预测性信息。历史性信息是对过去经营管理活动过程的客观描述，是过去一段时间内经营管理活动状况和发展状态的反映。现时信息是反映当前经营管理活动和市场情况的各种情报。预测性信息是指判断未来生产经营活动发展趋势和变化规律的信息。正确的经营决策既依赖于反映过去的历史性信息，又需要表现当下的现时信息及判断未来的预测性信息。

（2）按信息的来源划分

管理信息按信息的来源可分为企业外部信息和企业内部信息。企业外部信息也称外源信息，是从企业外部环境传输到企业的各种信息，可以通过上级主管部门、财政金融部门、有关信息服务中心、供货单位、国内外市场、有关会议传入企业，也可由企业有关人员专门搜集加工后为企业所用。企业内部信息也称内源信息，是在企业生产经营管理过程中产生的各种信息，如原始记录、定额、指标、统计报表以及分析资料等。

（3）按信息的性质划分

管理信息按信息的性质可分为常规性信息和偶然性信息。常规性信息也称固定信息或例行信息，反映企业正常的生产经营活动状况，在一定时期内按统一程序或格式重复出现和使用，而不发生根本性的变化。偶然性信息也称突发性信息或非例行信息，是反映企业非正常事件的无统一规定或格式的非定期信息。常规性信息是企业生产经营活动的主要依据，偶然性信息对企业进行风险决策具有重要意义。

（4）按信息的用途划分

管理信息按信息的用途可分为战略信息、战术信息和作业信息。战略信息也称决策信息，是企业最高管理层为决定企业发展的战略目标以及为实现这一目标所应采取的对策时需要的信息。战术信息也称管理控制信息，是企业中层管理人员进行生产经营过程控制所需要的信息。作业信息是反映企业日常生产和经营管理活动的信息，主要来自企业的基层部门，主要为企业掌握生产进度、制订和调整生产计划提供依据。

以上从不同角度对管理信息进行了分类，主要目的是进一步弄清管理信息的特点，并根据信息需求者的不同情况提供相应的信息。概括地说，直接指挥日常业务活动的管理者所需的信息主要是历史性的、内部的、常规性的信息，并且信息的内容具体而详细，精度较高，更新较快。对于制定决策和规划的管理者来说，他们所需要的信息主要是预测性的、外部的、非例行的信息，并以综合性信息为主，其精度较低。至于监督控制环节所需要的信息，则介于上述两者之间。它以内部信息为主，但在处理计划执行偏差的影响因素时，又往往需要辅之以外部信息；在分析和总结生产经营情况时，主要依据常规信息，但还要考虑部分偶然信息；监督控制应以已发生的事实为依据，但为了防患于未然，也需要一定的预测信息。这一环节所需信息的综合性要比日常业务管理者强，其精度和更新间隔时间也与之有差别。总之，不同的管理者对信息的需求特点是不同的，认为无论何种信息都是越多、越全面、越具体、越精确、越好的看法是片面的。信息提供者必须考虑管理者的特点，为其提供适用的信息，以提高决策的效率和科学性。

4）管理信息的重要作用

伴随着全球经济一体化的进程，与信息领域相关的各项高科技技术也突飞猛进地高速发展。从计算机处理到互联网通信，从数据挖掘到智能管理再到云计算，信息化是当今世界经济和社会发展的大趋势。20世纪90年代以来，信息通信领域内，国界和行业的壁垒已被打破，世界范围内掀起了信息大变革。世界经济正处于由工业经济向知识经济转变的时期，信息已成为企业的重要资源，也是我国企业实现由传统的粗放型、经验型管理向以信息技术为基础的集约管理和以数据分析为依据的科学管理转化的基础。管理信息的作用逐步为人们所认识，主要体现在以下几个方面：

（1）管理信息是重要的资源

信息对经济发展、社会进步的作用越来越大。信息正与物质、能量共同成为人类社会赖以生存和发展的三大资源要素。信息技术的发展异常迅速，已成为推动社会进步和经济发展的关键动力因素，信息产业成为现代社会和新兴产业发展的支柱产业；信息的占有水平与利用程度也成为衡量一个国家现代化水平的重要标志，成为国家综合实力的重要组成部分。

人力资源、原材料资源、机器资源（包括设备和能源）、资金资源等常见资源都是有形的，一般称为物质资源；而信息则是一种无形的资源，称为概念资源。管理者是利用概念资源来管理物质资源的。各种经济管理信息及时、准确、完整地收集、传输和综合处理，有助于促进市场经济健康发展和实现物质资源的合理配置。充分开发和利用信息资源，根据企业内部条件、外部环境来确定正确的发展战略、经营方针以开拓市场，能够大幅度提高物质资源利用率，提高生产附加价值和经济集约化程度。

（2）管理信息是决策的基础

现代管理的核心任务是制订决策，其过程包括信息收集、方案制订和确定方案三个步骤，可见信息是决策的基础，也是制订决策方案的先决条件和根本依据。尽管管理决策是非结构化的过程，一项正确的决策还取决于多种因素，包括决策体制、决策方法、领导者的能力、技巧等，但对客观实际、未来行动及其后果的正确判断显然是其中决定性的因素。管理信息的应用有助于企业降低决策中的不确定性和风险，尤其在企业战略决策方面有重要作用。

（3）管理信息是实施管理控制的依据

从控制论的观点看，管理过程是对相关信息进行收集、传递、加工、判断、决策的过程。管理活动，即围绕和伴随一系列生产活动，执行决策、计划和调节职能，以控制生产秩序的有效进行，而且这是一个带有反馈的闭环过程，如图1.8所示。

信息反馈是控制论的基础，也是科学管理的基础，在管理控制中起着重要的作用。在管理控制的实施过程中，管理的目标、计划信息输入企业系统后，往往因为受到来自内外部因素的干扰而使得输出结果偏离计划预期的目标。因此，管理者必须不断观察实际执行结果信息，与既定目标比较找出偏差并进行反馈，制订纠正措施，调整下一周期的输入，从而使系统向着预定的目标方向继续运行。

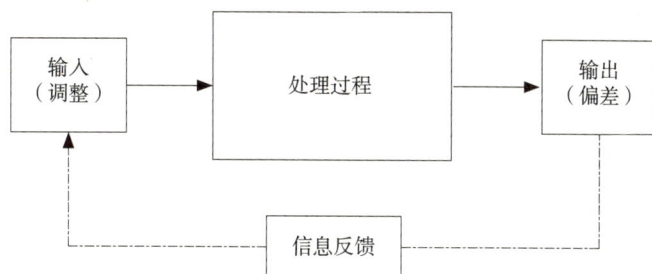

图 1.8 管理控制过程中的信息反馈

（4）管理信息是系统内外联系的纽带

社会再生产过程是生产过程和流通过程的统一，生产领域和流通领域由众多的部门、企业和行业组成，最终为众多的消费者服务。企业经营必须运用各种形式的经济信息，沟通产、供、销之间的联系。从企业内部来看，各种职能部门、生产或业务组织、人员和业务领域构成一个复杂系统。必须将信息流很好地组织并使之合理流动，才能将企业各组成部分联结为一个整体，使组织内部彼此协调，能够有条不紊地为了共同的目标协同运作。因此，信息既是系统之间联系的纽带，也是系统内各组成部分联系的纽带。

应用现代信息技术对供应商、生产商、经销商的信息进行集成管理，发展了供应链管理、电子商务、准时化生产等先进管理方式，极大地降低了交易成本，提高了企业对市场的反应速度和竞争能力。

1.4.3 系统

"系统"其实也算是人们很熟悉的一个常用概念，如生态系统、教育系统、卫生系统。较具体一点的还有计算机系统、控制系统、灌溉系统、呼吸系统、消化系统等。系统普遍存在于自然、社会和人类思维之中。

说到系统，自然得说说"环境"这个概念，因为任何系统都是处于其特定的所属环境之中的。人们也都有平常很熟悉的诸多"环境"，如生态环境、生活环境、工作环境等。一般认为，不属于系统但对系统有着影响的所有外部因素的集合就是环境。

系统与环境的概念是相对的，一个系统总是存在于一个环境之中，同时这个系统本身也往往包含有更小的系统。往大的方面看，一个系统的环境也可以被视为一个系统来研究，这样它就处于一个更大的环境之中，如地球是一个系统，太阳系可以看作地球的环境，而当我们研究太阳系的时候，太阳系又是一个系统，它处于银河系这个更大的环境之中；再往小的方面看，当研究一个系统中所包含的更小的系统的时候，这个系统显然又成了更小的系统的环境，如人体是一个系统，当我们研究人体当中的消化系统的时候，人体就是一个环境了。

系统与环境的关系非常密切，系统处于环境之中，必然会受到环境的制约和影响，但是环境往往也会因为系统的反作用而产生一定的改变。一般而言，环境的作用是决定性的，而系统的反作用就相对要小得多。

1）系统的定义

"系统"这个词最早出现于古希腊语中，是部分组成整体之意。关于系统的公认定义目前学术界尚未统一。一般来说，系统是由若干个相互作用和相互依赖的部分（也称元素）综合而成的具有独立功能的有机整体。

系统的这一概念包括三个方面的含义：系统由若干部分组成；系统的各个部分可以识别，能够分离且相对独立；系统各部分间又具有某些关联性。

根据系统原理，系统由输入、处理、输出、反馈、控制五个基本要素组成，如图 1.9 所示。

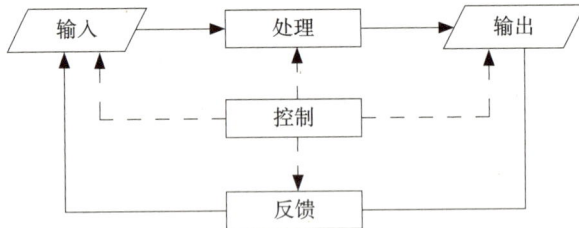

图 1.9　系统的一般性构成要素

2）系统的特性

一般来说，系统具有以下特性：

（1）整体性

系统由两个或两个以上可以互相区别的要素组成。系统的整体性表现为整体功能性。系统的整体功能不是各组成要素功能的简单叠加或拼凑，而是呈现出各组成要素所没有的新功能，而且系统的整体功能总是要大于各组成要素功能之和。简单地讲，系统的整体性决定了系统并不追求局部最好，而是希望整体上最优。

（2）相关性

系统的相关性表明了系统组成要素之间的关系。系统内各要素是相互作用、相互联系、相互协调和相互制约的。它们之间某一要素如果发生了变化，会影响其他要素乃至整个系统。因此，在系统要素变化时，应对其他相关联要素作相应的改变和调整，以保持系统整体的最佳状态。

（3）目的性

系统的目的是其存在和运动的理由，受内外部多种因素影响。系统的目的可以表现为多种不同的功能。人工系统的目的有时不是单一的。例如，在限定的资源情况下，企业经营管理系统的目的经常以产品（服务）品种、产量、质量、销售收入、成本利润等多种指标来表示。

（4）环境适应性

环境是对存在于系统以外的事物的总称，也可以说系统的所有外部事物就是环境。对于任何系统而言，环境都是一种更高层级的、更为复杂的系统，会限制系统功能的发挥。一个理想的系统应能时刻与外部环境保持最佳适应状态。不善于适应环境制约和变化的系统就没有生命力。

（5）动态性

系统是运动的，系统在不断的运动和变化中生存与发展，人们也是在系统的动态发展中实现对系统的管理和控制。环境的发展变化也要求系统通过运动和发展而保持最佳的适应状态，因此动态性是系统具有适应性的表现。系统的以上特征是管理信息系统设计者设计系统的出发点，也是评价系统优劣的主要依据。

3）系统的分类

系统可以从不同的角度进行分类，主要的分类方法有以下几种：

（1）按系统形成的方式分类

系统按形成的方式可分为自然系统和人造系统。自然系统是指客观世界发展过程中自然形成的系统，如天体系统、河流系统等。人造系统是指为了满足一定的目的和需要，人为组织起来的系统，如企业生产系统、管理系统、教育系统等。

（2）按系统与环境的关系分类

系统按与环境的关系可分为封闭系统和开放系统。系统的组成确定了系统的边界，边界之内为系统，边界之外为环境。系统与环境之间有物质、能量或信息交换的系统为开放系统；系统与环境之间不存在任何物质、能量或信息交换的系统为封闭系统。在现实生活中，不受环境影响的封闭系统实际上是不存在的，但作为一种研究需要的抽象概念，可以用它来表示与环境关系极小的系统。

（3）按系统复杂程度分类

系统按复杂程度可分为复杂系统和简单系统。简单系统的组成部分数量少且关系简单，复杂系统的组成部分数量多，关系复杂。一般来说，物理系统简单，生物系统复杂，人类社会系统更复杂。简单系统易于研究，复杂系统的研究需要采用逐层分解的方法，分解成子系统研究，然后再逐级集成，全面了解系统的整体运行状况。

（4）按系统输入输出的因果关系分类

系统按输入输出的因果关系可分为确定型系统和非确定型系统。确定型系统的因果关系明确，系统的行为可以预料。非确定型系统的输入输出关系复杂，因果关系不确定，系统的行为具有随机性。

（5）按系统的内部结构分类

系统按内部结构可分为开环系统和闭环系统。开环系统是一种没有控制要素的系统，当系统由于某种原因致使输出出现偏差时，无法使其回到预定状态，因此开环系统不稳定。闭环系统具有控制要素，能适时调整系统的输入输出，使系统按照预定的方式运行。

企业系统是人造的、开放的、复杂的、非确定性的闭环系统，企业系统的研究应从这几个方面入手：①明确系统的目标，即明确系统的输出，弄清系统是干什么的。②分析系统达到目标的方式，即分析系统输入、输出、处理、控制与反馈的流程。③确定系统的边界，明确系统与环境的关系。④将系统自顶向下逐层分解，全面了解子系统；掌握系统的运行机制，优化系统。

1.4.4　管理信息系统

从概念上讲，管理信息系统包括管理、信息和系统三个部分，因此，管理信息系统理论上源自管理理论、信息理论和系统理论。管理信息系统是一个主要针对信息在管理中应用的，由人和计算机系统等组成的，能进行信息的收集、传递、存储、加工、维护和使用的系统。管理信息系统能实测企业的各种运行情况，能够利用过去的数据来预测未来，从而从企业全局出发辅助企业进行决策，利用信息控制企业的行为，以帮助企业实现其规划目标。

一般情况下，管理信息系统又简称信息系统。信息系统是一个人造系统，由人、硬件、软件和数据资源组成，目的是及时、正确地收集、加工、存储、传递和提供信息，实现组织中各项活动的管理、调节和控制。其实质是一个为支持组织决策而进行信息收集、处理、存储和传递的"人—机系统"。除了支持组织的决策、协调与控制，信息系统还可以帮助组织的管理者分析问题、预测未来和实现创新。

从经营角度看，信息系统的作用在于从组织和管理上，针对环境的挑战而做出基于信息技术的解决方案，图 1.10 说明了信息系统在企业经营中的作用。

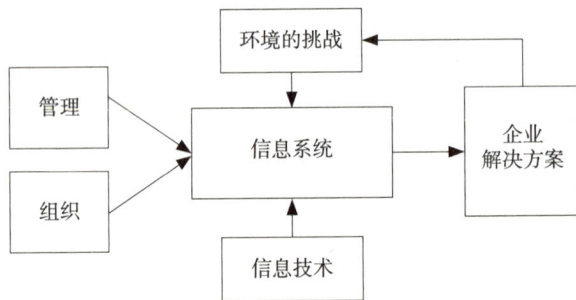

图 1.10　信息系统在企业经营中的作用

在传统的企业经营过程中，管理者面对来自环境的各种挑战，依托"组织"和"管理"寻求相应的解决方案去应对，如此循环反复。现代信息技术的应用极大地增强了此过程能力，管理者凭借由"组织""管理"再加上"信息技术"所构成的信息系统就能获得更高效的应对方案。因此，"组织""管理""信息技术"也被称为管理信息系统的三大支柱。而从环境的角度看，信息系统存在于组织之中并属于组织的一部分，如图 1.11 所示。

由图 1.11 可以看出，信息系统是处于"组织"以及"组织的环境"的双重环境中的，必然会受到双重的影响。

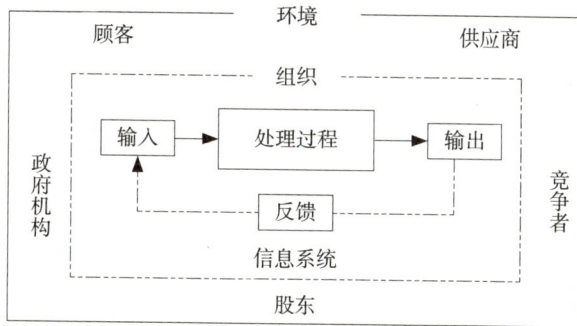

图 1.11 信息系统与组织和环境

1）管理信息系统的功能及特点

管理信息系统的根本目的是为管理决策提供信息服务，而由现代管理理论可知，管理的四大基本职能分别是计划、组织、领导及控制。管理信息系统对这四大职能均有良好的支持功能。所以，管理信息系统的功能主要包括：信息处理、预测功能、计划功能、控制功能、决策支持功能及其他辅助功能。

管理信息系统也是一个极其复杂的人—机复合系统，既涉及信息技术又依据管理理论，是一个"社会技术系统"，其综合特点包括以下六点：①面向管理决策；②综合性；③人机系统；④动态系统；⑤现代管理方法和手段相结合的系统；⑥多学科交叉的边缘科学。

同时，从技术性的角度看，管理信息系统又具有以下特点：①高度集中统一，将企业各处数据和信息集中起来，进行快速处理，统一使用；②有预测和控制能力，管理信息系统使用数学模型，如运筹学模型、数理统计模型来分析数据和信息，以便预测未来，提供决策支持；③有一个中心数据库及网络系统，这是管理信息系统的重要标志。

根据以上特点可以看出，管理信息系统与一般的自动控制系统相比要复杂得多。

2）管理信息系统的结构

管理信息系统结构上有多种划分方式：

（1）按作用层次或功能划分

一方面，可依据管理理论的金字塔模型，结合现代管理的层次划分，再按照管理信息系统在各个管理层次上的作用和特点作横向划分；另一方面，也可按照各个子系统所实现的对应功能进行纵向划分，结合起来即称为管理信息系统的横纵向划分，如图 1.12 所示。

横向划分为管理信息系统的层次结构：通常可以按照管理的几个层次划分为基层（作业处理）、中层（战术管理）和高层（战略管理）三个管理层次，而近年来随着现代管理理论在管理层次划分上的变化，也可划分为作业、知识、管理及战略四个层次。

纵向划分为管理信息系统的功能结构：除了以横向上的层次结构划分外，也可按照管理的职能或业务范围以及各子系统所实现的不同功能来进行纵向划分，如可划分

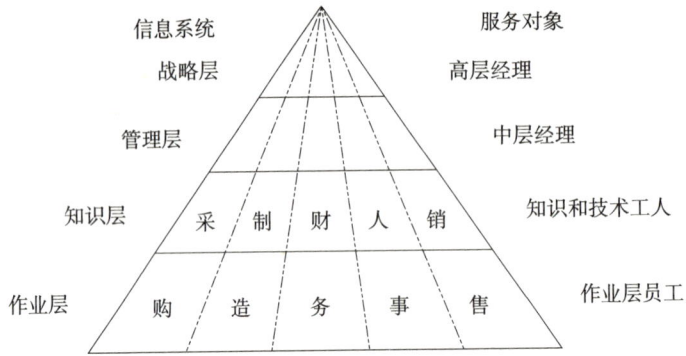

图 1.12　管理信息系统的横纵向划分

为财务管理子系统、制造子系统、营销管理子系统、人力资源管理子系统和办公自动化子系统等。

（2）按综合结构划分

由于各职能子系统有不同层次的信息处理结构，把管理信息系统的横向结构与纵向结构综合成为管理信息系统的纵横综合结构，如图 1.13 所示。

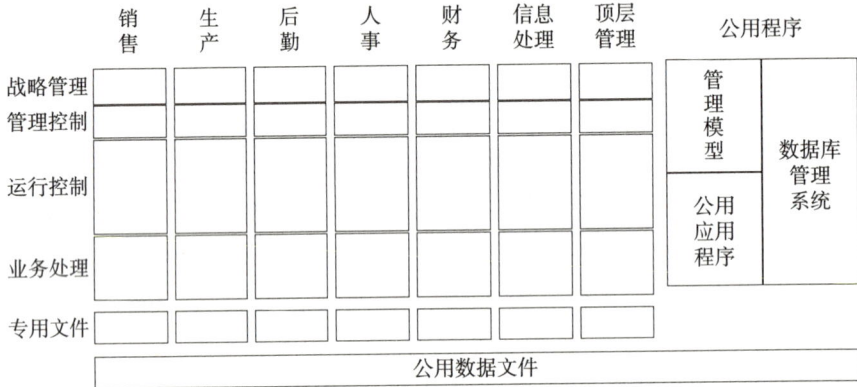

图 1.13　管理信息系统的纵横综合结构

（3）按组成结构划分

管理信息系统按组成结构可分为概念结构、逻辑结构和物理结构。

概念结构是用户对管理信息系统的整体观点，也是管理信息系统的一种宏观意义上的呈现（图 1.14）。

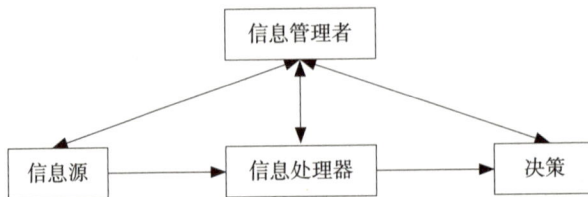

图 1.14　管理信息系统总体概念结构图

前面所说的按作用层次或功能划分和按综合结构划分都可视为其逻辑上的结构表现，即逻辑结构。

物理结构是实现管理信息系统的基础，无论一个管理信息系统功能有多强大、逻辑结构有多复杂，都是以特定的物理结构方案来实现的。

管理信息系统的物理结构是指系统的硬件、软件、数据等资源在空间上的分布情况，及其硬件系统的拓扑结构。一般有集中式、分布式和分布—集中式等三种类型。

例如，在分布式结构中，管理信息系统的物理结构也是多层次的，其首层物理结构如图 1.15 所示。

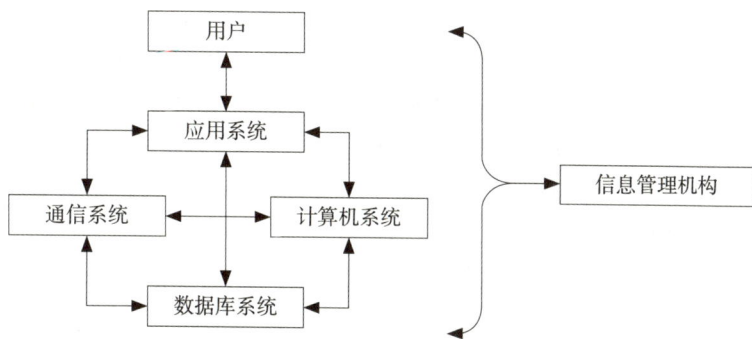

图 1.15　管理信息系统首层物理结构

随着不同环境和不同模式的系统应用，管理信息系统具体的物理结构也会有所不同，如图 1.16 所示就是一种目前较为常见的物理结构。

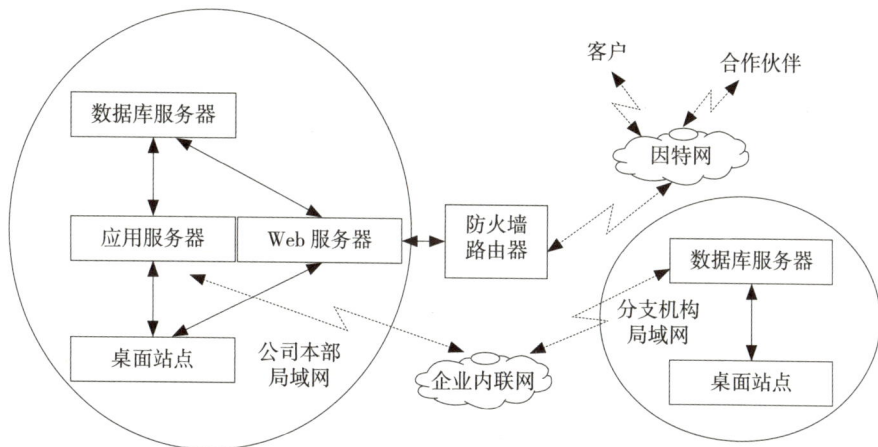

图 1.16　管理信息系统物理结构（分布式）

3）管理信息系统中的人—机关系

简单地讲，信息系统是一个"人—机系统"，所谓"人—机系统"就是一个由人和机器（信息加工设备，如计算机）共同组成的系统。可想而知，在没有计算机之前，信息系统当然也是存在的，只不过可能是一种完全由人工处理的系统。那么，会不会有不需要人仅仅由机器组成的信息系统呢？答案是否定的，因为计算机本身只能进行数据处理，输出的并非直接是信息，而是数据，只有经过人的解释以后，数据才成为信息，这也正是信息系统与自动控制系统的不同。

既然管理是人的活动，没有人的参与和作用就不会有管理信息，所以人在信息系统中具有不可替代的作用。事实上，管理决策是一种非常复杂的活动，既有结构化的，也有非结构化的。结构化的过程可以由一定的公式或规章来解决，而非结构化的过程（如人才选拔等）就要更多地依赖人的洞察能力、判断能力，就要更多地依赖人的经验和智慧才能实现。在现代管理中更多的往往是非结构化的过程。

人们依托管理信息系统能够实现更精准的决策及控制，提高管理水平，从而获得更好的收益。这里需要特别强调：人们在管理活动中使用管理信息系统综合运用各类相关管理信息，其目的在于提高管理决策的效益，而不是简单地追求决策的效率。

信息系统的作用是辅助决策而并非代替人决策，最终做出决策的还是人自己。总而言之，信息系统中的人与计算机都有着不可替代的作用，机器加工处理数据，再由人来实现信息及其价值作用。

计算机的长处：①能够保存大量的历史数据，并进行筛选、分析；②能够仿真应用环境和真实的管理系统；③产生各种方案的可行解，自动淘汰非优解。

人的特长：①能够根据经验和知识进行模糊推理；②善于处理各种与人有关的问题。

只有充分发挥人与机器各自的优势和长处，取长补短、有机结合，才可能实现强大的信息系统功能。

4）信息系统的类型

按照不同的应用角度和分类方法，大致可以对信息系统进行以下分类：

信息系统按其功能和服务对象，可分为国家经济信息系统、企业管理信息系统、事务型管理信息系统、行政机关办公型管理信息系统和专业型管理信息系统等。

信息系统按其目标、特点和应用层次，可分为业务信息系统、管理信息系统和决策支持系统。也有学术观点认为，决策支持系统仍然属于管理信息系统范畴，或者是其高级阶段的应用。

最为常见的分类方法是将信息系统分为以下几类：

（1）事务处理系统

事务处理系统（Transaction Processing System，TPS）是一个处理有关组织的基本业务、记录和更新所需详细数据的系统。这是信息系统中的基础信息系统，它产生基础数据库，为整个系统服务。事务处理系统是面向数据的，而不面向信息，且处理的大量数据是历史数据。

（2）办公自动化系统

办公自动化系统（Office Automation System，OAS）是目前应用广泛、发展迅速的一种管理信息系统，其主要目的是提高办公室行政工作人员（文秘、行政助理、部门经理等）的工作效率。办公自动化系统最基本的两项重要内容就是文档处理（如Office、WPS等系列软件）和电子通信（如E-mail），此外还有资料和文件管理、计划与日程安排等。

（3）知识工作系统

知识工作系统（Knowledge Work System，KWS）是支持组织内以脑力工作方式为主的知识工作者工作的系统，其作用是促进新知识的创造，保证新知识、新技术与企业经营的结合，是各类具体科学知识和工程设计的工作系统，如计算机辅助设计系统（CADS）、计算机辅助教学系统（CAIS）等。

（4）管理信息系统

管理信息系统（Management Information System，MIS）是运用系统管理的理论和方法，以计算机技术、网络通信技术和信息处理技术为工具和手段的人机复合系统。它具有对信息进行加工处理、存储和传递等功能，也具有预测、控制、组织和决策等功能。

（5）决策支持系统

决策支持系统（Decision Support System，DSS）是管理信息系统向更高一级发展而产生的先进信息管理系统。其目的是支持解决半结构化和非结构化的决策问题，为决策者提供分析问题、建立模型、模拟决策过程和方案的环境，调用各种信息资源和分析工具，帮助决策者提高决策水平和质量。决策支持系统只是支持而不是代替人的决策，目的是提高决策的效益，而不是提高决策的效率。

（6）高层支持系统

高层支持系统（Executive Support System，ESS）也称高级经理信息系统（Executive Information System，EIS），是20世纪80年代中期出现的面向组织高层领导，能支持领导管理工作，为他们提高效率和改善有效性的信息系统。

高层支持系统从管理信息系统、事务处理系统中获得数据后进行综合汇总整理，最终为企业和组织中的最高层管理和决策人员的日常管理与决策提供信息和帮助。其特征是人机界面十分友善且富有个性化，图文并茂且层次清晰，输入、输出操作均简单直接，提供的信息都是关系到组织生存与发展的关键信息。系统使用成熟技术，可靠性高，决策功能面对的问题是半结构化和非结构化的，此外还具有丰富的办公支持功能。

上述有关管理信息系统的分类可能会给大家带来一种疑惑：怎么管理信息系统分类中又包括了"管理信息系统"？其实，关于管理信息系统的概念也有广义和狭义之分。最初的管理信息系统是由事务处理、信息报告等结构化信息处理系统发展而来的，因此，一般认为管理信息系统属于结构化的系统，此为狭义的管理信息系统。后来，管理信息系统的信息处理能力逐步向着半结构化和非结构化发展，出现了决策支持系统（半结构化）和高层支持系统（非结构化），于是人们就把包括后面两者的系统统称为广义的管理信息系统。

5）各类型系统间的关系

以上几种系统实际上均是在管理信息系统的发展过程中演变和发展出来的，相互之间有着千丝万缕的联系。从管理的层次上看，各系统分布于作业、管理和战略等各个管理层次；从功能和作用上看，各系统之间相互配合、相互支持，特别是在数据关系上，低层次的系统为高层次的系统提供了数据支撑，如图 1.17、图 1.18 所示。

图 1.17 各系统位于的管理层次

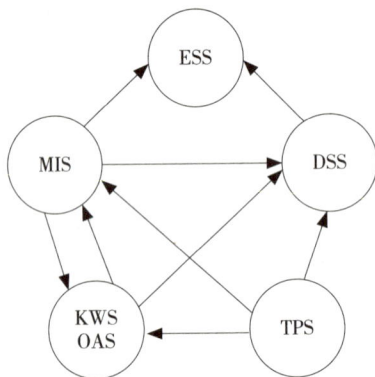

图 1.18 各系统之间的数据支撑关系

在以上六个系统中，最为常见也是最基本的还是事务处理系统（TPS）、管理信息系统（MIS）及决策支持系统（DSS），其结构分别如图 1.19—图 1.21 所示。

而这三个系统的主要特征性区别是：TPS 位于底层，面向数据，是其余各系统的数据基础；MIS 位于中间层，面向信息，主要解决结构化问题；而 DSS 位于高层，面向决策，主要解决半结构化与非结构化问题。

此外，MIS 与 DSS 在组成结构上有一个重大差别需要注意：MIS 主要解决结构化的问题，因此采用固定的管理模型，其输出完全由输入决定，即所谓的数据驱动，所以只有数据库而没有模型库；而 DSS 要解决的是半结构化和非结构化的问题，采用的管理模型并不固定，即便同样的输入，使用者选用不同的处理模型也会导致有不同的输出，即所谓的模型驱动，所以除数据库外还有模型库（两库模式），甚至还需要配备专门的知识库来配合模型的选择（三库模式）。

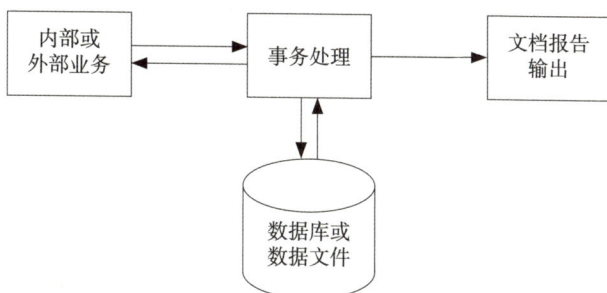

图 1.19　TPS 结构

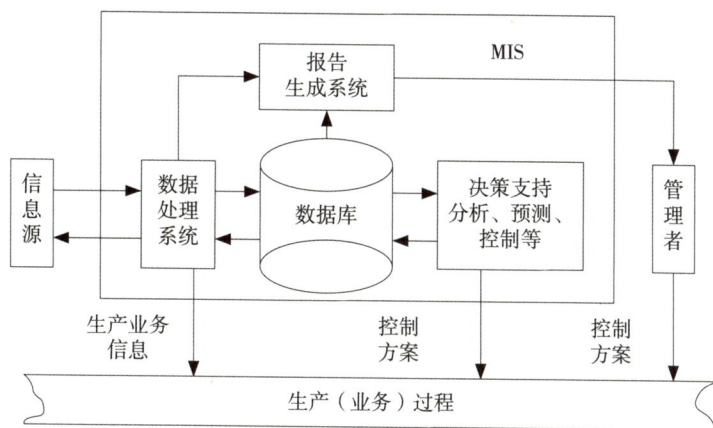

图 1.20　MIS 结构

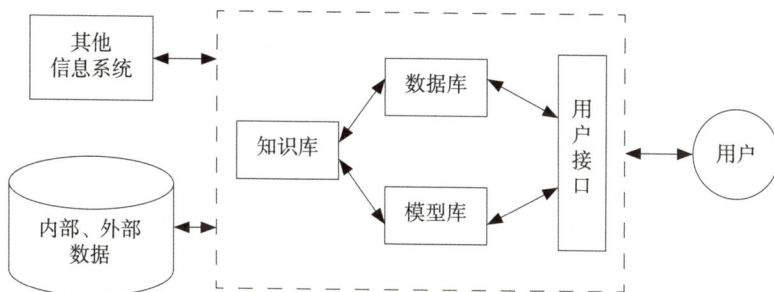

图 1.21　DSS 结构（三库模式）

1.5　管理信息系统的学科体系与研究方法

1.5.1　管理信息系统的学科体系

管理信息系统是引用了管理科学、信息科学、系统科学、行为科学、计算机科学和通信技术等诸多学科的概念和方法的综合性、边缘性的交叉领域，也是一门理论性和实践性都很强的学科，是依赖于管理科学和技术科学的发展而形成的。

管理信息系统不再只是一项技术，更是一种先进的管理思想，也是企业管理变革的重要手段，为企业管理创新提供了平台。作为一门应用学科，管理信息系统研究的是组织如何有效地应用信息技术，它首先是一门应用学科。

此外，从应用的角度看，组织应用管理信息系统必须做到既要管理人员理解信息化在管理变革中的作用，又要技术人员理解组织行为对技术应用的影响。管理信息系统的根本性目的是实现高效的现代化管理，其建设和应用过程不仅是对先进信息技术的实现，更重要的是先进管理模式的建立和发展。

因此，管理信息系统是一个多学科体系，对于管理信息系统的研究也涉及多个学科领域，如图 1.22 所示。

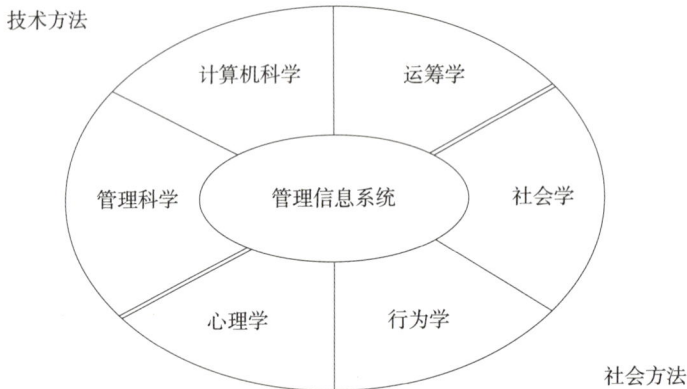

图 1.22　管理信息系统的学科体系与研究方法

1.5.2　管理信息系统的研究方法

既然管理信息系统在组成上包含了机器和人两大部分，针对管理信息系统的研究自然也要涉及技术和社会两大领域，包括技术方法和社会方法。

1）技术方法

技术方法的学科主要有计算机科学、管理科学和运筹学。计算机科学涉及计算理论、计算方法和高效的数据存储与访问方法；管理科学着重于管理方法和决策过程的模型建立；运筹学侧重于优化组织的某些参数，是数学方法在管理过程中的运用。

2）社会方法

社会方法的学科主要有社会学、行为学和心理学。组织的问题很多是行为的问题，支持组织的相应信息系统的成长自然也离不开行为科学，如系统的利用程度、实施和创造性的设计，还有信息系统与组织的协调、信息系统建设过程中对人的行为等的考虑。因此，在信息系统的建设中，不可避免地应用到行为科学；社会学重视信息系统对群体、组织或社会的作用，而心理学关注个人对信息系统的反应和人类推理认知模型，从而为信息系统解决决策问题提供依据。

管理信息系统以先进的计算机系统为物质基础，同时也离不开人工参与。众多与人相关的因素（如解决问题的态度、管理和组织的政策、行为等）也将决定是否能够发挥其在组织中应有的作用。因此，管理信息系统的研究方法是技术方法和行为方法的综合，这种研究方法也称社会技术方法。

本章小结

管理信息系统已经成为现代管理的重要组成部分，在现代管理中发挥着巨大的作用并产生了深远的影响。本章介绍了有关信息、管理信息到管理信息系统的相关基本概念，重点介绍了管理信息的特点、价值及作用，介绍了管理信息系统的组成结构和主要类别，最后还简要说明了其学科体系与研究方法。

第2章 管理信息系统技术基础

通过上一章的学习我们已经知道，目前广泛应用的管理信息系统其实质就是一个运用系统管理的理论和方法，以计算机技术、网络通信技术和信息处理技术为工具和手段的人机系统。它具有对信息进行加工处理、存储和传递等功能，同时也有预测、控制、组织和决策等功能。

尽管我们曾经说过在计算机出现以前也有管理信息系统，但必须指出，以计算机技术为基础的现代信息处理技术的出现和飞速发展，极大地增强了管理信息系统的功能，更是促进了现代管理信息系统的广泛应用。所以也可以说，没有计算机及相应的信息处理技术的支撑，一个强大、高效的现代化管理信息系统是不可能实现的。

管理信息系统的三大要素包括：系统的观点、科学（数学）的方法以及计算机的应用。可见计算机（信息技术）确实是管理信息系统中不可或缺的组成部分。

2.1 信息处理与计算机

2.1.1 信息处理技术

简单地讲，信息处理就是按照人们的使用目的，对信息进行加工和整理。自打有信息就有了信息处理，从原始社会的"结绳记事"到文字的创造；从甲骨刻字、竹简、贝叶、石板及羊皮书，再到造纸术和印刷术的发明都是人类对信息的记录、存储的实现和不断改进；从筹算、珠算到机械自动计算机器，人们一直在改进和提高着信息处理效率；从"飞鸽传书"到电报电话，人类不断地发明创造出新的信息传输方式。长期以来，人们不断地追求改善和提高信息处理技术，直到计算机的发明和互联网的诞生。信息处理技术的发展历程大致经历了手工处理、机械信息处理及计算机处理等三个主要时期。

信息技术也就是人们常说的 IT（Information Technology），也被称为信息和通信技术（Information and Communications Technology，ICT），是主要用于管理和处理信息所采用的各种技术总称，主要是应用计算机科学和通信技术来设计、开发、安装和实施信息系统及应用软件。

信息技术包括信息传递过程中的各个方面，即信息的产生、收集、交换、存储、传输、显示、识别、提取、控制、加工和利用等技术。

信息技术的研究包括科学、技术、工程以及管理等学科，这些学科在信息的管理、传递和处理中的应用，相关的软件和设备及其相互作用。

信息技术的应用包括计算机硬件、计算机软件、数据库管理、网络通信、软件开发等，如图 2.1 所示。

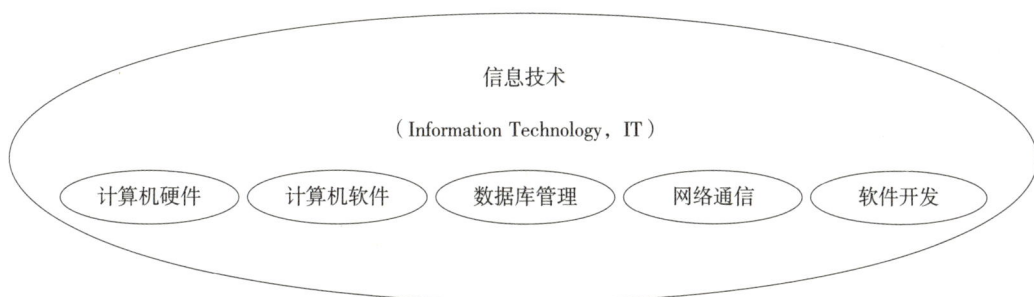

图 2.1 信息技术

2.1.2 计算机系统

1）人类对计算技术的追求

原始社会时期，人类为了满足计数的需要，结绳记事、掰指算数，或者用石子、贝壳、竹签、木棍等来实现最原始的计算。

1 000 多年前，中国发明了具有进位计数能力的珠算方法，使算盘成为世界上最古老、流传最广泛的计算工具。

1642 年，年轻的法国数学家布莱斯·帕斯卡发明了手摇式机械加法器，能够自动实现十进制加减法运算。随后，1671 年，德国数学家戈特弗里德·威廉·莱布尼茨设计出能自动进行乘除法运算的机械计算机。

1833 年，英国数学家查尔斯·巴贝奇率先提出了计算过程自动化的概念，并设计了被称为微分分析机的第一台通用自动时序控制机械计算机。他首次提出计算工具至少必须具有五个独立的部分：①输入部分，送入需要处理的问题和信息；②存储库，保存信息以便机器使用；③运算室，能进行各种实际的运算；④控制器，负责指挥机器按部就班地工作；⑤输出部分，送出问题处理的结果。正因如此，巴贝奇被尊为现代计算机的先驱者，甚至也有人认为他才是计算机之父。

1945 年，美籍匈牙利人约翰·冯·诺依曼领导的研究团队发表了一个全新的"存储程序通用电子计算机方案"（Electronic Numerical Integrator and Computer，ENIAC），冯·诺依曼在其长达 101 页的"关于 EDVAC 的报告草案"中广泛而具体地介绍了制造电子计算机和程序设计的新思想。这份报告是计算机发展史上一篇划时代的文献，宣告了电子计算机时代的到来。也正是因为冯·诺依曼在现代电子计算机方面的卓越贡献，人们普遍认为他才是"现代电子计算机之父"。

1946 年，世界上第一台由程序控制的电子计算机 ENIAC 终于在美国诞生了。

ENIAC 共使用了 18 000 多个电子管，占地约 170 平方米，功率 159 千瓦，重量达 30 吨，运算速度为 5 000 次 / 秒。尽管 ENIAC 的性能还远不及现在最低档的微机，但是它为电子计算机的发展奠定了技术基础。

从 ENIAC 诞生至今，计算机大致经历了五个大的发展阶段，就此可以将计算机划分为电子管、晶体管、集成电路、大规模集成电路及超大规模集成电路五代。划分的主要依据是其核心运算部分所采用的基本器件的情况，每一代的计算机在体系结构、软件技术、产品类型等方面均具有明显的特征。

随着信息技术的高速发展，计算机硬件制造和软件工程技术也在日新月异地改变。总的来讲，现代计算机正朝向微型化、巨型化、网络化及智能化发展。此外，现代计算机在组成原理及结构上也正发生着翻天覆地般的变化，与传统计算机完全不同的新型计算技术层出不穷，光子计算机、量子计算机乃至生物计算机正逐步走进我们的信息时代。

2）计算机的特点及分类

计算机是一种可以进行自动控制、具有记忆功能的现代化计算工具和信息处理工具，具有速度快、精度高、存储能力强大以及自动化程度高等基本特点。除了数学计算以外，计算机还具有强大的逻辑运算能力，这使其具备了超强的数据分析能力，能够满足各类信息系统的数据处理要求。

计算机按照不同的标准有不同的分类：

计算机按基本实现原理可分为机械计算机（以机械转动方式实现计算，已淘汰）、电子计算机（以电信号实现计算）、光子计算机（以光信号实现计算）及生物计算机（以蛋白质分子作为生物芯片实现计算）等。

计算机按处理数据的方式可分为模拟式计算机、数字式计算机和混合式计算机，目前常见的基本上均为电子数字计算机。

计算机按组成结构可分为单片机、单板机和多板机。其中，单片机几乎所有的组成部分都集成在一个超大规模集成电路芯片上，具有体积小、功耗低、控制功能强、扩展灵活、微型化和使用方便等优点，广泛用于控制、仪器仪表、通信、家用电器等领域。

计算机按用途可分为专用计算机和通用计算机。专用计算机是指仅在特定领域使用的计算机，如航天、军事和科研机构。此外，目前在汽车和不少家用电器中也有使用一些专用的处理器。通用计算机是指可在多个领域中使用的计算机，信息系统中使用的计算机多数就属于通用计算机。

信息系统根据所需来决定相应的计算机配置，所使用的计算机系统既有简单的个人计算机（PC）和网络计算机（NC），也有复杂的小型机、主机等多种类型。下面分别介绍信息系统中几种常见的计算机系统：

（1）微型计算机

微型计算机（Microcomputer）也称个人计算机（Personal Computer，PC），是终端

用户最重要的计算机，可分为台式计算机、便携式计算机及服务器三类。台式计算机是管理信息系统中使用最普遍的计算机，是进行输入输出、分布式的数据处理、存储等的基本单元，在网络中作为客户机使用；便携式计算机方便人们在外出时和移动中使用，如笔记本电脑、平板电脑和个人数字助理（Personal Digital Assistant，PDA）；服务器是高配置的专用微型计算机，采用多 CPU 结构，并配置了大容量的内存和硬盘，处理功能很强。

（2）工作站

工作站（Worksation）是一种高性能的微型计算机，其运算速度比微机快，具有很强的图形化处理功能和很好的联网通信能力，开放性能较好，可方便地与外界的各种计算机网络互联。工作站上一般采用 UNIX 操作系统，用于复杂数学计算、图像处理、计算机辅助设计、实时仿真等专业领域。

（3）小型计算机

小型计算机（Minicomputer）是介于微机和主机之间的一种计算机，其存储（特别是外部存储器）容量比工作站大，一般采用多个 CPU 的结构，信息处理功能比较强，可供多个用户同时使用，一般可以满足部门级或中型企事业单位的需要。小型机多采用专用的操作系统，可同时连接多个局域网，中小企业常用小型机作为信息系统中的服务器。

（4）大中型机

大中型机也称主机（Mainframe），具有强大且齐全的功能，通常有多个处理器，运算速度为每秒几千万次，存储容量巨大，具有非常强大的信息处理能力，可连接数百至数千个终端同时工作。大型机主要用作中央计算机对组织的大量数据进行集中处理，如对成千上万位顾客需求信息的处理，企业的销售活动和库存的动态管理等，常用于大型商场、大型企业集团、银行、航空公司订票系统、国民经济管理部门等。

（5）巨型机

巨型机也称超级计算机（Supercomputer），具有极高的性能和速度，其运算速度在每秒一亿次以上，最快可达几千亿次，多用于尖端科技领域。生产这类计算机的能力可以反映一个国家的计算机科学水平。我国是世界上有能力生产巨型计算机的少数国家之一，中国国防科学技术大学研制的"天河二号"超级计算机系统以峰值计算速度达到每秒 5.49 亿亿次，持续计算速度达到每秒 3.39 亿亿次的性能位居世界第一。

"天河二号"超级计算机系统由 170 个机柜组成，运算 1 小时相当于 13 亿人同时用计算器计算 1 000 年，可存储每册 10 万字的图书 600 亿册。相比此前排名世界第一的美国"泰坦"（Titan）超级计算机，"天河二号"计算速度是其 2 倍。目前，"天河二号"已应用于生物医药、新材料、工程设计与仿真分析、天气预报、气候模拟与海洋环境研究、数字媒体和动漫设计等多个领域，开始为多家用户单位提供超级计算服务。

3）计算机的硬件和软件

一个完整的计算机系统由硬件与软件系统组成。硬件系统（Hardware System）包括主机及外部设备，而软件系统（Software System）包括系统软件和应用软件。目前，最常见的微型计算机系统组成情况如图 2.2 所示。

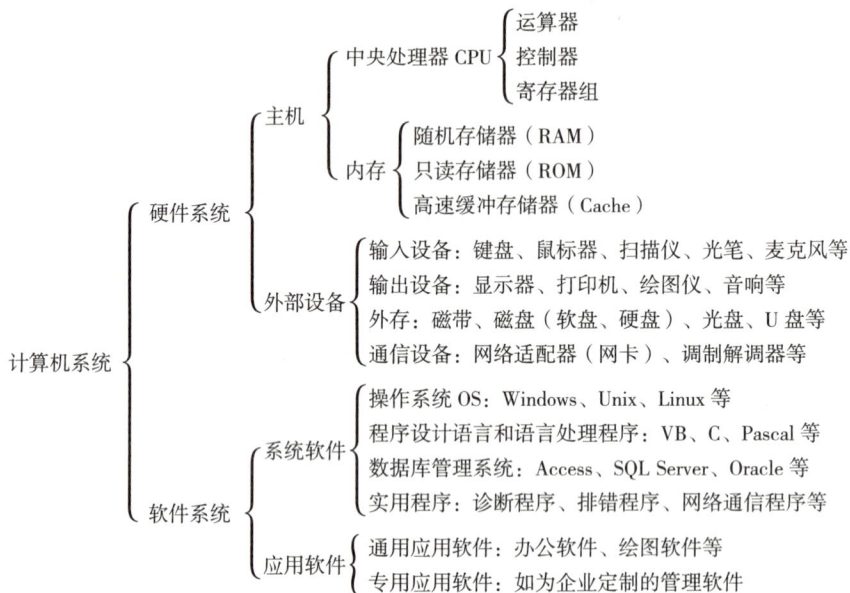

计算机系统
- 硬件系统
  - 主机
    - 中央处理器 CPU
      - 运算器
      - 控制器
      - 寄存器组
    - 内存
      - 随机存储器（RAM）
      - 只读存储器（ROM）
      - 高速缓冲存储器（Cache）
  - 外部设备
    - 输入设备：键盘、鼠标器、扫描仪、光笔、麦克风等
    - 输出设备：显示器、打印机、绘图仪、音响等
    - 外存：磁带、磁盘（软盘、硬盘）、光盘、U盘等
    - 通信设备：网络适配器（网卡）、调制解调器等
- 软件系统
  - 系统软件
    - 操作系统 OS：Windows、Unix、Linux 等
    - 程序设计语言和语言处理程序：VB、C、Pascal 等
    - 数据库管理系统：Access、SQL Server、Oracle 等
    - 实用程序：诊断程序、排错程序、网络通信程序等
  - 应用软件
    - 通用应用软件：办公软件、绘图软件等
    - 专用应用软件：如为企业定制的管理软件

图 2.2　计算机系统组成

图 2.2 也反映出计算机系统的层次结构。计算机的硬件和软件系统两者缺一不可，没有硬件计算机就没有载体，而没有软件计算机则是一堆废铁。所以有人说，计算机的硬件和软件，就好比乐器和乐谱，悦耳动听的乐器才能演奏出华丽的乐章。还有人说，计算机的硬件和软件，犹如人健壮的身体和高超的智慧，没有健康的身体，再睿智的人也心有余而力不足；反之，假如没有智慧与思想，再强壮的身体也不过行尸走肉而已。

计算机系统中的硬件和软件也是相互协调、相互支撑的，在某些功能方面甚至可以相互替代。在实际应用中许多问题的解决既可以用硬件来实现，也可以用软件的方法解决。一般来说，硬件实现速度更快但成本高，而用软件方法解决则成本低但速度较慢。比如，早期要在多媒体电脑上播放音乐或电影，由于当时的 CPU 处理能力有限，因此还得另外增加专门的声卡和解压卡。而随着计算机技术的飞速发展，现在的电脑 CPU 处理能力已经得到极大的提高，完全可以用软件来实现音视频解压甚至更为复杂的图像处理。另外，虽然现今的微机数据处理能力已经非常强大，但对某些对数据处理速度要求特别高的应用，如三维动画、高清晰度 3D 游戏等仍然需要专门的硬件来实现，这就是昂贵的高性能独立显卡还有市场的原因。可想而知，待计算机速度进一步提高以后，通过 CPU 运算的软件方法就能实现，人们对这类专门硬件的依赖就会降低，现在的专业显卡也会被逐步淘汰。

通常来说，人们把为追求性能和速度而用专门硬件代替软件的功能称为软件硬化，把为降低成本用软件方法来实现硬件的功能称为硬件软化。

2.2　计算机硬件系统

计算机硬件系统包括实现计算机功能的所有物理器件，即具体组成上的元部件。

2.2.1　计算机结构及原理

现今广泛使用的电子数字计算机，其基本工作原理均为程序存储和程序控制，这个原理最早正是由被誉为"计算机之父"的美籍匈牙利科学家约翰·冯·诺依曼提出的，这也就是著名的冯·诺依曼体系结构。

20 世纪初，物理学和电子学科学家们就开始争论制造可以进行数值计算的机器应该采用什么样的结构。人们被十进制这个人类习惯的计数方法所困扰，所以那时用以研制模拟计算机的呼声更为响亮和有力。20 世纪 30 年代中期，冯·诺依曼大胆提出抛弃十进制，采用二进制作为数字计算机的数制基础。同时，他还提出预先编制计算程序存储到计算机中，然后再由计算机按照预定好的计算顺序自动执行数值计算工作。

1）冯·诺依曼体系结构及其特点

冯·诺依曼理论的两个最为核心的要点是：数字计算机的数制采用二进制；计算机应该预先存储程序后再按照程序规定的顺序自动执行。

人们把冯·诺依曼的这个理论称为冯·诺依曼体系结构。从 ENIAC 之后（ENIAC 并不是冯·诺依曼体系）到当前最先进的计算机都采用的是冯·诺依曼体系结构，如图 2.3 所示。

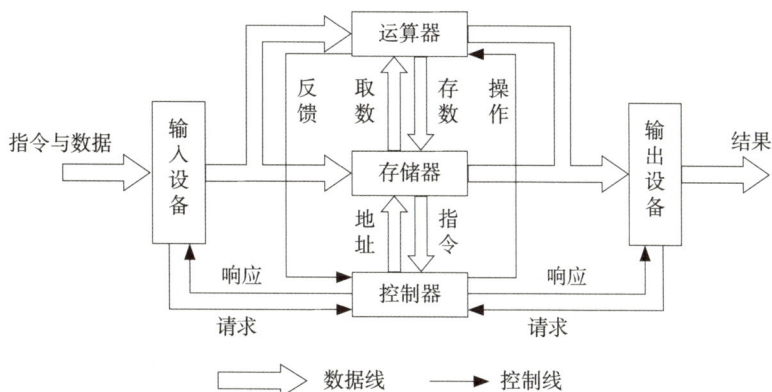

图 2.3　冯·诺依曼体系结构

冯·诺依曼体系结构的主要特点如下：

①计算机应包括运算器、存储器、控制器、输入和输出设备五大基本部件；

②计算机内部应采用二进制来表示指令和数据，每条指令一般具有一个操作码和一个地址码；

③将事先编写好的程序存入存储器，然后计算机自动逐条取出指令和执行指令。

这种体系结构一直延续至今，现在使用的计算机，其基本工作原理仍然是存储程序和程序控制，所以现在一般的计算机均属于冯·诺依曼体系结构计算机。

2）二进制与存储程序控制

采用二进制是冯·诺依曼体系的重要特征之一，为什么要用二进制呢？

从本质上讲，数据采用何种进位计数制来表示其值都是等同的。人们最为常用的无疑是十进制，这个显然与人类的双手有十根手指头有直接的关系，最早的计数总是从掰手指开始的。但日常生活中我们也会用到其他的一些进位计数制，如每 7 天为 1 周是 7 进制，每 12 个月为 1 年是 12 进制，每 24 小时为 1 天是 24 进制，每 60 分中为 1 小时是 60 进制等。其实，人们也有使用二进制的情况，如筷子、手套和袜子等 2 只为 1 双就是二进制。

二进制数据只用 0 和 1 两个数码来表示数，其基数为 2，进位规则是"逢二进一"，借位规则是"借一当二"，是 18 世纪德国数理哲学大师莱布尼茨发现的。当前的计算机系统使用的基本上都是二进制系统。

计算机采用二进制的优点主要有以下四点：

（1）最易于表达和存储

由于二进制只有"0""1"两个数码，那么一位二进制就可以用诸如一个灯的"亮""灭"来简单地表示，或者用一个开关的"通""断"来简单地存储。具体电路实现上可以用三极管的"饱和"或"截止"，或者电容电荷的"有""无"来存储或表示一位二进制。

（2）运算法则最为简单

二进制的运算法则是所有进位计数制中最为简单的，以其加法、乘法为例。

二进制加法法则：

$0 + 0 = 0$

$0 + 1 = 1 + 0 = 1$

$1 + 1 = 10$

二进制乘法法则：

$0 \times 0 = 0$

$0 \times 1 = 1 \times 0 = 0$

$1 \times 1 = 1$

运算法则越简单则实现对应运算的运算单元部件（如加法器、乘法器）也就越简单，这对计算机的实现当然有好处。

（3）较为节省器材

注意这里是"较为"，不是"最"。实际上最节省器材的实现方式是三进制，次之就是二进制了。

用数学方法可知，采用自然数 e（e = 2.718 28）作为进位计数制的基数最为节省材料（有关数学推导证明从略），但采用一个带小数的数作为进位计数制基数实在是匪夷所思的事情。那么，最接近 e 的整数就是 3，其次就是 2 了。

为简单和便于理解，以二进制和十进制的对比为例，比较分别采用二进制和十进制来表示的相似大小的数据范围所需要的材料的情况，可知显然前者更为节约器材。下面这个例子很容易理解这一点。

体育比赛中常使用记分簿来记录和公告比赛双方的得分情况，以篮球比赛使用的三位数的传统记分簿为例，如图 2.4 所示。

制作这样一个计分簿需要的材料是：每位上要用"0"、"1"—"9"共 10 张号码布，三位共计 30 张。

假设采用二进制来制作计分簿，已知 10 位二进制数的表示范围是 0 ~ 1 023，比 0~999 范围还要大，完全能够满足要求。采用二进制的计分簿如图 2.5 所示。

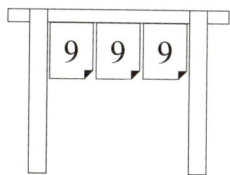

图 2.4　十进制三位计分簿（0 ~ 999）　　　图 2.5　二进制 10 位计分簿（0 ~ 1 023）

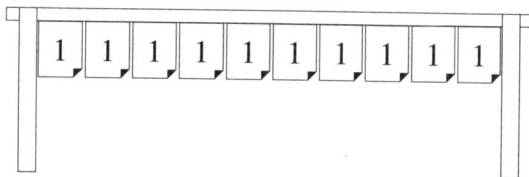

由于采用二进制，每一位上就仅需要"0""1"两张号码布，故共计需要 20 张。对比可知，采用十进制，30 张号码布能够表示 0 ~ 999 共 1 000 个数；而采用二进制，20 张号码布就能表示 0 ~ 1 023 共 1 024 个数。由此可见，二进制确实比十进制更节省材料。

（4）符合布尔运算规则

如果用二进制的"0""1"对应表示逻辑上的"假"（F）和"真"（T），则二进制的"加法"法则和"乘法"法则就正好对应于布尔（逻辑）运算的"或"（OR）运算和"与"（AND）运算的运算法则。

"或"运算法则：

F OR F = F

F OR T = T OR F = T

T OR T = T

"与"运算法则：

F AND F = F

F AND T = T AND F = F

T AND T = T

其好处在于可以统一算术和逻辑运算，从而简化运算单元部件的设计，让算术和逻辑运算采用同一个运算单元，即算术逻辑单元（Arithmetic and Logic Unit，ALU）来实现。

冯·诺依曼思想的另一个核心是"存储程序控制"。把计算过程描述为由许多命令按一定顺序组成的程序，然后把程序和待处理的数据一起输入计算机，计算机对已存入的程序和数据处理后输出结果。该方式下程序和数据是统一存储的，这有利于存储器结构的实现。专门的程序控制器能够区分程序和数据，并保证实现程序的自动执行。

冯·诺依曼理论的出现使得计算机有了一种"典范和标准"的体系结构，极大地推进了近代计算机技术的飞速发展。

2.2.2 微型计算机

由于在计算机工作过程中运算器和控制器的联系最为密切，两者不仅在逻辑信号上联系最多，而且这两个部件的电路组成结构和制造工艺流程也基本相同。所以，随着计算机制造技术的发展，尤其是集成电路技术出现以后，在设计上就干脆将运算器和控制器合二为一，制作在一块芯片上，称之为中央处理器（Central Processing Unit, CPU）。同时，为了兼顾存取速度和存储容量的要求，存储器被一分为二，分为内部存储器（简称内存，也称主存）和外部存储器（简称外存，也称辅助存储器或辅存）。计算机组成结构如图 2.6 所示。

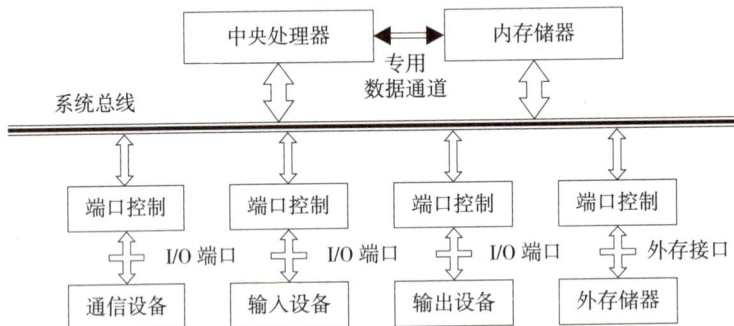

图 2.6　计算机组成结构

为了进一步了解信息系统对计算机的性能要求，下面简要介绍常见微型计算机的重要组成部件及相关参数指标。

1）CPU

CPU 是计算机系统最重要的部件，常被称为计算机的心脏或大脑，决定 CPU 性能的关键指标主要有两个：

（1）字长

字长是指一次运算能处理的二进制数的长度，字长数字越大处理速度就越快。目前，微型计算机已经全面进入了 64 位（8 个字节）阶段。

不仅硬件，计算机软件（包括操作系统等）也有字长的概念，且硬件对软件向下兼容，即 64 位的硬件能够安装运行 32 位的软件系统，但反之则不能。

（2）主频

主频也称时钟频率，是指计算机控制单元内部时钟产生控制任务执行的时间节拍，单位是千兆赫（GHz），通常 CPU 主频越高其处理速度越快。

受制造工艺所限，CPU 核心频率的提高会带来功耗过高和发热量大的问题，所以目前只能依靠不断改进 CPU 架构，如采用多核心（Chip Multiprocessors，CMP）、多线程（Simultaneous Multithreading，SMT）等并行处理技术以增加周期内执行的指令数量，从而实现更好的性能。因此，衡量 CPU 的性能就不能单纯地看主频。一般认为，CPU 性能 = 频率 × 每时钟周期处理指令数，可见 CPU 架构的特性可能比频率更重要一些。多核心 CPU 架构出现以后，主频已经不能再作为衡量 CPU 性能的唯一指标。当然，相同架构系列中主频高的性能还是更好一些。

此外，总线宽度和频率、缓存级数及缓存大小也是有关 CPU 性能的重要指标。

另外还有一个与 CPU 性能密切相关的是指令集，也称指令系统。CPU 依靠指令来实现计算和控制，每款 CPU 在设计时就规定了一系列与其硬件电路相配合的指令系统。指令的强弱也是 CPU 的重要指标，指令集是提高微处理器效率的最有效工具之一。

从现阶段的主流体系结构讲，指令集可分为复杂指令集（Complex Instruction Set Computer，CISC）和精简指令集（Reduced Instruction Set Computer，RISC）两部分。

常见微型计算机中的 CPU（无论是 Intel 还是 AMD 生产的）绝大多数都是 X86 架构，属于复杂指令集，而现在多数移动设备如 PDA 和平板电脑则往往采用的是精简指令集架构的 CPU，这也正是导致两者软件难以兼容的重要原因之一。

一台计算机的整体性能当然并不完全取决于 CPU，还与其他组成部件密切相关，如存储器、网络通信设备，甚至输入输出等外部设备也有着重要作用。

2）存储器

微型计算机存储器分为内外两部分，也称内存和外存，这种结构能够很好地解决存储器在速度和容量方面的冲突。

内存由半导体材料构成，能够及时地完成数据存取以配合 CPU 的高速工作。目前主流的是 DDR4 内存，而速度更快的 DDR5 内存也即将到来。内存每个存储单元可以存放一个字节（Byte），按"地址"来实现定位存取。内存和 CPU 之间具有专门的数据通道，CPU 可以按地址直接访问内存，这也是内部存储器和外部存储器的关键区别。

外存最常见的就是硬盘，传统硬盘组成上采用了机电混合结构，具有存储容量极大的优势，但其读写速度远不及内存。近年来采用了半导体芯片的固态硬盘（Solid State Drive，SSD）大行其道，在读写速度方面有其优势，但价格较为昂贵。此外，信息系统中还常常采用光盘和磁带等作为外部存储器，使用和携带方便的 U 盘也属于外部存储器。

外部存储器不能被 CPU 直接操作，其所存储的程序和数据均需要调入内存后才能被执行和处理，处理完成后又再重新写回到外存中。外存和内存之间的数据交换通道也在不断地改进和发展，目前广泛采用 SATA3 接口［串行高级技术附件（Serial Advanced Technology Attachment），一种高速串行通信接口］，数据交换速度也提高了很多倍。

3）输入、输出设备

输入、输出设备往往被称为外部设备，简称外设，其作用是实现计算机系统与外界的信息交换。

输入设备用于将外界信息（数据、程序、命令及各种信号）送入计算机中。常见的输入设备有键盘、鼠标、手写板、扫描仪、条形码阅读器等。

输出设备用于将计算机处理和计算后所得的结果（包括出错信息），以一种人们便于识别的形式（如字符、数值和图表等）记录、显示或打印出来。常见的输出设备有显示器、投影仪、打印机和绘图仪等。

多媒体计算机一般还具备某些特别的多媒体输入、输出设备，如麦克风、摄像头等输入设备，以及耳机、音箱等输出设备。

4）通信设备

通信设备有别于输入、输出设备，除可用于与外界交换信息以外，也用于计算机与计算机，或者计算机与外部设备之间的数据交换。通信设备也可简单地体现为某种特定的通信接口，通过接口的连接和控制实现计算机通信功能。

常见的通信接口除了传统的串行通信接口（简称串口或 COM 接口）和并行通信接口（简称并口或 LPT 接口）以外，目前更广泛使用的是以太网网络接口，其通信速度已达千兆、万兆乃至十万兆级别。通用串行总线（Universal Serial Bus，USB）接口及更先进的"雷电"（Thunder bolt）接口也已普遍使用。其他日常应用中常见的还有 Wi-Fi、蓝牙、NFC（近场通信）等无线通信方式。

2.3 计算机软件系统

从广义上讲，计算机软件系统是指为运行、维护、管理、应用计算机所编制的所有程序，以及说明这些程序的有关资料和文档的总称。程序是计算任务的处理对象和处理规则的描述，文档是为了便于了解程序所需的阐明性资料。程序必须装入机器内部才能工作，文档一般是给人看的，不一定装入机器。

计算机的一个基本特点就是程序存储和程序控制（冯·诺依曼体系结构），计算机的任何工作都有赖于程序的运行，离开了软件系统，计算机的硬件系统也就变得毫无意义。因此，只有配备了软件系统的计算机才能称为一个完整的计算机系统。软件系统通常可以分为系统软件和应用软件两大类。软件系统的结构如图 2.7 所示。

2.3.1 系统软件

系统软件是控制计算机系统并管理其资源，为计算机提供管理、控制、维护和服务等各项基本功能，充分发挥计算机效能和方便用户使用的各种程序的集合。系统软件是计算机系统必备的软件，主要包括：操作系统、语言编译解释系统、服务性程序、

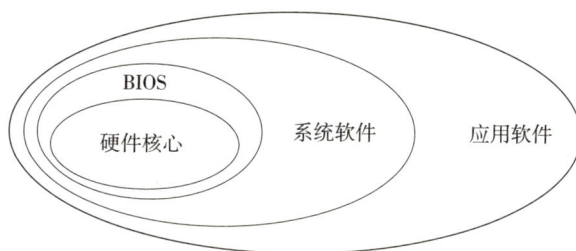

图 2.7　计算机软件系统

数据库管理系统以及计算机网络通信软件等。其中，操作系统是面向计算机管理和操作的基本系统软件，是计算机的总管家，是用来管理和控制计算机软硬件资源的庞大的程序。其他系统软件则是面向用户，让用户能够更方便、更高效地使用计算机的软件。系统软件的主要特点是：①与硬件系统联系紧密；②不依赖于特定的应用领域。

1）操作系统

操作系统（Operating System，OS）是管理电脑硬件与软件资源的程序，同时也是计算机系统的内核与基石。操作系统是控制其他程序运行、管理系统资源并为用户提供操作界面的系统软件的集合。

操作系统的功能包括管理计算机系统的硬件、软件及数据资源，控制程序运行，改善人机界面，为其他应用软件提供支持等，使计算机系统所有资源最大限度地发挥作用，为用户提供方便、有效、友善的服务界面。

操作系统的三大功能：①资源管理；②进程控制；③用户界面。

操作系统按类别可分为：①单用户单任务操作系统；②单用户多任务操作系统；③批处理操作系统（Batch Processing OS）；④分时操作系统（Time-sharing OS）；⑤实时操作系统（Real-time OS）；⑥网络操作系统（Network OS）；⑦分布式操作系统（Distributed Software System）等。

目前，微型计算机最主流的操作系统有微软公司的 Windows 系列产品、苹果公司的 Mac OS 系列，另外还有常用于服务器或专业工作站的 Unix 系统和 Linux 系统。除了磁盘操作系统以外，在信息终端或移动处理设备上常见的还有苹果的 IOS 系统，以及由 Linux 衍生而来的安卓等嵌入式操作系统（Embedded Operating System，EOS）。

值得一提的是，由中国科技先锋华为公司自主研发的鸿蒙操作系统（HUAWEI Harmony OS）是一款基于微内核，面向 5G 物联网、全场景的分布式操作系统，在信息处理和运用性能以及安全性方面均有卓越表现。

2）其他系统软件

除了操作系统以外，一些其他的软件也属于系统软件，如语言处理程序、数据库管理系统等。

语言处理程序的作用将汇编语言和高级语言编制的程序翻译成等价的机器语言程序，以便计算机能够执行；而数据库管理系统则是涉及数据库的应用软件的基础平台，如管理信息系统这类应用软件就需要数据库管理系统的支撑才能运行。

2.3.2 应用软件

应用软件（Application Software）是为解决各类实际问题而设计的各种程序设计语言，以及用各种程序设计语言编制的应用程序的集合，可以是应用软件包或用户应用程序。应用软件可分为通用应用软件（如文字处理、电子表格、专家系统等）和为专门设备使用的专用应用软件（定制软件）。

计算机通过运行各类应用软件，可以拓宽计算机系统的应用领域，放大硬件的功能。

应用软件只能运行于特定的系统软件平台之上，其特点是面向用户、面向应用。应用软件按照软件产权性质可分为三大类，即商业软件、共享软件和免费软件。其中前两者都需要使用者支付一定的费用。

1）常见的应用软件

（1）办公软件

办公软件是专门为办公自动化服务的，其中涉及对文字、数字、表格、图形、图像等多种多媒体信息的处理，一般包括文字处理、电子表格、桌面排版、演示软件等。如微软公司的桌面办公套装软件 Office，以及 Adobe 公司的桌面出版软件 Adobe InDesign CSx 系列等。

（2）图形、图像和视频动画处理软件

图形和图像软件主要应用于工程设计、科学计算、文化艺术等领域，如广告制作、平面设计、影视后期制作等。常用的有 Adobe Photoshop、AutoCAD、CorelDRAW，以及 Adobe Premiere Pro、3D Studio MAX 等。

（3）网络服务软件

网络服务软件主要包括 Web 浏览器、电子邮件、FTP 软件等，应用于各类计算机网络应用领域。

（4）数据库应用软件

常见的数据库应用软件有银行业务系统、超市销售系统、铁路售票系统、学校教学管理系统、图书馆管理系统等。

（5）常用工具类应用软件

常用工具类应用软件可以满足普通用户的各类日常应用，如压缩和解压缩软件、磁盘文件工具软件和防杀病毒软件等。

2）系统软件和应用软件的关系

在一台计算机中，系统软件和应用软件紧密配合、相辅相成，共同构成计算机软件系统。没有系统软件的基本支撑，再好的应用软件也无法运行；而没有应用软件的功能实现，再强大的系统软件也一无用处。

计算机软件系统中各类型软件的组成关系如图 2.8 所示。

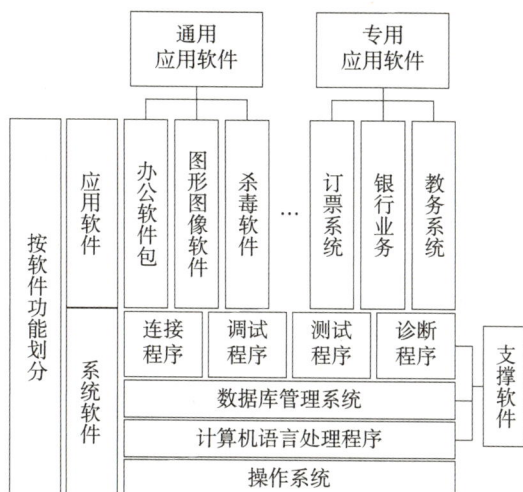

图 2.8　计算机软件系统中的各类软件

2.4　计算机网络

计算机网络是计算机技术和通信技术相结合的产物，它的诞生使计算机体系结构发生了巨大变化，更极大地促进了计算机技术的广泛应用，甚至可以说给人们工作、学习和生活方式带来了翻天覆地的改变。网络也从根本上改变了信息系统的架构模式，信息系统已经从单机应用的信息孤岛模式发展到当今的网络化信息系统时代，提高信息的共享率和使用率，使信息系统的功能和作用得到了巨大的提升。可以说没有网络，现代化的信息系统根本无法正常运行。

2.4.1　什么是计算机网络

计算机网络是把分布在不同地点，具有独立功能的分散的多台计算机、终端和外部设备通过通信设备和线路连接起来，实现彼此间通信，在功能完善的网络软件和协议的管理下，以实现网络中资源共享为目标的整个系统。

构成计算机网络必须具备以下三个要素：①至少有两台及以上具有独立操作系统的计算机系统；②计算机之间要有通信手段将其互连（如用双绞线、电话线、同轴电缆或光纤等有线通信，也可以使用微波、卫星等无线媒体）；③各方共同遵循特定的网络协议，即一系列通信规则和约定，用以控制网络中设备之间进行信息交换，如图 2.9 所示。

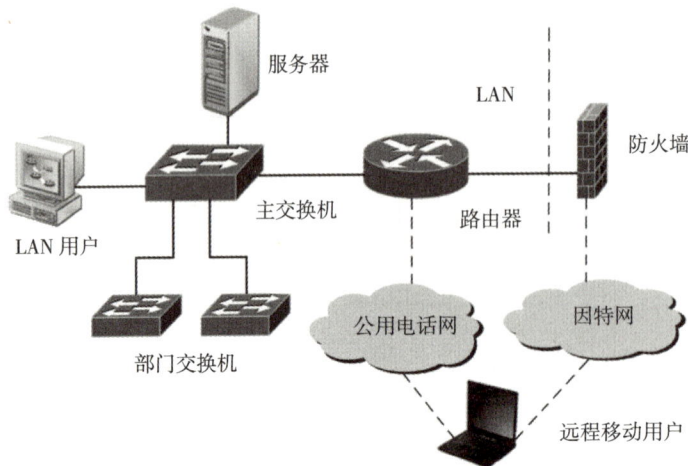

图 2.9　计算机网络

2.4.2　计算机网络的发展

计算机网络不同于计算机通信。为了充分利用计算机的处理能力，早期的计算机系统在体系架构上一般采用一台具有计算能力的计算机主机挂接多台终端设备的主机—多终端模式。各终端设备并不具备数据处理能力，只实现输入（键盘）和输出（显示器）功能，用于将程序和数据输入计算机主机并从主机获得计算结果。计算机主机分时、轮流地为各个终端执行计算任务。这种计算机主机与终端之间的数据传输，就是最早的计算机通信。

尽管有的应用中计算机主机与终端之间采用电话线路连接，距离可以达到数百千米之遥，但这种体系架构下构成的计算机终端与主机的通信网络，实质上也仅仅只是实现了人与计算机之间的对话，而并非真正意义上计算机与计算机之间的网络通信。

但计算机网络也确实就是以计算机通信为基础发展而来的，所以一般也统称为计算机网络通信。20 世纪 60 年代至今，计算机网络通信经历了从简单到复杂、从单机到多机、由终端与计算机之间的通信演变到计算机与计算机之间的直接通信。其发展过程大致经历了远程联机、多机互联、标准化网络，再到今天的高速互联网四个主要阶段。

自 20 世纪末以来，互联网技术及其应用发展迅猛。世界各国均大力建设和发展了本国的国家信息基础设施（National Information Infrastructure，NII，俗称信息高速公路），使全世界计算机网络进入了一个崭新的阶段。在此热潮中，中国政府也迅速做出积极的反应。1993 年底，我国正式启动了国民经济信息化的起步工程 —— "三金工程"。所谓"三金工程"，即金桥工程（信息化的基础设施建设，是中国信息高速公路的主体）、金关工程（国家经济贸易信息网络工程）和金卡工程（以电子货币与电子支付为基础的个人全面信息凭证信息工程）。"三金工程"的目标，就是要建设中国的"信息准高速国道"。

目前，全球以因特网为核心的高速计算机互联网络已经形成，因特网已经成为人类最重要的、最大的知识宝库，网络互联和高速计算机网络成为第四代计算机网络。

2.4.3　计算机网络的特点及应用优势

现阶段计算机网络具有以下一些主要特点：

1）独立性

网络系统中各相连的计算机是相对独立的，它们之间的关系是既相互联系又相互独立。每台计算机既可以通过网络通信协同工作，亦可以独立完成自身特定的任务。

2）高效性

计算机网络系统摆脱了中心计算机控制结构数据传输的局限性，且信息传递迅速，系统实时性强。网络系统中各相连的计算机能够相互传送数据信息，使相距很远的用户之间能够即时、快速、高效、直接地交换数据。

3）可靠性

网络系统往往具备多条通信链路，当其中某条链路出故障时，网络将选择其他通信链路继续通信；而当网络中的某台计算机出现故障时，也可以立即由系统中的另一台计算机来代替其完成所承担的任务，从而使整个网络系统具有较高的可靠性。

4）扩充性

计算机网络系统结构开发，能够很方便、灵活地接入新的网络或计算机，能够不断扩展网络规模，以达到扩充网络系统功能的目的。

5）分布性

计算机网络能将分布在不同地理位置的计算机进行互连，将大型、复杂的综合性问题分解成若干个小部分的任务，再由网络系统中的多台计算机协同运行完成整个工作，即实现分布式处理。

6）高性价比

计算机网络还具有高度的网络资源共享能力，能使一般的微机用户，甚至无盘工作站或智能终端用户分享到大型机的功能特性。同时，网络系统的分布式处理充分体现了网络系统的"群体"优势，整个系统具有较高的性价比，能节省投资和降低成本。

7）易操作性

对于普通计算机网络用户而言，掌握网络使用技术相对要比掌握大型机使用技术更简单，实用性也更强。

正是基于计算机网络的特点，使其在资源共享（硬件、软件，特别是数据资源）、网络通信、远程控制、办公自动化、管理决策，以及电子金融、电子商务和现代物流等诸多领域均得到了极为广泛的应用。

2.4.4　计算机网络的主要分类

由于计算机网络结构复杂多样，应用范围广泛，为了便于学习和研究，一般可以按照特定的标准和方法将其分为几个主要类型。实践中的分类方式很多，主要有以下几种。

1）按地域范围分类

这种分类最初是按照计算机网络的覆盖范围或网络传输距离进行分类的。

（1）局域网（Local Area Network，LAN）

局域网地理范围一般在 10 平方千米之内，属于小范围内的联网。如一个建筑物内、一个学校内、一个工厂的厂区内等。局域网的组建简单、灵活，使用方便，也是组成更大规模计算机网络的基础。

（2）广域网（Wide Area Network，WAN）

广域网地理范围一般在几百到几千平方千米以上，甚至范围更大，属于大范围联网，如若干个城市、众多的国家，是网络系统中的最大型的网络，能实现大范围的资源共享。当然，广域网是由若干局域网构成的。广为人知的因特网就属于广域网。

随着联网通信技术的发展，现在所谓局域网或广域网已经不再单纯地由网络分布的地理范围大小决定，而是取决于网络本身的拓扑结构及网络节点之间的逻辑关系，甚至可以是基于广域网的虚拟局域网（Virtual Local Area Network，VLAN）。

2）按传输速率分类

网络的传输速率与网络的带宽有直接关系，带宽是指传输信道的宽度。网络按照带宽可分为窄带网（低速网，传输速率在 kb/s~Mb/s 范围内）和宽带网（高速网，传输速率在 Mb/s~Gb/s 范围及以上）。

3）按传输介质分类

传输介质是指数据传输系统中发送装置和接收装置间的物理媒体，按其物理形态可以划分为有线和无线两大类。

4）按拓扑结构分类

计算机网络的物理连接形式叫作网络拓扑结构（Network Topology Structure），连接在网络上的各类设备均可称之为网络节点。按照网络节点间的连接方式，计算机网络中常用的拓扑结构有总线型、星型（级联即树型）、环型、混合型网络等。应用上最普遍的是星型及树型结构，如图 2.10、图 2.11 所示。

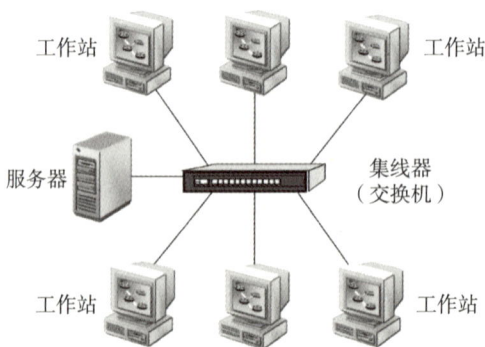

图 2.10　星型拓扑结构示意图

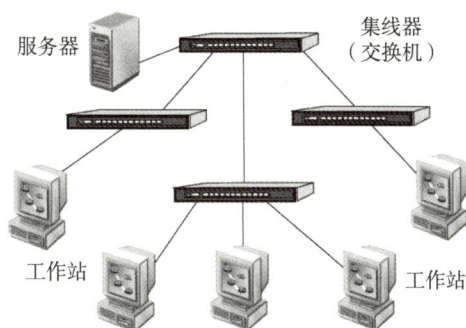

图 2.11　树型拓扑结构示意图

2.4.5　计算机网络的组成

一个完整的计算机网络系统是由网络硬件和网络软件所组成的。网络硬件是计算机网络系统的物理实现，网络软件是网络系统中的技术支持。两者相互作用，共同完成网络功能。

计算机网络硬件系统是由计算机（主机、客户机、终端）、网络通信设备（集线器、交换机、路由器）、通信线路（同轴电缆、双绞线、光纤）、信息变换设备（Modem、编码解码器）等构成。

1）网络计算机

网络计算机包括通常被称为主机的各类网络服务器，以及依托网络资源完成各自任务的客户机，也称网络工作站。此外，还有一些组成上较简单但也具有特别功能的网络应用设备，即网络终端。

2）网络通信设备

网络通信设备也称通信处理机或网络连接设备，是实现计算机网络的基本设备。常用的网络连接设备有网卡（网络适配器，Network Interface Card）、交换机或集线器、路由器，以及各类光电调制解调器和中继器等，若要实现 Wi-Fi 无线访问，还需要无线网络接入设备（Wireless Access Point，WAP）。

网卡是网络终端联网的必要部件，可分内置、外置，以及有线、无线等多种类型；交换机和路由器则作为构造网络连接的核心设备，两者之间功能上最大的差异在于：前者连接的是同一个网内的设备，构成的是局域网，后者则是连接两个网络，构成广域网。

3）通信线路与数据传输介质

通信线路（链路）为通信处理机与通信处理机、通信处理机与主机之间提供通信信道。数据传输介质是网络中连接收发双方的物理通路，是数据通信中实际传送信息的载体。计算机网络就是用传输介质将孤立的计算机或终端设备连接到一起，使之能够互相通信，完成数据传输功能。目前，较为常见的网络传输介质有同轴电缆、双绞线、光纤、无线电波（包括卫星、Wi-Fi、蓝牙和 NFC）等。

4）网络软件系统

正如计算机系统中硬件和软件的关系一样，在计算机网络系统中，除了各种网络硬件设备外，还必须具有网络软件。网络软件系统主要包括网络操作系统（NOS）、网络通信软件、网络管理软件，以及实现各种功能的网络应用软件。

5）网络协议

网络协议是网络通信的数据传输规范，也是网络通信规则的集合。网络协议软件是用于实现网络协议功能的软件。针对计算机网络，国际标准组织（ISO）制定了一套完整的开放系统互连参考模型（Open System Interconnect, OSI），也就是常说的七层模型。因其过于复杂，实践中被网络工程师简化为四层，于是有了现在广泛应用的因特网协议模型，常用的主要协议如图 2.12 所示。

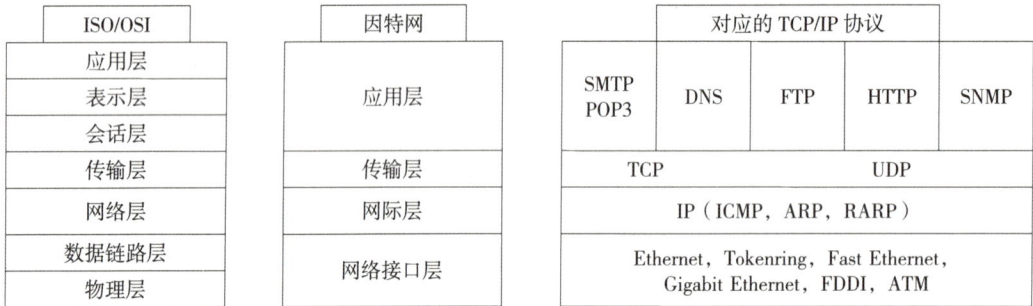

ISO/OSI	因特网	对应的 TCP/IP 协议				
应用层	应用层	SMTP POP3	DNS	FTP	HTTP	SNMP
表示层						
会话层						
传输层	传输层	TCP		UDP		
网络层	网际层	IP（ICMP, ARP, RARP）				
数据链路层	网络接口层	Ethernet, Tokenring, Fast Ethernet, Gigabit Ethernet, FDDI, ATM				
物理层						

图 2.12　常用网络协议

其中，位于传输层和网际层的传输控制协议 / 因特网互联协议（Transmission Control Protocol/Internet Protocol，TCP/IP）是当前各类网络间互联应用上最为广泛的网络协议，也是因特网最基本的协议。此外，对于因特网上的各类应用，包括信息系统应用，位于应用层的 HTTP 协议也非常重要。

2.4.6　因特网

因特网（Internet）也称国际互联网，在我国早期曾被称作英特网，1997 年国家信息管理相关部门正式确定统一采用标准名称"因特网"。

因特网无疑是当今全球规模最大、应用最广的计算机网络。这是一个全球性的、巨大的计算机网络体系，把全球数万个计算机网络和网络终端设备连接起来，实现彼此间的数据和资源共享。因特网由分布于不同国家的政府、院校和企业等各类局域网相互连接组成，整个网络中连接有上亿级数量的各类服务器和计算机。由于因特网所发挥出的巨大作用，伴随其发展早已从根本上改变了人们的工作和生活方式。

1）因特网的形成与发展

按照公认的说法，美国的阿帕网（The Advanced Research Projects Agency Network，ARPANET 美国国防高等研究计划署开发的世界上第一个运营的封包交换网络）是全球互联网的始祖。阿帕网从 1969 年底正式投入运行，到 1983 年已连接有超过 300 台计算机。

随后，阿帕网被分成两部分，即用于军事和国防部门的军事网（MILNET），以及用于民间的 ARPA 网（仍称为阿帕网）。

美国国家科学基金组织 NSF 从 1985 年到 1990 年期间建设由主干网、地区网和校园网组成的三级网络，称为 NSFNET，并与 ARPANET 相连。到 1990 年，NSFNET 和 ARPANET 和在一起改名为 Internet。随后，因特网上计算机接入的数目与日俱增，为进一步扩大因特网，美国政府将因特网的主干网交由非私营公司经营，并开始对因特网上的传输收费，因特网得到了迅猛发展。

我国最早的 Internet 是于 1994 年 4 月完成的 NCFC 与 Internet 的接入。由中国科学院主持，联合北京大学和清华大学共同完成的 NCFC（中国国家计算与网络设施）是一个在北京中关村地区建设的超级计算中心。NCFC 通过光缆将中科院中关村地区的 30 多个研究所及清华、北大两所高校连接起来，形成 NCFC 的计算机网络。1994 年 5 月 19 日，中国科学院高能物理所也正式接入 Internet，称为中国科技网（CSTNET）。

我国的商业 Internet —中国因特网（ChinaNet）由中国电信和中国网通始建于 1995 年。ChinaNet 通过美国 MCI 公司、Global One 公司、新加坡 Telecom 公司、日本 KDD 公司与国际 Internet 连接。自 1996 年以后，随着我国信息产业的发展和不断扩大，因特网在我国有了突飞猛进的发展，在各行各业均得到了迅速的普及应用。目前，我国用户一般通过以下六大网络接入因特网，其网络名称、门户网址和网络特点如表 2.1 所示。

表 2.1　中国六大计算机网络

中文名称	英文名称	门户网址	特点
中国科技网	CSTNET	www.cstnet.net.cn	最早具有国际信道的网络
中国教育网	CERNET	www.edu.cn	教育科研学术互联网络
中国公用计算机互联网	ChinaNET	www.chinatelecom.com.cn	最早的商业国际网络，有线、无线宽带网络
中国联通互联网	UNINET	www.chinaunicom.com.cn	有线、无线宽带网络
中国移动互联网	CMNET	www.chinamobile.com	有线、无线宽带网络
中国长城互联网	CGWNET	www.cgw.net.cn	有线宽带网络

2）因特网的主要特点

因特网是集数据通信、计算机及计算机网络等高科技技术于一体的网络技术，是目前世界上最大的互联网络，几乎覆盖了整个世界，涵盖各种局域网技术和广域网技术，具有以下三个显著特点：

①开放性网络。因特网是一个开放性的广域网络，采用 TCP/IP 协议来实现互联，能够使世界范围内众多的各类不同类型、不同性质的网络都实现互联。

②分组交换技术（Package Switch，PS）。采用分组交换技术（也称包交换）来实

现网络数据传输，即将用户传送的数据划分成一定的长度，每个部分作为一个分组，通过传输分组的方式来传输信息，网络效率较高。

③路由选择。以路由器作为网络互联设备来实现多个网络之间的互联，能够自动选择最佳路线来传输数据。

3）因特网的主要功能（服务）

目前，因特网已经与人类社会高度融合，不断渗入并改变着人们的学习、工作及生活方式，离开因特网已经成为难以接受甚至无法想象的事情。具体而言，因特网提供的服务主要有以下几种。

（1）WWW服务

WWW（World Wide Web）通常译成环球信息网或万维网，简称为Web或3W，1989年由欧洲粒子物理研究中心的蒂姆·伯纳斯·李发明。从技术角度上说，WWW其实属于一种软件概念，是因特网上那些支持WWW协议和超文本传输协议（Hyper Text Transfer Protocol，HTTP）的服务器与客户机的集合。通过它可以存取世界各地的超媒体文件，包括文字、图形、声音、动画、资料库及各式各样的内容。

用户使用WWW浏览器通过因特网访问远端WWW服务器上的HTML超文本。WWW在电子商务、远程教育、远程医疗、休闲娱乐与信息服务等领域都得到了广泛应用，已经成为因特网中最重要的组成部分。

①WWW的工作方式：WWW系统采用客户/服务器模式，信息资源以网页形式存储在WWW服务器中，用户通过WWW客户浏览器向WWW服务器发出请求；服务器根据客户端请求内容，将保存在WWW服务器中的某个页面发送给客户端；浏览器在接收到该页面后对其进行解释，最终将图、文、声并茂的画面呈现给用户。WWW服务的工作方式如图2.13所示。

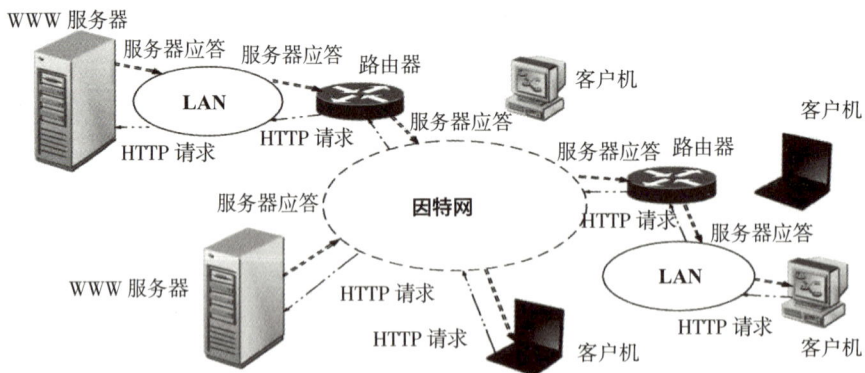

图2.13　WWW服务的工作方式

②网络主页（Homepage）：主页是指机构或个人的基本信息页面，也是相关信息系列的入口。用户通过主页可以访问有关的信息资源。主页的基本元素有文本、图像、表格、超链接等，如图2.14所示。

图 2.14　重庆大学主页

③ URL 与信息定位：在因特网中有众多的 WWW 服务器，而且每台服务器中又可以包含很多主页，不同主页需要用统一资源定位符（Uniform Resource Locator，URL）来指定其在服务器信息资源中的位置。

URL 的格式为：协议名: //IP 地址或域名 / 路径 / 文件名，示例及注释如图 2.15 所示。

图 2.15　统一资源定位符示例及注释

④ WWW 浏览器：浏览器是访问和浏览 WWW 主页的客户端软件，其基本通信协议就是超文本传输协议（HTTP）。因特网用户使用浏览器可以很方便地访问内容丰富、形式多样的信息资源。目前，很多软件公司都推出了各式各样的 WWW 浏览器，除操作系统自带的浏览器软件（Windows 的 edge、苹果的 Safari）以外，较著名的还有谷歌浏览器（Google Chrome）、火狐浏览器（Mozilla Firefox），以及国内的 360 浏览器、QQ 浏览器、百度浏览器、搜狗浏览器、傲游浏览器等，林林总总数十种，就连著名的淘宝网也推出了自己专属的淘宝浏览器。

⑤搜索引擎（Search Engine）：搜索引擎是 WWW 网环境中的信息检索系统，其主要功能是运用特定的策略算法程序搜索因特网中 WWW 服务器中的信息以提供检索服务。搜索引擎包括全文索引、目录索引、元搜索引擎、垂直搜索引擎、集合式搜索

图 2.16　搜索引擎

引擎、门户搜索引擎与免费链接列表等，常用搜索引擎有谷歌（Google）、必应（Bing）、Scirus，以及百度、360 搜索和搜狗等，如图 2.16 所示。

（2）电子邮件服务

电子邮件（E-mail）也称电子邮箱或电子信箱，是一种通过网络实现相互传送和接收信息的现代化通信方式，也是因特网应用最广的服务。通过电子邮件系统，人们免费、快速地与互联网上任何一个网络用户实现信息交流。电子邮件不仅可以发送文字，还可以通过附件方式传递照片、图像、声音乃至程序软件等各种形式的文件，如图 2.17 所示。

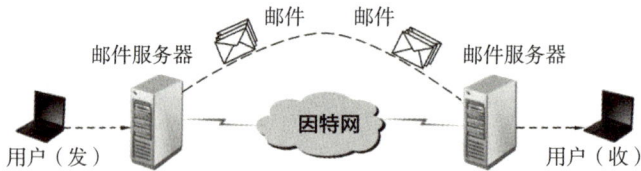

图 2.17　电子邮件服务

（3）文件传输服务

文件传输服务是因特网上基于二进制文件的标准传输协议（File Transfer Protocol，FTP），通过 FTP 服务器和应用程序提供的一种文件传输服务，所以也称 FTP 服务。使用 FTP 服务几乎可以传送任何类型的文件，该服务是由 TCP/IP 的文件传输协议支持的，是一种实时的联机服务，如图 2.18 所示。

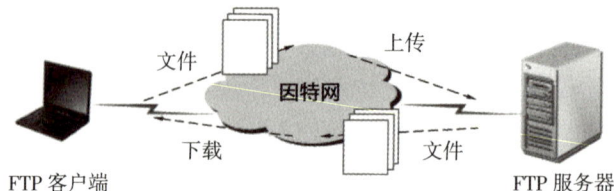

图 2.18　文件传输服务

（4）新闻与公告类服务

因特网与人类社会生活息息相关，人们已经习惯于通过互联网发布或获取信息，新闻与公告类服务正好能够满足人们的这类需求。

①网络新闻组（Usenet）：网络新闻组是基于因特网上的网络新闻传送协议（NNTP），由网络新闻服务器向用户提供的针对各种专题相互讨论和交流的一种服务。网络上各大门户网站均设有新闻组，五花八门的新闻为网民们提供了丰富多彩的信息，人们在阅读相关新闻的同时还可以发表自己的看法及评论，如图 2.19 所示。

②电子公告牌：电子公告牌也称电子论坛、网络论坛或 BBS（Bulletin Board System），是因特网上的一种电子信息服务系统。用户可以利用 BBS 服务与素未谋面的网友聊天、组织沙龙、获得帮助、讨论问题及为别人提供信息，如图 2.20 所示。

图 2.19　各大门户网站新闻组

图 2.20　著名论坛

③即时通信（Instant Messenger，IM）：即时通信是因特网上一项最热门的应用，使网络用户之间能相互发送信息、图片和传送文件，甚至通过视频和语音进行交流，而且这种信息交流是即时的。时至今日，即时通信已经不再是一个单纯的聊天工具，已经发展成集交流、资讯、娱乐、搜索、电子商务、办公协作和企业客户服务等为一体的综合化信息平台，如图 2.21 所示。

图 2.21　常见即时通信软件

④博客与微博：博客（Blog、Weblog）也称网络日志，是一种以互联网作为载体，集丰富多彩的个性化展示于一体的综合性平台，可供人们轻松、快捷地与他人进行交流。微博是微型化的博客，如今发微博已经成为广大网民的一种时尚，就连政府、机关和企业等组织机构也纷纷建立官方微博，并借此发布信息并与网民交流互动，如图 2.22 所示。

图 2.22　流行微博

⑤流媒体（Streaming Media）：流媒体的全称是网络流媒体技术，可将经过压缩处理后的音像数据源源不断地由流媒体服务器向用户传送，用户不必等到整个文件全部下载完毕，仅需经过短暂的启动延时即可开始观看，在播放的同时后续部分会继续从

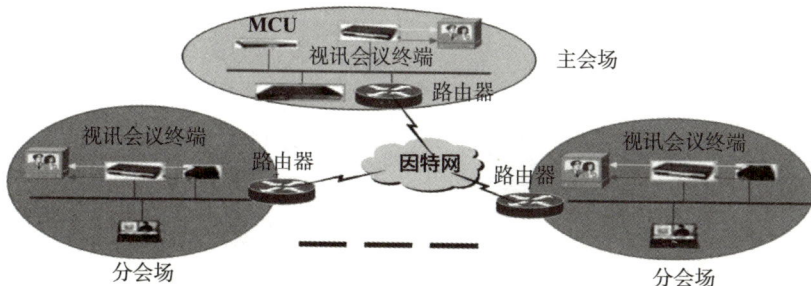

图 2.23　视讯会议系统

服务器上下载。目前，流媒体技术在远程教学、网络广播电视、网站音视频点播、数字监控，以及视讯会议等领域得到了广泛应用，如图 2.23 所示。

2.4.7　企业内联网

企业内联网（Intranet）也称内部网或内联网，是企业、学校和公司等组织机构采用因特网技术组建的内部网络，犹如一个缩小版的因特网。与因特网同样，企业内联网也是以 TCP/IP 协议为基础，以 Web 技术为核心，为用户提供类似因特网的各种信息服务。用户能够像使用因特网应用一样方便地使用企业内联网上的信息资源，并将电子公告、电子邮件、电子表单等办公自动化应用、管理信息系统等各类数据库应用系统集成到浏览器界面中，从而大大提高工作效率，如图 2.24 所示。

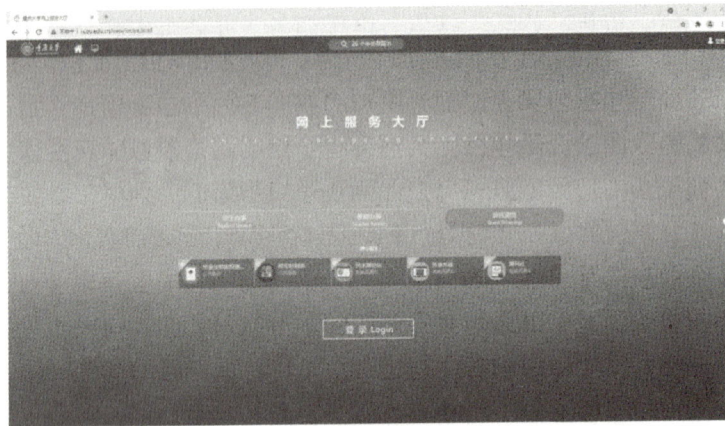

图 2.24　重庆大学网上办公系统

1）企业内联网的结构

企业内联网不仅在结构上与因特网相似，其网络设备及通信协议也基本相同。为了共享因特网丰富的信息资源，企业内联网也具有与因特网连接的接口。但由于内联网上的绝大部分资源仅供企业内部使用并不对外开放，因此有很强的安全性要求，必须从技术上防止外部非法用户的侵入，保证内部信息的完整与安全。通常采用防火墙或其他安全技术，将内联网和因特网隔离开来，如图 2.25 所示。

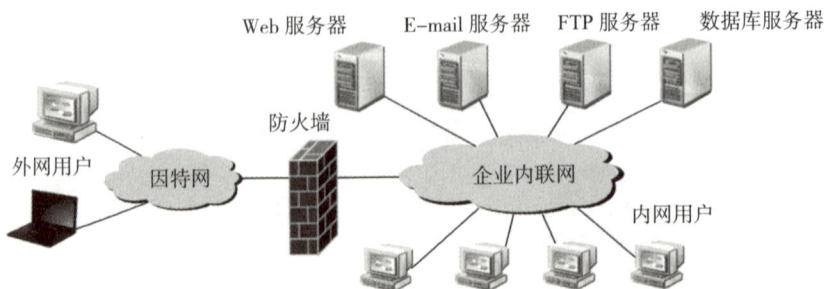

图 2.25　企业内联网的典型结构

2）企业内联网的主要特点

将因特网技术引入企业内联网，不仅使内联网的组建方法发生了重大变化，而且也使其具有许多和因特网相似的特点。

（1）操作界面统一

信息格式一致，操作界面统一，系统开放性好。由于采用 Web 技术，内联网用户可使用浏览器，如同访问因特网一样方便地访问企业内部的 Web 服务器。

（2）培训过程简化

内联网采用统一的用户界面，使用方法上也同因特网的操作方法一致，符合因特网操作习惯，用户可以不再需要进行专门的培训就能使用不同信息系统。可以说会上网就会使用信息系统。

（3）信息交流便捷

企业内联网提供了基于因特网的网络功能（服务），如 WWW、E-mail、FTP 和 IM 等，极大地方便了用户的信息交流。

（4）网络联合办公

借助网络优势，企业内联网用户能够在整个内联网范围内实现网络化的办公流程，先进的办公自动化技术能够极大地提升管理效率，同时扩展企业功能与服务。

（5）便于系统开发

成熟的因特网技术使得开发一个 Web 服务器比较容易，短时期即可完成小规模系统的开发，技术上容易实现与现有系统间的跨平台整合。采用公用网关接口（Common Gateway Interface，CGI）还可以与企业原有的数据资源结合，使其得以充分利用。

3）企业内联网的主要功能

企业内联网在网络结构上与因特网相似，同样基于 TCP/IP 协议进行网络通信，也是以 Web 技术为核心，功能类似于因特网，主要有以下几种功能。

（1）信息服务

通过内联网中的 Web 服务器发布信息，是外部用户和企业内部进行信息交流的最有效手段。

（2）客户服务

利用 Web 服务器，企业可通过内联网向外部客户提供产品订单、产品知识、售后服务等信息。

（3）邮件管理

大企业的内联网中一般都设有电子邮件服务器，为企业内部用户提供电子邮件服务。

（4）内部协作

通过内联网快速有效地交流信息，增强企业内部的通信能力，提高部门间的协作效率。

（5）其他管理

企业内部信息系统可以方便地与因特网融合，使得外部和内部信息相结合，由此给管理方面带来诸多便利。

正是因为具有以上特点和功能，目前很流行以内联网模式实现管理信息系统。

2.5　企业计算模式／应用系统结构

企业计算模式是指企业计算机应用系统中数据与应用（程序）的分布方式。随着计算机、网络及数据库技术的发展，先后出现了多种企业计算模式。不同企业计算模式决定了计算机应用系统的硬件结构和软件结构的不同特征。

1）主机／终端模式

主机／终端模式包括单主机／单终端、单主机／多终端两种，是以一台计算机（大、中、小型机）为中心（主机），单个或多个终端为用户的计算模式。所有数据和应用（程序）集中地放在主机上并由主机实现计算和管理，分时服务于终端，而终端仅实现输入输出功能。主机／终端模式适合于大量信息的集中处理，如图 2.26 所示。

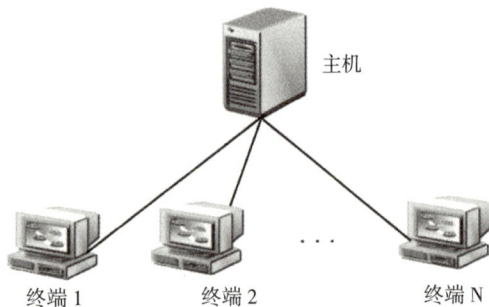

主机

终端1　　　终端2　　　……　　　终端 N

图 2.26　主机／终端模式

2）工作站／文件服务器模式

工作站／文件服务器模式下设置有文件服务器，专门用于存放数据和应用（程

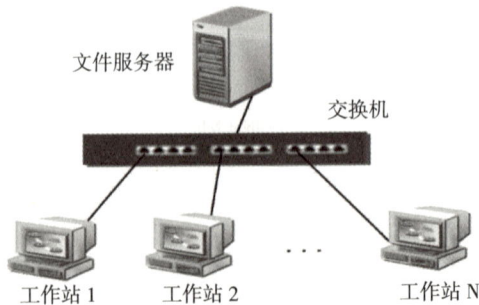

文件服务器

交换机

工作站1　　　工作站2　　　……　　　工作站 N

图 2.27　工作站／文件服务器模式

序），为网络上其他用户提供文件（数据）共享，是网络的核心。各工作站通过访问文件服务器资源，获得应用程序和数据后进行计算处理。工作站/文件服务器模式适合小规模局域网系统环境的信息分布式处理，如图 2.27 所示。

3）客户/服务器模式

客户/服务器模式（Client/Server，C/S）在硬件组成、网络拓扑结构及通信连接等方面与文件服务器方式基本相同。服务器端运行服务系统软件（如数据库服务系统、文件服务系统等），负责文件和数据库管理，并向客户机端提供相应的服务。客户机运行客户应用程序模块，将用户的数据处理请求发送到服务器，服务器分析用户请求，实施对数据库的访问与控制并将处理结果返回给客户端。在这种模式下，网络上传送的只是数据处理请求和少量的结果数据，网络负担较小，同时也较好平衡服务器/客户端的任务，如图 2.28 所示。

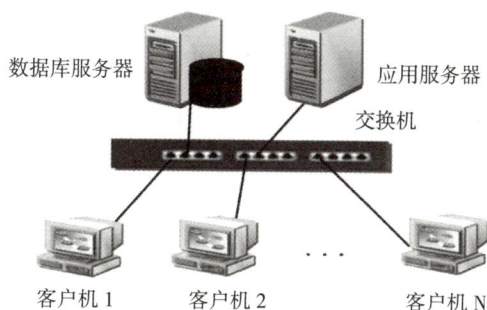

图 2.28 客户/服务器模式

注意：采用 C/S 模式的企业计算机应用系统中，每一个客户机都必须安装并正确配置好相应的数据库客户端应用程序和驱动程序才能访问数据库。由于应用程序被分布于各个客户机上，使得系统的软件维护和升级比较困难，且因为客户端软件是专门编制的，用户也需要一定的培训才能使用。

4）浏览器/服务器模式

浏览器/服务器模式（Browser/Server，B/S）是在 C/S 模式的基础上发展而来的，在这种计算模式下服务器端分化为 Web 服务、应用服务、数据库服务，而客户端就是普通 Web 浏览器，无须安装专门的客户端程序，如图 2.29 所示。

以 B/S 模式来开发企业管理信息系统，由于在客户端只需要普通浏览器，大大简化了客户端的维护工作，同时也方便了用户使用。只需将一台带有浏览器的终端（包括平板等智能设备）接入系统网络，即可作为客户机使用企业管理信息系统。B/S 模式极大地拓展了管理信息系统的功能覆盖范围，从而革命性地改变了信息系统。例如，B/S 模式下的信息系统使企业能够把供应商和客户作为企业的资源来进行管理，从技术上保证了企业资源规划系统（Enterprise Resource Planning，ERP）的实现。

当然，事物总是一分为二的。在 C/S 模式的应用系统中，每一个客户机都必须安

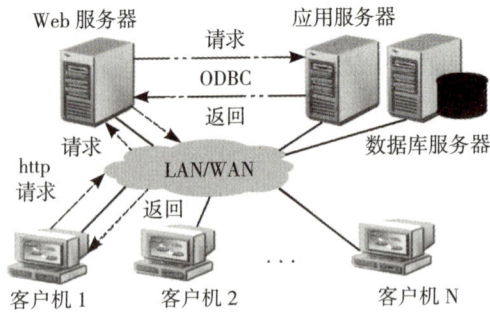

图 2.29　浏览器 / 服务器模式

装并正确配置好相应的数据库客户端应用程序和驱动程序，甚至需要遵循一定的加密规则才能访问数据库，这反而比使用通用浏览器的 B/S 模式具有更高的安全性，故在金融（如银行）等系统得到广泛应用。

5）云计算服务计算模式

云计算（Cloud Computing）是一个新名词，以至于迄今还没有一个标准、统一的定义，但其内涵算不得新鲜。"云"的概念，可以理解为是对互联网上那些呈网状分布的计算机群的一个形象比喻，也指那些由服务器按需完成的计算过程。而所谓云计算，不过是指通过高速互联网，将数据处理过程从原来本地的计算机或服务器转移到互联网上的计算机集群中来实现，而且该过程对用户不透明，即用户获得了计算结果却并不知道具体究竟是在哪里完成的计算，如图 2.30 所示。与云计算相关的概念还有云存储等。

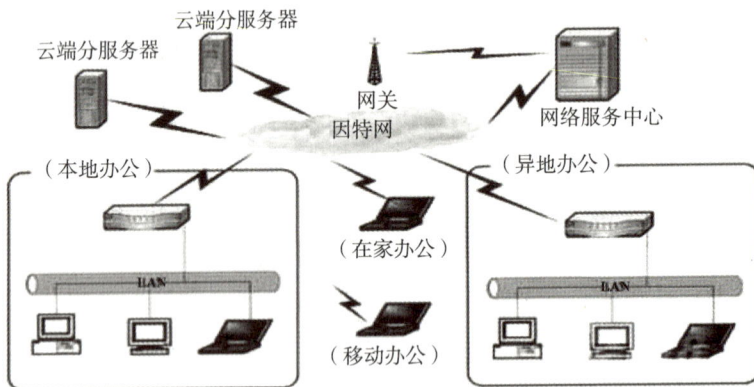

图 2.30　云计算服务计算模式

云计算是一种新兴的商业型服务计算模式，一般需要付费获得服务。这是一种共享基础架构的方法，它面对的是超大规模的分布式环境，核心是提供计算资源、数据存储和网络服务。从技术性质上讲，云计算是分布式计算（Distributed Computing）、并行计算（Parallel Computing）、效用计算（Utility Computing）、网络存储技术（Network Storage Technologies）、虚拟化（Virtualization）、负载均衡（Load Balance）

等传统计算机和网络技术发展融合的产物。

云计算具有超大规模、虚拟化、可靠性高、通用性强、扩展性好，以及按需服务、成本低廉等主要特点。总之，云计算服务计算模式既降低了企业计算模式成本，又充分利用了网络资源，是一种高效的企业计算模式。

2.6　数据库技术基础

随着科学技术和社会生产力的发展，对数据的加工及管理提出了更新更高的要求。20 世纪 60 年代末出现的数据库技术是计算机科学的重要分支，更是信息系统的核心，也是数据挖掘、云存储与云计算及大数据等先进技术实现的基础。数据库的出现极大地促进了计算机应用向各行各业的渗透，是数据管理技术的一次革命性飞跃。

数据库的建设规模、数据库信息量的大小和使用频度已成为衡量一个国家信息化程度的重要标志。

2.6.1　数据处理概念

数据处理是管理信息系统的核心内容，是指通过数据处理将各种原始数据加工成另一种形式的数据，以实现对信息的加工。

数据处理的目的可以归纳为三点：①转化数据以便处理；②加工数据以便使用；③存储数据以供后用。

数据处理的基本内容主要包括以下各环节：数据收集→数据转换→数据筛选、分组和排序→数据组织→数据运算→数据存储→数据检索→数据输出。

数据处理时需要考虑以下几个问题：①数据以何种方式存储于计算机中；②采用何种数据结构能有利于数据的存储和取用；③采用何种方法从已组织好的数据中检索数据。

数据处理技术主要研究如何科学合理地组织数据，以及如何高效地访问数据。随着计算机软硬件技术的发展，数据处理技术的发展经历了人工管理阶段、文件系统阶段和数据库系统阶段等几个大的阶段。

2.6.2　数据库系统

1）数据库的定义和特点

数据库（Database，DB）是长期储存在计算机内的、有组织且可共享的数据集合。数据库管理系统实现了数据库的建立、存取和维护，并为用户提供高效的数据服务。

数据库管理方式克服了数据文件管理方式的弊端，其主要特点是：①面向全组织的复杂数据结构；②统一的数据控制功能；③数据共享性好，冗余度较小；④数据与程序独立；⑤易于扩充。

2）数据库管理系统

数据库管理系统（Database Management System，DBMS）是位于用户与操作系统之间的系统软件，其作用是科学地组织和存储数据、高效地获取和维护数据。

3）数据库系统

数据库系统（Database System，DBS）是指在计算机系统中引入数据库后的系统构成。在不引起混淆的情况下也常常把数据库系统简称为数据库。

数据库系统由计算机系统（硬件和软件）、数据库、数据库管理系统（包括应用开发工具）、应用系统以及人员（数据库管理员和用户）等共同构成，其相互之间的关系如图 2.31 所示。

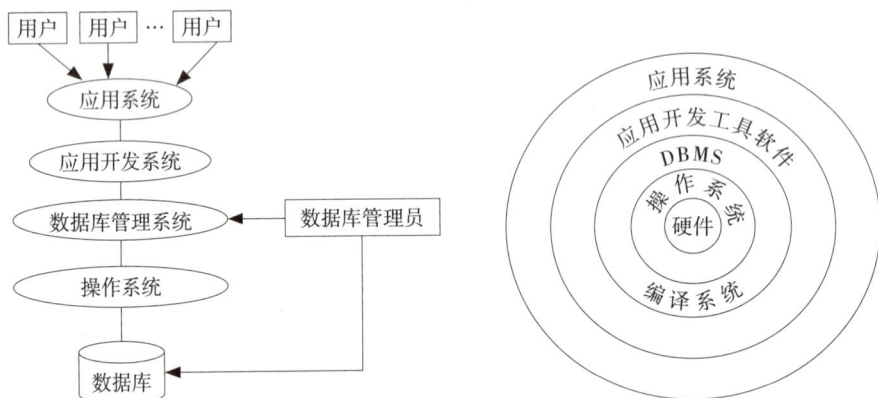

图 2.31　数据库系统组成及其在计算机系统中的层次关系

4）数据库三级模式

数据库采用三级模式结构，包括外模式、模式、内模式，以利于有效地组织、管理数据，提高了数据库的逻辑独立性和物理独立性，如图 2.32 所示。

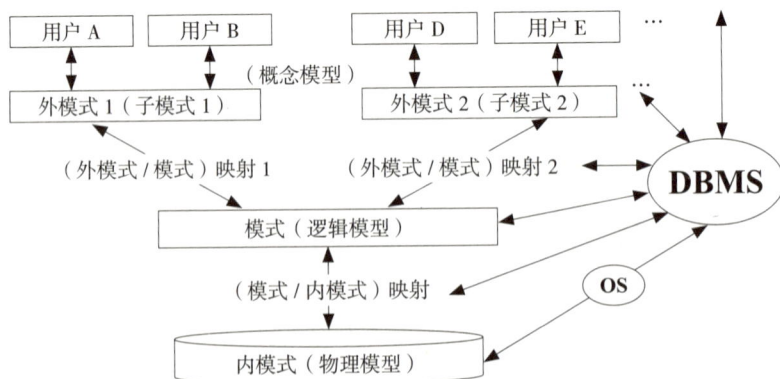

图 2.32　数据库系统的三级模式

（1）外模式

外模式也称子模式或用户模式，是针对特定用户从模式中导出的一个子集，包含模式中允许其使用的那部分数据。用户面对外模式，对不同用户数据库将呈现不同的外模式，相当于概念模型。外模式完全按用户自己对数据的需要、站在局部的角度进行设计，反映了数据库的用户观。

（2）模式

模式是针对所有用户的数据进行综合抽象而得到的统一的全局性数据视图，是对数据库中数据的整体逻辑结构及特征的总体描述，反映了数据库的整体观。

（3）内模式

内模式也称存储模式，对应于物理级，是对数据库中全体数据的内部表示或底层描述，是数据库最低一级的逻辑描述，反映了数据在存储介质上的存储方式和物理结构，对应着实际存储在外存储介质上的数据库，是数据库的存储观。

数据库三级模式之间依靠二级映射技术来实现转换，分别是外模式 / 模式映射，以及模式 / 内模式映射，当某一级模式发生变化时可以通过对相应映射的调整而使其他级的模式不受影响。这种结构能够保证数据库系统具有数据整体性和共享性，同时也保证数据具有较高的物理独立性和逻辑独立性。

一个数据库系统中只能有唯一的数据库，因而作为定义和描述数据库存储结构的内模式，以及定义和描述数据库逻辑结构的模式也都是唯一的。但建立在数据库系统之上的应用则因不同用户需求之差异呈现多样化，因此外模式不可能是唯一的。

需要注意的是，数据库管理系统（DBMS）直接管理控制外模式、模式以及二级映像，但对内模式的管理控制则需要通过操作系统才能完成。

2.6.3　数据库模型

数据库中用模型工具来抽象、表示和处理现实世界中的数据和信息。通俗地讲，数据库模型就是对现实世界的模拟。

数据库理论中用三个世界来表述这个模拟过程：①现实世界，是指人们头脑之外的客观世界，包含客观事物及其相互联系；②观念世界也称信息世界，是指现实世界在人们头脑中的反映；③机器世界，是指信息世界中信息的数据化，现实世界中的事物及其联系最终将在机器世界中用数据库模型来进行描述。

数据库模型应满足三个方面的要求：①能比较真实地模拟现实世界；②容易为人所理解；③便于在计算机上实现。

数据库模型可以分成两个不同的层次，即概念模型和数据模型。从现实世界到数据库的抽象过程也分为两步：①将现实世界中的客观对象抽象为概念模型；②将概念模型转换为某种数据库管理系统所支持的数据模型。

1）概念模型

概念模型也称信息模型，是按用户的观点来对数据和信息建立的模型，是现实世界到机器世界的一个中间层次。概念模型是数据库设计的有力工具，也是数据库设计人员和用户之间进行交流的语言。

要建立概念模型，首先要掌握以下有关基本概念：

（1）实体

实体（Entity）是指客观存在并可相互区别的事物，可以是具体的人、物或事件，也可以是抽象的概念和联系。例如，一名教师、一门课等。

（2）属性

属性（Attribute）是指特定实体所具有的某一特性或所属性质，一个实体可以由若干个属性来刻画。例如，学生实体可以由学号、姓名、性别、年龄等属性组成。

（3）码

码（Key）也称关键字或关键属性，是能够对实体进行唯一性标识的属性或属性集。例如，学生实体的"学号"属性可以唯一地指示出一个学生，所以是码。

（4）域（Domain）

属性的取值范围称为该属性的域，域与属性的数据类型有重要关系。例如，"性别"属性的域是｛男，女｝，而"年龄"属性的域一般为一个确定的整数范围。

（5）实体型（Entity Type）

用实体名及其属性名集合来对同类实体进行抽象和刻画的方法称为实体型。

（6）实体集（Entity Set）

同型实体的集合称为实体集。

（7）联系（Relationship）

现实世界中事物内部或事物之间的联系在信息世界中反映为实体内部或实体之间的联系。因此联系分为两种：实体内部的联系，即组成实体的各属性之间的联系，以及实体之间的联系，即不同实体集之间的联系。

实体之间的联系可分为三类，即一对一（1:1）、一对多（1:n）和多对多（$m:n$），其中多对多是最普遍的，一对多可视为多对多的特例，而一对一则又可视为多对一的特例，三种类型的联系示例如图 2.33 所示。

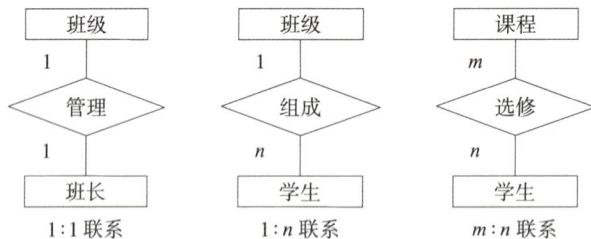

图 2.33　两个实体集之间的三类联系

显然，联系不仅仅存在于两个实体之间，多个实体之间或一个实体内部都可以存在联系。例如，对于课程、教师与参考书三个实体型，如果一门课程可以由若干个教师来讲授，使用若干本参考书，而每一个教师只讲授一门课程，每一本参考书只供一门课程使用，则课程与教师、参考书之间的联系是一对多，如图 2.34（a）

所示。学生实体集内部某个学生（班长）领导其余学生也是一对多的联系，如图 2.34（b）所示。实体集内联系存在于实体之间，而实体内联系则存在于属性之间。

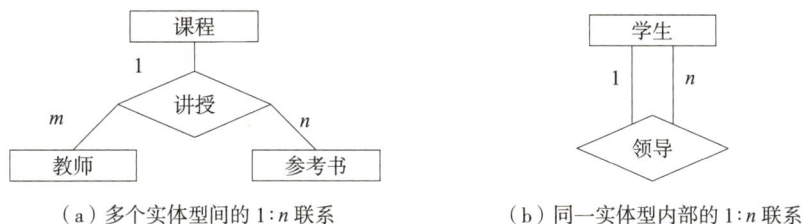

（a）多个实体型间的 1:n 联系　　　　　　（b）同一实体型内部的 1:n 联系

图 2.34　多个实体集间及实体集内部的联系

2）概念模型的表示方法

概念模型的表示方法很多，其中最为著名且广泛应用的是陈品山于 1976 年提出的 E-R（Entity-Relationship）模型。E-R 模型是直接从现实世界中抽象出实体类型及实体间的联系，是对现实世界的一种抽象，其构成成分是实体集、属性和联系集。

由于"实体 - 联系方法"（Entity-Relationship Approach）不受任何 DBMS 约束的面向用户的表达方法，使其在数据库设计中被广泛用作数据建模的工具。E-R 模型的图形表示称为实体 - 联系图或 E-R 图（Entity Relationship Diagram）。E-R 图通用的表示方式如下：

①用矩形表示实体，在框内写上实体名。

②用椭圆形框表示实体的属性，框内写上属性名并用无向边把实体和属性连接起来。联系也可以具有属性，同样用无向边将其与对应的属性连接起来。

③用菱形表示实体间的联系，在菱形框内写上适当的联系名，用无向边分别把菱形框与有关实体连接起来，在无向边旁注明联系的类型（1:1、1:n 或 m:n）。

例如，有"图书"和"作者"两个实体集，"图书"具有 ISBN（国际标准书号）、书名、出版社等六个属性，其中 ISBN 为码（关键属性）；"作者"具有身份证号、姓名等三个属性，其中身份证号为码；"图书"与"作者"之间有多对多（m:n）联系"写作"，即一本图书可以由几位作者合著，一位作者也可以写多本图书。此外，联系"写作"还具有属性定稿时间，因为多位作者合著一本图书时每位作者负责的章节部分都有自己不同的定稿时间，而一位作者著有多本图书时每本图书也有不同的定稿时间，必须明确是哪位作者的哪本图书的定稿时间，即定稿时间需要图书和作者共同确定，所以只能是两者之间联系"写作"的属性，如图 2.35 所示。

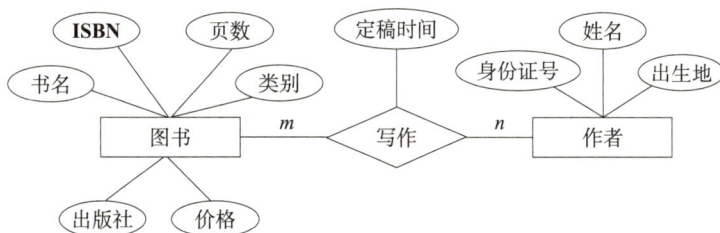

图 2.35　实体集"图书"和"作者"的 E-R 图

3）数据模型之关系模型

E-R 模型属于数据库之概念模型，仅适用于人与人之间的讨论交流，数据库的下一步设计还需要建立逻辑模型。数据模型属于逻辑模型，是概念模型的数据化，是对客观事物及其联系的数据化描述。数据模型是数据库系统设计中用于提供信息和表示操作手段的形式构架，也是数据库系统实现的基础。

目前，数据库管理系统通常采用的数据模型有三种基本类型，即层次模型、网状模型及关系模型，因为目前最通用的数据库系统几乎均采用关系模型，故对前两者不再详述。

关系模型是建立在数学概念的基础上，应用关系代数和关系演算等数学理论处理数据库系统的方法，是最重要的一种数据模型，也是目前应用最为广泛的数据模型。从用户的观点来看，关系模型的逻辑结构是一张二维表，由行和列组成。每一个关系均为一张二维表，表格中的每一行代表一个实体，称为记录，每一列则代表实体的一个属性，称为字段。实体间的联系均通过关系进行描述。关系模型的优点主要有以下三点：

①关系模型与非关系模型不同，它有严格的数学理论根据。

②数据结构简单、清晰，用户易懂易用，实体及各类联系都用关系来表示，对数据的检索结果也是关系。

③关系模型的存取路径对用户透明，从而具有更高的数据独立性、更好的安全保密性，也简化了程序员的工作及数据库建立和开发的工作。

关系模型的缺点是查询效率不如非关系模型。因此，为了提高性能，必须对用户的查询进行优化，这增加了开发数据库管理系统的负担。

关系模型在现实数据库系统中得到了广泛应用，大多数的数据库系统都采用了关系数据模型。目前，典型的关系数据库系统主要有 ORACLE、SYBASE、DB/2、INFORMIX，以及在中小型数据库系统中应用最多的 SQL Server 和 My SQL。

4）关系模型数据结构与关系规范

关系模型的基本数据结构就是一张二维表，如表 2.2 所示。

表 2.2　学生情况表

学号	姓名	性别	年龄	系	年级
110832120	张志	男	20	信管	2011
110830520	薛梅	女	19	会计	2011
100861167	罗阿迅	男	22	车辆	2010

关系具有如下性质：

①关系中的列是同质的，称为属性或字段，以段名来区分不同的属性；

②关系中的行代表一个实体，称为元组或记录，不能出现完全相同的行；

③每个关系都有一个码（关键字），它能唯一地标识关系中的一个记录；

④关系中列的顺序不重要。

关系的一般表示方法如下：

关系名（属性 1，属性 2，…，属性 n）

例如：学生（学号，姓名，性别，年龄，系，年级）

关系模型对实体及实体间的联系均使用二维表来表示，具体而言，二维表的一行表示一个实体，一列则表示实体集的属性（用属性名表示）。一张只有表头的空二维表就是一个实体型，填入的每行具体数据对应一个实体的各属性值，整个二维表是一个关系，且对应一个实体集。

对于实体之间联系的表示，一对一联系和一对多联系可以采用隐含在实体对应的关系中的方式来表示，而多对多联系则需要直接用关系（表）来表示。

关系模型基于严格的数学理论，要求关系必须是规范化的，即必须满足一定的规范条件。比如，最基本的规范条件就是"关系的每一个分量必须是一个不可分的数据项"，即不允许存在"表中表"，表 2.3 就不是规范的关系表示。

表 2.3　学生成绩

学号	姓名	阶段	平时成绩			考试成绩		总成绩
			考勤	问答	作业	笔试	面试	
110830520	薛梅	上半期	100	90	98	92	96	95
		下半期	98	94	96	96	94	

由于存在"阶段""平时成绩""考试成绩"这样需要进一步细分的项目，因此它不是二维表，而是非规范的关系。日常中有许多类似的报表都包含有这样的表中表结构，均需要转换为二维表形式才能满足关系的基本规范要求。

关系的规范化是指在关系模型中，关系必须满足一定的给定条件。规范化理论研究的是关系模式中各属性之间的依赖关系及其对关系模式性能的影响，从而进一步研究关系模式应该具备的性质和设计方法。规范化理论既给我们提供了判别关系模式优劣的标准，也为数据库设计工作提供了严格的理论依据。目前，关系模式的数据结构已经定义了六种规范化模式（Normal Form，以下简称范式）。范式表示了关系模式的规范化程度，即满足某种约束条件的关系模式。在实际数据库设计工作中，首先要经过规范化处理，根据具体的应用需求将每一个关系规范成相应的范式。

一般可以根据关系满足约束条件的不同来确定范式级别。如果满足最低要求，则为 1NF（第一范式），在符合 1NF 的基础上又进一步满足一定约束条件的就成为 2NF（第二范式），以此类推。在实际应用中，一般来说关系规范到 3NF 就已经能满足要求了。

除了范式规范的考虑以外，设计数据库关系表时还应该从数据结构的角度考虑，即考虑实体对象的数据结构。

2.6.4　管理信息系统中的数据库

数据库是现代管理信息系统的基础，管理信息系统所有数据的存储、检索和分类处理都是由数据库系统来实现的。因此，数据库设计是管理信息系统设计中的重要内容。

1）数据库设计的任务

数据库设计的任务是按照实际应用的要求，为组织设计一个结构合理、使用方便、效率较高的数据机器应用系统。数据库设计包含两个方面的内容：①结构（数据）设计，也就是设计数据库框架或数据库；②行为（处理）设计，即设计应用程序、事务处理等。

2）数据库设计方法

数据库设计一定要运用工程化的规范设计方法，其核心与关键在于逻辑数据库设计和物理数据库设计。逻辑数据库设计是根据用户要求及特定数据库管理系统的具体特点，以数据库设计理论为依据，设计数据库的全局逻辑结构和各用户的局部逻辑结构。物理数据库设计是在逻辑结构确定之后再设计数据库的存储结构及其他实现细节。

各种设计方法在设计步骤上的划分上存在差异，各有其特点和局限。还有一些为数据库设计之不同阶段提供的具体实现方法，例如基于 E-R 模型的方法、基于 3NF（第三范式）的方法和基于抽象语法规范的方法等。

规范设计法在具体使用中又分为两类，即手工设计和计算机辅助数据库设计。

3）数据库设计与实现

数据库设计要经过用户需求分析、概念结构设计、逻辑结构设计和物理结构设计四大步骤，再到数据库实施和运行维护，过程如图 2.36 所示。

图 2.36　数据库实现过程

（1）需求分析

需求分析就是分析用户的实际需要与要求。需求分析是设计数据库的起点，其结果是否准确将直接影响到后续阶段，并直接关乎整个数据库设计是否合理和实用。

（2）概念结构设计

概念结构设计将需求分析得出的用户与现实世界之具体需求抽象为观念世界之信息结构。概念结构是各种数据模型的共同基础，可以转化为确定的数据模型，而且比数据模型更抽象、更独立于机器，从而也更加稳定。

概念结构设计是整个数据库设计的关键，前面提到的 E-R 模型（方法）就是概念模型设计中最为常用的一种描述工具。

（3）逻辑结构设计

逻辑结构设计将概念结构进一步转化为一般的关系、网状、层次等数据模型，同时还需要对转化得到的数据模型进行优化，以便能够用相应的 DBMS 来实现。

数据库的概念结构本身并非对应于哪种数据模型，而是各种数据模型的共同基础。所以 E-R 模型并不等同于关系模型，也可能转化为网状或层次数据模型，只是当将 E-R 图转化为二维表时，代表着将概念结构转化成了关系模型的数据库逻辑结构而已。

图 2.37 至图 2.39 分别是一对一（1:1）、一对多（1:n）、多对多（m:n）三种联系类型的 E-R 图（概念模型）转化为二维表关系模型（逻辑模型）的示例。

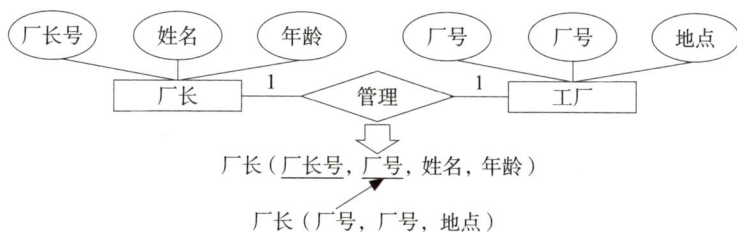

图 2.37　E-R 图转换为两张二维表

（蕴含表达实体集间 1:1 联系）

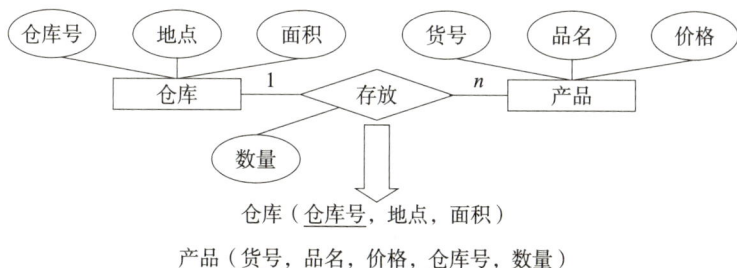

图 2.38　E-R 图转换为两张二维表

（蕴含表达实体集间 1:n 联系）

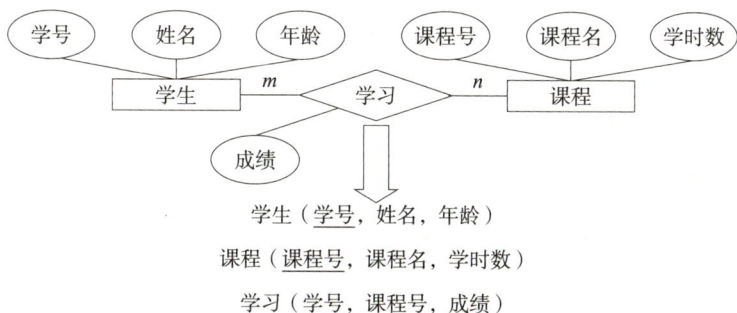

图 2.39　E-R 图转换为三张二维表

（二维表表达实体集间 m:n 联系）

（4）数据库物理设计

数据库物理设计是指为既定的逻辑结构之数据模型选取最适合实际应用环境的物

理结构，即数据库在具体物理设备上的存储结构与存取方法。数据库物理设计依赖于具体的计算机系统，包括硬件和软件环境条件。

图 2.40 表示了由 E-R 图描述的概念模型转化为二维表（关系模型）的逻辑模型，再设计成为具体的关系数据库管理系统（RDBMS）物理模型的过程。

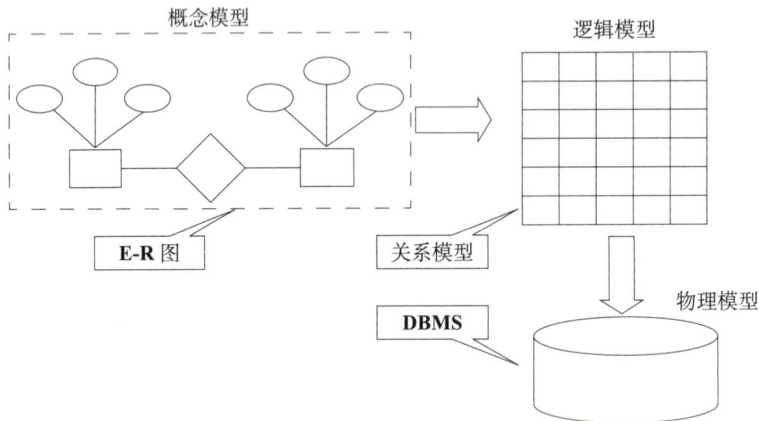

图 2.40　概念模型—逻辑模型—物理模型转换过程示意图

（5）数据库实施

数据库实施是指在计算机系统中通过选定的数据库管理系统来实现数据库物理模型，主要过程是首先用数据定义语言（DDL）和数据库结构，然后组织数据入库，再编制与调试实现所需功能的应用程序并进行数据库试运行。

（6）数据库运行与维护

数据库试运行结果经检验符合设计目标要求后，数据库正式投入运行。在开始实际应用之后，随着应用环境的改变，以及数据库运行过程中物理存储的不断变化，如数据积累使得数据量越来越大等，必须进行必要的数据库维护工作。

对数据库设计进行评价、调整、修改等维护工作是一个长期的任务，也是设计工作的继续和提高。

本章小结

信息处理技术是管理信息系统的技术基础，本章重点介绍了现代信息处理技术的基本知识，包括计算机系统组成、硬件系统与软件系统、计算机网络通信技术、企业计算模式、数据库技术等几大部分。介绍了有关国际互联网与企业内联网的基本概念和常用知识；对企业信息架构和计算模式也做了简要介绍。

第3章 管理信息系统战略规划与开发方法

通过前面两章的学习，相信大家对管理信息系统的相关基本概念，以及管理信息系统中相关的信息处理技术基础已经有所了解。从本章开始，我们将正式进入一个管理信息系统的完整建设过程。俗话说"凡事预则立，不预则废"，所以凡事都得先有个计划，先想好再动手，何况是这样组成结构复杂而庞大的管理信息系统呢，事先没有一个周密的计划是难以成功实现的。因此，管理信息系统建设的第一步就是对其进行规划。

先说一个我国古代系统规划的典故，那就是丁谓修宫。

沈括《梦溪笔谈》所述，北宋真宗年间，汴京大火，皇宫大部被焚，急需修复重建。因工程过于浩大，事务繁杂而时限紧迫，众大臣诚惶诚恐均不敢领命，唯大臣丁谓受命于危难，奉旨抢修皇宫。

丁谓经过调查分析后确定工程核心难题主要有三个：①建筑材料征集，即砖瓦、木材、石材、铁器等如何获取或征集；②建材运输，外地征集的建材如何及时运送到皇宫工地？③清墟除废，皇宫修建完工后原来的残垣断壁以及建筑垃圾如何清运处理？

针对以上问题，丁谓并没有孤立地去考虑其应对办法，而是深思熟虑之后制订了一个极其高明的统筹方案，按现今的说法就叫作一揽子计划：

①取土烧砖，挖道成渠。沿着通向宫外的大道朝向汴水河方向开挖，就地取土烧制砖瓦，解决了最主要的建筑材料。

②连汴水以运木石铁器。随道路开挖形成了一条连接到汴水河的人工运河，外地征集到的各类建筑材料可沿汴水河再转经运河运抵皇宫工地。

③填渠成道，清墟除废。待皇宫土建工程完工以后，再将原皇宫的残垣断壁，以及修建工程所产生的建筑垃圾悉数填埋入前面挖成的运河中，将其重新平整成为大道，恢复皇宫旧貌。

丁谓的这项工程计划一举三得，充分体现了全局化的系统理念，同时更是一种战略规划的智慧成果，因此成为建筑史上的传奇，也可谓系统工程运用的典范。

除上面丁谓修宫的故事以外，古今中外这类通盘考虑、统筹规划的事例实在太多了。单说我们中国，春秋的假途灭虢、战国的田忌赛马，再到近代的各大军事战役或经济建设，特别是中华人民共和国成立以来的五年经济规划、三峡工程建设，再到当今的"一带一路"倡议，无一不彰显着中华民族的远见卓识和大局观。而当代中国正在以科学发展观为指导构建社会主义和谐社会，这也正是马克思主义关于事物普遍联系的原理以及系统思想的综合体现。

系统规划始于全局性观念，兵马未动粮草先行也正是这种全局观念在军事上的运用。所谓运筹帷幄决胜千里的战略观点，不仅对于军事战争，对所有社会活动皆是需要的。管理信息系统是一项复杂的系统工程，按照系统工程建设的基本原则也必须首先对整个系统进行全盘性的整体考虑，以求达到系统的整体最优，这就是战略规划。

3.1　管理信息系统战略规划概述

有两条颇有幽默感的定律值得一提，经历过管理信息系统建设过程的人们估计更能深刻体会，这就是著名的墨菲（Murphy）定律和卡尔丘亨（Caltuhan）定律。

1）墨菲定律

①工作比想象的更为复杂；②花费的时间比预计的更长；③所需的费用比设想的更多；④毛病能出到什么程度，就一定会出到那个程度。

2）卡尔丘亨定律

卡尔丘亨定律："墨菲是个乐观主义者。"其实，这两条定律也正好映照出了管理信息系统建设的艰巨性。管理信息系统建设周期长、投资多、风险大，与一般的技术工程相比有着更大的难度和复杂性。主要是因为：①技术手段复杂；②内容复杂、目标多样；③投资密度大，效益难以计算；④环境复杂多变。

此外，因为信息系统既是技术的又是社会的，所以其建设过程既是一个技术过程，同时也是一个社会过程，这必然会增加其复杂程度。

3）管理信息系统的发展阶段

纵观管理信息系统的应用和发展，从计算机在组织管理中的应用到整个管理信息系统的实现，一般要经历一个由初级到成熟的成长过程。诺兰发现并总结了这一规律，于1973年首次提出了信息系统发展的阶段理论，也被称为诺兰阶段模型。随着信息技术的发展，信息系统有了飞速的发展，又显现出新的特征，1980年诺兰进一步完善了诺兰阶段模型，把信息系统的成长期划分为六个不同的阶段，即初始、蔓延、控制、集成、数据管理和信息管理，如图3.1所示。其中，前面三个阶段基本上还仅仅属于计算机应用，而后面三个阶段才算得上信息应用。

（1）初始阶段

初始阶段是指从组织购买第一台用于管理的计算机开始。在该阶段各级管理人员对计算机的作用从不认识到初步认识，有些人开发出了一两个简单的小系统。初始阶段大部分发生在组织的财务部门。

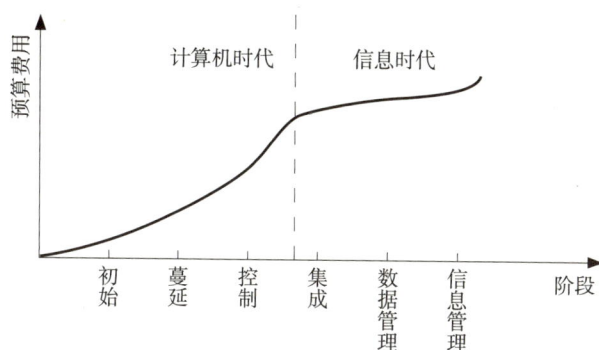

图 3.1　诺兰阶段模型

（2）蔓延阶段（普及阶段）

随着计算机的初步运用，计算机系统运行所带来的效益和效率使得人们对信息系统有了进一步的认识，管理应用程序也从少数部门扩展到多数部门，并开发了大量的应用程序，使得组织的事务处理效率有了提高，此时的计算机使用量开始上升，这就是蔓延阶段或者称为普及阶段。在该阶段数据处理能力有了快速发展，但同时也出现了许多有待解决的新问题，如数据冗余、不一致、难以共享等。

（3）控制阶段

这一阶段管理部门了解到计算机数量超出了控制。计算机预算每年以 30%～40%或更高的比例增长，而投资回报却不理想。同时随着应用经验逐渐丰富，应用项目不断积累，客观上也要求加强组织协调，于是就出现了由企业领导和职能部门负责人参加的领导小组，对整个企业的系统建设进行统筹规划，特别是利用数据库技术解决数据共享问题。这时严格的控制阶段便代替了蔓延阶段。诺兰先生认为，第三阶段将是实现从以计算机管理为主到以数据管理为主转换的关键阶段，一般发展较慢。

（4）集成阶段

所谓集成，就是在控制的基础上，对子系统中的硬件进行重新连接，建立集中式的数据库及能够充分利用和管理各种信息的系统。由于重新装备大量设备，此阶段预算费用又一次迅速增长。

（5）数据管理阶段

诺兰认为，随着集成的进一步加强，会进入数据管理阶段。这一阶段，信息管理提高到了一个新的，以计算机为技术手段的水平。虽然增长速度有些缓慢，但实现了整个组织的信息资源管理，信息"倍增剂"的作用得到了进一步的体现。但 20 世纪 80年代，美国尚处于第四阶段，因此，诺兰先生对该阶段没有详细描述。

（6）信息管理阶段（成熟阶段）

此阶段人们对数据进行进一步加工、利用，从而提高了决策水平。一般认为，"成熟"的信息系统可以满足组织中各个管理层次的要求，从而可以实现信息资源的管理，信息成为企业竞争的核心要素。

诺兰的阶段模型总结了发达国家信息系统发展的经验和规律。一般认为，模型中的各个阶段均是不能跨越的，但好的规划和适合的开发策略能够规避或减少一些阶段性问题的影响。因此，管理信息系统建设中首先要明确本组织所处阶段，进而依据该阶段的现实特点进行管理信息系统的战略规划并确定相应的开发策略，以指导管理信息系统建设。

战略规划是对组织在较长时期内关于发展方向、目标方面的计划。管理信息系统的开发通常是一项耗资大、复杂程度高、时间长的工程，因此要求有一个规划性的设计。应根据组织的目标和发展战略、信息系统建设的客观规律以及组织的内外环境，科学地制订信息系统的发展战略、总体方案，合理地安排系统建设的进程。

信息系统建设是一项高投入、高风险的工作，失败的概率比较高。从当前的信息系统建设实践来看，"信息孤岛""IT 黑洞""IT 花瓶"现象比较普遍。"信息孤岛"是指在一个单位的各个部门之间由于种种原因造成各部门之间完全孤立，各种信息（如财务信息、各种计划信息等）无法或者无法顺畅地在各部门之间流动。"信息孤岛"是重硬轻软，即重网络轻数据的表现，其实质在于仅看见了数据本身而却未弄清数据与数据之间的相互关系。"IT 黑洞"是指在一个美好前景的吸引下，企业对管理软件进行巨额投资，经过一系列极其复杂的过程和一段漫长的开发周期后，企业和软件公司发现企业的需求已经发生了巨大的变化，于是在真正的版本发布以前，管理软件的项目质量已经失控并且陷于维护的泥潭，并最终导致项目的彻底失败。"IT 花瓶"是指许多组织中的信息系统建成之后，由于种种主客观的原因，如建设的信息系统不能适应组织和业务流程的变化、信息系统存在功能瑕疵、使用人员存在抵触情绪等，都可能造成投入巨大的信息系统被束之高阁的现象。造成这种现象的一个重要原因是缺乏合理、有效的信息系统规划。由此可见，信息系统规划在信息系统建设中起着举足轻重的作用。

3.1.1　信息系统战略规划的概念

计算机和现代通信技术的结合，使组织中信息资源的开发和利用提高到了一个全新的层次，管理信息成为决定企事业生产力和服务质量的主要因素，成为经济和社会发展的重要动力。通过建立管理信息系统来提高管理人员的素质，加快组织内部的信息化建设，提高管理水平和管理效率，促进生产和提高服务水平，以期取得企业的最大经济效益和社会效益，这既是组织谋求发展的本质所在，也是管理信息系统开发的最终目的。

1）企业战略规划的概念

企业战略规划是指企业从长远利益和整体利益的角度出发，通过对企业内外部环境的动态分析，对涉及企业全局的战略问题进行决策和规划的过程。企业战略是关系到企业生存和发展的重大问题，其所涉及的问题决定了战略规划的主要内容，包括方向与目标、约束和政策，以及计划及指标等三个要素。

（1）方向与目标

企业的方向与目标是由企业高层领导依据企业自身资源状况及其外部环境综合条件而确定的。社会性和经营性不同的企业，领导在制订企业方向与目标时的侧重点可能会有所不同，但最终方向与目标的形成肯定是企业资源与外部环境的综合体，而并非纯粹是企业领导的个人愿望。

（2）约束和政策

企业作为社会实体，其活动受到社会各方面因素的约束，因此制定战略规划时必须找到自身与社会环境的平衡点，明确在当前的环境和机会下能做什么和不能做什么，充分发挥企业的长处，寻求到能实现企业目标的最佳途径。与此同时，还需要考虑到尚未出现的机会和难以预计的环境变化。

（3）计划及指标

企业战略包括企业近期和长期的主要活动，计划及指标主要是指企业近期所要做的工作，即现在应该做什么，在短期内有可能做出最优的计划以达到最好的目标。当然，实际上决策者的主观愿望与实际情况仍是难以完全相符的。

2）企业战略规划的层次

企业是由不同层次的部门和人员（如车间、产品管理部门、企业领导等）组成的，因此企业战略也不是一个笼统的概念，按层次的不同可作如下分类。

（1）公司战略

公司战略是由企业最高领导层对企业重大问题所制定的战略，它侧重于对企业所从事的经营方向和目标做出选择。

（2）事业战略

事业战略是企业针对特定事务类别所制定的战略，如质量控制、市场布局等。

（3）部门战略

部门战略也称职能战略，是企业各职能部门根据事业战略所制订的具体目标，是为实现事业战略所制订的长期规划。每一层战略也均有三个要素：方向与目标、政策和约束、计划及指标。

各层次的战略是按上级战略指导由本级组织自己制定的，而且各层次战略的不同要素之间有着密切的联系和约束关系。任何企业战略规划均是动态的，其内容在战略实施的不同时期都可能因企业内外部条件的变化而调整，故应把企业战略规划当成一个动态的、连续的过程。

战略规划的正确性和可操作性是保证战略顺利执行的关键，正确的战略规划应当做到企业资源与环境的良好匹配。另外，战略规划还应当适合于企业本身的管理过程。一个有效的战略规划应具备可执行性、灵活性、便于组织落实等特点。

3）管理信息系统战略规划的概念

管理信息系统是为组织管理服务的，其根本目的是辅助和支持组织决策，协同组织制订目标计划，帮助组织实施和控制。因此，管理信息系统的战略首先从系统整体到各个层面都必须服从组织的战略需要；另外，也正是管理信息系统的支撑作用，成为组织在制订其战略规划时要充分考虑的有利条件。

管理信息系统战略规划是将组织目标、支持此目标所需的信息、提供这些信息的信息系统，以及该信息系统的实施、管理和发展等诸要素聚集而成以制订系统性方案，也是面向组织管理信息系统发展远景的系统开发计划。

管理信息系统战略规划主要解决如下四个问题：

①如何确保管理信息系统的战略规划与其所服务组织在总体战略上一致？

②怎样为该组织设计管理信息系统总体结构，并在此基础上构建和开发应用系统？

③对于存在竞争关系的应用系统，应如何拟订优先开发计划和营运资源的分配计划？

④在战略规划的过程中，应怎样选择并应用行之有效的设计方法论？

3.1.2　信息系统战略规划的重要性

有这样一种关于信息系统战略规划的说法："好的系统规划 + 好的开发 = 优秀的信息系统；好的系统规划 + 差的开发 = 不错的信息系统；差的系统规划 + 好的开发 = 不好的信息系统；差的系统规划 + 差的开发 = 失败的信息系统。"其实，这反映了管理信息系统战略规划的重要性。

信息系统规划既是信息系统建设的起点，也是信息系统实践中的首要问题。现今企业都很热衷于信息系统建设，其投资也越来越多。当然，能够认识到信息和信息系统的重要性确实是好事，但是在信息系统建设实践中务必要依据企业的实际需求和条件，并始终坚持科学的方法。信息系统建设不可能通过一年半载的大规模开发工作就可以大功告成，而是需要随着企业管理水平的提高进行多次的开发和不断完善。这是一个投资巨大、耗时很长的系统性工程项目。好的规划可给企业带来明显的效益，规划得不好不仅自身的投资难以收回，还可能会给企业带来无法估量的间接损失。毫不夸张地说，信息系统规划的好坏既直接关系到信息系统建设的成败，也会影响到企业的运营情况。因此，必须把信息系统规划摆到重要的战略位置上来考虑。

1）信息系统规划在信息系统建设中的重要性

对于正规化企业，其信息系统规划既是系统的也是分层次的。也就是说，企业内部各层次、各部门，大到公司董事会，小到生产车间均有各自的战略计划和安排，于是形成了公司内部的多个规划。作为最高层领导必然会有关于整个公司的发展战略，下面各部门也都会有自己的工作计划，比如原材料部门就会有其具体的原料采购计划，企业运营过程中必然存在一些不同部门规划之间的冲突和矛盾。信息系统的总体规划能够解决这个问题，使各部门的规划得以整合，虽然局部有可能出现利益下降情况，但从企业整体和长远发展的角度看是非常有利的。

信息系统建设的目的是节省人力，提高管理效益，而实际工作中经常会遇到因企业内部门之间信息不能共享而造成的资源浪费。例如，采购部门的原料采购必须依据生产部门的生产情况来进行，而营销部门的工作计划也要视生产部门的生产能力和库存情况而定。这些问题仅仅依靠各部门管理人员的经验是很难处理好的，只有实现了对企业生产、营销等相关部门之间的信息共享，才能保证企业在正常运营的基础上实现对资源的高效率使用和成本的节约。

此外，在风云变幻的市场环境下，企业或企业各部门的信息都是不断变化的。为了适应市场的变化，就需要在企业内部实现信息的实时交互，只有这样才能及时地调整企业的战略部署以适应市场变化。如何确保企业内部信息共享是信息系统建设中最基本的问题，因此，设计合理的信息系统结构以实现信息共享就成为信息系统规划的首要任务。

2）信息系统规划在企业发展中的重要性

众多企业已经深知，为了实现其战略目标必须依靠信息技术，将信息技术包含在企业自身的规划中是非常必要的。对于企业而言，当组织系统提出发展战略时就应该考虑到信息技术。另外，信息技术属于支持组织目标实现的范畴，而这些目标则有可能是在考虑信息技术之前就已经制订了的，那么就可能需要重新予以系统化的综合考虑。

信息系统建设也是企业实施信息化的主要手段之一，而如何具体实现信息技术的应用就取决于信息系统规划的分析过程。信息系统规划也不能仅孤立地考虑信息系统的实现过程，而应当将其与企业的组织目标和发展规划等结合起来综合考虑。反之，为了更好地发挥信息系统的作用，企业的组织目标也要根据信息系统建设的过程而变化和调整。这一点在以后的章节中还会有详细的介绍。可见，信息系统规划的意义远远不只停留在信息系统建设之中，在对企业今后的发展、组织目标的确定方面都有着深远的意义。

3）如何进行信息系统规划

（1）领导的重视和参与是信息系统规划成功的根本保证

作为企业的领导者要有现代管理的思想和意识，重视信息技术在企业中的广泛应用，充分认识到信息对于企业发展的重要性。只有高层领导的参与才能确保信息系统规划和企业组织目标方向上的一致性，这一点至关重要。当然，高层领导事必躬亲也不现实，但除了在战略层面的需求体现以外，其对信息系统建设工作的关心、支持和鼓励，无疑会增加和增强信息系统工作者的信心和力量，也有利于各项工作的协调开展，使信息系统建设和规划能够更顺利、更流畅地开展。

（2）做好思想动员工作

信息系统规划要让各种人员了解信息系统规划的意义，使企业内的各层人员都知道应该怎样做好信息系统规划，如何才能使信息系统规划得以顺利实施。让企业内各层管理人员都真正了解信息系统规划的重要性，更要加强规划制订者与规划执行者之间的沟通，以确保规划的执行者能够正确理解制订者的意图。此外，相互沟通还可以使规划制订者更加了解企业基层的实际情况，制订出的规划也就更符合实际需求且更利于实施。

（3）信息系统规划要体现企业风格

对于一些企业尤其是大型企业而言，应当把企业的信息系统规划同其企业文化结合起来，以形成具有自身企业风格、更符合自身企业特色的信息系统规划。只有这样才能使得最终开发出来的信息系统更加符合本企业的特点和需求，成为企业发展的左膀右臂，而不至于成为"鸡肋"甚至累赘。

（4）将信息系统规划视为一个连续的过程

企业外部环境是不断改变的，随着信息系统规划的不断深入，规划制订者对于企业的具体情况也会逐步深入了解，类似上述的这些可变因素都会促成信息系统规划的连续性。在规划制订和实行的过程中需要不断地进行"评价与控制"，这也符合战略管理的思想和理念。只有这样，战略规划才是成功的，才能更适合企业，从而也能够保证企业对大环境的适应性，使得开发出来的信息系统不会在企业和社会经济发展过程中沦为"鸡肋"。

（5）激励战略思想创新

信息系统规划的重要核心应当是战略思想，繁杂而紧迫的日常工作往往使人们疏忽了战略的重要性，这也正是事务紧迫性和战略重要性之间的矛盾。如果没有新战略思想的不断产生，企业的活力必将慢慢地被消磨掉，现在即便运行得很好的企业将来也未必具有竞争力，不断激励产生新的战略思想才是企业获得强大生命力的源泉。激励员工的创造性不能只停留在表面口号上，而应切实做好动员工作并在实际工作中贯彻之，如制订出具体的奖励制度，培养职工的主人翁精神等。

3.1.3　管理信息系统战略规划的目标及主要任务

1）管理信息系统战略规划的目标

战略规划是管理信息系统生命周期的第一个阶段，这一阶段的主要目标，就是根据组织的目标与战略制订出组织中管理信息系统建设的长期发展方案，决定信息系统在整个生命周期内的发展方向、规模和发展进程。

为了更好地理解管理信息系统战略规划的目标，把战略规划做好，有必要进一步明确战略规划的作用。归结起来包括：

①使管理信息系统和用户建立良好的关系，做到信息资源的合理分配和利用，从而节省系统的投资；

②促进管理信息系统应用的深化，为企业带来更好的经济效益；

③战略规划可以作为考核系统开发人员工作的标准，使其明确努力的方向；

④战略规划的制订过程本身能迫使企业领导回顾过去，改进工作；

⑤通过有效的战略规划，可以保证管理信息系统在建设中信息的完整性和一致性，避免系统缺乏统一、长久的信息基础。

2）管理信息系统战略规划的主要任务

管理信息系统战略规划内容包涵甚广，从企业总目标到各职能部门的目标，以及相关政策和计划，乃至企业信息部门的活动与发展等，绝不仅仅是拿点资金买点机器之类的规划。其主要任务包括：

①制订管理信息系统的发展战略。信息系统服务于企业管理，其发展战略必须与整个企业的战略目标协调一致。制定信息系统的发展战略，首先要调查分析企业的目标和发展战略，评价现行系统的功能、环境和应用状况，然后在此基础上确定信息系统的使命、战略目标及相关政策。

②确定信息系统开发的总体方案，安排项目开发计划。在调查分析企业信息需求的基础上，提出信息系统的总体方案。根据发展战略和总体结构方案，确定系统和应用项目开发顺序及时间安排等。

③制订管理信息系统建设的资源分配计划。提出实现开发计划所需的硬件、软件、技术人员、资金等方面的相关计划，做出人、财、物以及工作进度等各种计划和安排。

④预测未来发展，提供管理信息系统今后可能的发展和研究方向，以及相应的准则。

3）管理信息系统战略规划的实施步骤

管理信息系统规划的主要任务是通过对组织目标和现状的分析，制订指导信息系统建设的总体规划和信息系统的长期发展展望。围绕规划的基本任务，可划分系统规划的具体步骤，如图 3.2 所示。

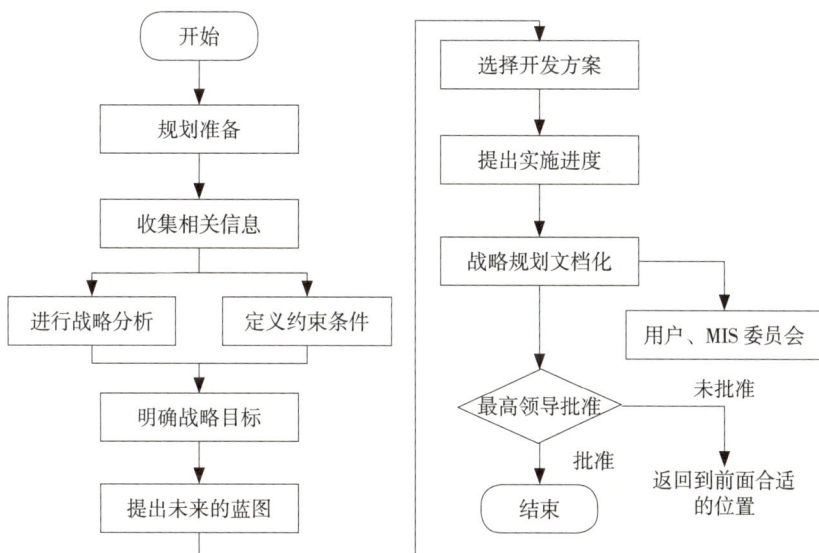

图 3.2　信息系统的规划步骤

（1）规划准备

规划准备包括确定规划的年限、规划的方法，确定采用集中式还是分散式的规划、是进取还是保守的规划，以及邀请规划专家，组织规划小组，落实规划工作环境，启动规划等工作。

（2）收集相关信息

收集相关信息需要进行必要的初步调查，调查内容包括：企业发展战略、企业产品、市场定位、企业技术、设备和生产能力、企业综合实力、组织机构和管理、企业员工素质、企业面临的机遇和挑战、企业现行信息系统建设水平、管理水平和信息技术现状等。

（3）进行战略分析

对信息系统的目标、开发方法、功能结构、计划活动、信息部门的情况、财务状况、风险和政策等内容进行战略分析。

（4）定义约束条件

根据单位（企业、部门）的财务资源、人力及物力状况等方面的条件和限制，定义信息系统的约束条件和政策。

（5）明确战略目标

由高层领导和信息系统委员会来共同确定，根据（3）、（4）的结果以确定企业的整体目标及信息系统的开发目标，明确信息系统应具有的功能，以及服务范围和质量等。

（6）提出未来的蓝图

给出信息系统总体架构，确立信息系统总体技术路线和建设路线，以及各子系统的大致划分等。

（7）选择开发方案

由于资源的限制，组织的管理信息系统一般不可能同时进行所有项目建设，应选择收益较大，企业需求较为紧迫且风险适中的项目先予实施。确定优先开发项目之后，还要确定系统总体开发顺序，以及开发策略和开发方法等。

（8）提出实施进度

估计各项目的成本及人员需求，并依次编制相应的实施进度计划。

（9）战略规划文档化

将战略规划书写成文，此过程中还要不断与用户、信息系统工作人员，以及信息系统委员会领导交换意见。

（10）最高领导批准

管理信息系统战略规划只有经过最高领导批准后才可生效。

3.2　管理信息系统战略规划的常用方法

管理信息系统规划既是一种战略规划也是一种决策，其方法基本上依据常规的决策方法，同时增加了信息、信息技术以及信息系统的特色。符合组织和管理信息系统两方面战略规划的具体项目，一经确定就可以制订出管理信息系统开发规划，在此基础上评价与选择适合本企业的规划方法是至关重要的。目前，管理信息系统规划方法有很多，主要有企业系统规划法（Business System Planning，BSP）、关键成功因素法（Critical Success Factors，CSF）、战略目标集转化法（Strategy Set Transformation，SST）等，其他的还有企业信息分析与集成技术、产出／方法分析、投资回收法等。本书重点介绍前面两种最为常用，且最具代表性的战略规划方法。

3.2.1　企业系统规划法

1975 年 IBM 公司发表了名为《企业系统规划——信息系统规划指南》（*Business system planning-information systems planning guide*）的文章，在该文章中，IBM 公司对自己使用的信息系统规划方法进行了整理，提出了企业系统规划方法的概念。后来，这种方法经过众多相关研究人员的继续完善后形成了一种非常重要的信息系统规划方法。BSP 提出了企业管理信息系统开发的基本概念，即"自上而下"地进行系统规划和"自下而上"地付诸实施，如图 3.3 所示。

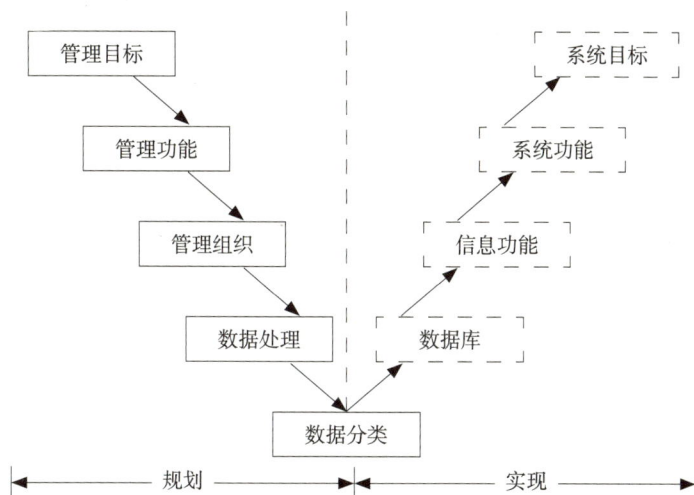

图 3.3　信息系统的规划和实现

BSP 强调自上而下的识别系统目标，识别企业，识别数据的过程，也就是从高层主管开始，了解并界定其信息需求，再依次往下推延，直至了解整个组织的信息需求，完成对系统整体构架，包括子系统与系统界面的确定。然后再自下而上地设计系统，以支持目标的实现。BSP 有助于企业对潜在应用中的子系统进行识别和正确划分，通过这种方法可以做到：①明确信息系统的总体结构，明确系统的子系统组成和开发子系统的先后顺序；②进行统一规划、管理和控制，明确各子系统之间的数据交换关系，保证信息的一致性。

BSP 的优点在于能够确保管理信息系统独立于企业的组织机构，即能够使其对环境变化具有较好的适应性。纵使将来企业的组织机构或管理体制发生了变化，管理信息系统的结构体系也不会受到太大的冲击。

接下来介绍 BSP 的主要活动，大致可分为 9 个步骤：

1）进行准备工作

准备工作的主要任务是，在 BSP 研究的初始阶段组织一个研究小组进行数据的收集工作。研究小组由来自不同职能领域的管理人员和业务骨干组成，共同进行一些调查访问，研究小组的首要工作就是要确定组织的主要业务流程情况。

2）召开动员会

召开动员会的目的是让大家对企业和信息支持的要求有一个全面的了解，其中最重要的是信息沟通，主要包括两个方面：①介绍企业现状，包括在大环境即目前经济上和政治上的政策，以及小环境即企业目前所处的状态。同时还应说明企业的决策过程，现有信息系统存在的问题，以及对工作的期望和期望的输出等。②介绍相关信息人员对企业和管理的看法。

3）确定业务处理过程

确定业务处理过程（企业过程）既是了解信息系统需求和识别关键数据需求的基础，也是 BSP 的核心。企业的业务处理过程是逻辑上相关的一组决策和活动的集合，整个企业的管理活动就是由很多这些过程所组成的。确定业务处理过程可对企业如何完成其目标有一个深刻的了解，并且有助于定义系统的功能和信息处理流程。确定业务处理过程的主要步骤包括：识别企业过程，画过程流程图，写出每一过程的说明，对过程分组并写出各过程组的说明，确定过程与组织的相关性，识别关键过程，修改并确认过程等。

4）定义数据类

在确定业务处理过程的基础上，分析每一个过程利用了什么数据，产生了什么数据，或者说每一个过程的输入数据和输出数据是什么，然后将所有数据分成若干大类。该步骤的重点是分析数据实体及其相互之间的联系，依照各层次管理人员和业务人员的管理经验及一些形式化的方法对数据进行聚焦分析，将联系较为紧密的实体划分在一起形成若干实体组，也就是数据类。这些实体组内部的数据实体之间联系密切，但与外部实体联系很少，该特征也正是划分数据类的依据。然后，在数据类的基础上建立主体数据库模型，以便为企业的不同管理者提供必要的、稳定的且可共享的总体数据模型。该步骤主要应用的方法有企业实体法和企业过程法。

5）确定领导对企业目前和前景的看法

作为信息人员，很重要的一项工作就是了解企业目前的管理状况以及其将来可能的发展走向，而要了解这些情况最直接的方法就是与企业领导交流，可以用提问的方式来达到调查目的，并对所获得的答案进行分析和总结，最终确定企业的管理前景，为整个信息系统的建设服务。

6）评价企业问题

针对企业问题的评价需要在已完成上一个步骤的基础上进行，利用与领导交流所获得的信息来对企业的问题进行评价。在此过程中首先要做的就是要对交流的结果进行分析和总结，然后对问题进行分类，确定哪些是现存信息系统存在的问题，哪些是新系统的需求，哪些是其他的问题，这些都要做到心中有数，并及时向企业领导反馈。同时要清楚各个问题不同的重要程度，对于那些在交流中多次提到、比较严重或是需求比较迫切的问题，再联系其所处的业务过程，在今后的信息系统建设中更要格外重视与关注。

7）定义信息结构

定义信息结构也就是划分子系统，确定信息系统各个部分及其相关数据之间的关系。BSP 是基于信息的产生和使用来划分子系统的，尽量把信息产生和使用的企业过程划分在一个子系统中，以减少子系统之间的信息交换。具体做法是使用 U/C 图（也称 U/C 矩阵）。子系统划分好后再对其内容进行分析和说明并写成文档。BSP 同时还完成了其他分析工作，如确定现有的信息系统如何有效地支持主要业务处理过程，以及研究有关数据类型方面的问题等。

8）决定优先级

定义信息结构包括分析数据类型和业务处理过程之间的关系，在 U/C 矩阵中标出了支持多重处理的数据类型集合。这种分析在某种程度上能够帮助确定整个系统的开发计划，然而各开发计划之间并不是平等的，必须确定整个项目组的所有等级序列，才能保证开发工作有条不紊地进行。

9）评价信息系统管理活动

系统规划还有一项很重要的工作就是对现行系统中各部门开发能力的评估，这样才能够使计划工作更符合实际，制订的计划也才能够更早地融入环境。同时，针对信息系统管理工作的不足还需要引入新技术、新人员以及新的处理程序。

以上就是 BSP 的基本步骤，从中可以看出它具有强大的数据结构规划功能，这也是它的主要优点之一。但是，由于其烦琐的步骤，真正实施起来非常地耗时耗资。此外，即便设计了比较好的数据结构规划，也未必就一定能够解决信息系统组织以及规划管理和控制等问题。

3.2.2　关键成功因素法

关键成功因素法是由哈佛大学的威廉·赞尼教授提出的。实践证明，这种方法在确定企业关键成功因素以及管理信息系统的关键成功因素方面都收到了很好的效果。下面就具体介绍一下这种方法。

组织战略目标的达成与诸多方面因素有关，有些因素决定着其成功与否，而这些因素中又有部分属于决定性和关键性的因素。换而言之，每一个企业组织中均存在着对该组织的成功具有关键性作用的因素，可称之为关键成功因素，而决策的信息需求就主要来自这些关键成功因素。通常情况下，关键成功因素总是与那些能够确保企业生存和发展的方面或部门密切相关。在不同的业务活动中，关键成功因素会有很大不同，即使在同一类型的业务活动中，不同时期其关键成功因素也会有所不同。换言之，对于不同的管理信息系统，其信息需求亦各不相同。针对一个具体的管理信息系统，必须具备鉴别与选择重要信息的能力，即着重于"关键成功因素"。所谓关键成功因素法就是特别重视那些必须得到管理人员重点关注的活动区域，对这些区域活动情况要进行不断的度量，并提供信息给决策者使用。管理信息系统战略规划关键成功因法的主要步骤有：

①了解企业组织及管理信息系统的战略目标；

②识别所有成功因素，重点分析对战略目标有影响的各种因素，以及影响这些因素的子因素；

③确定其中的关键成功因素，不同行业的关键成功因素各不相同，即使同一行业的不同组织，由于各自所处的外部环境和内部条件不同，其关键成功因素也不尽相同；

④明确各关键成功因素的性能指标和评估标准。

实施关键成功因素法的步骤如图 3.4 所示。

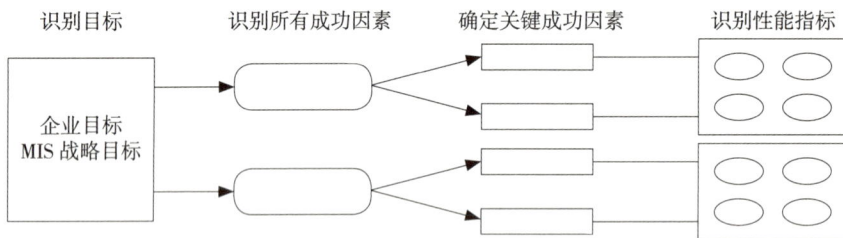

图 3.4　关键成功因素法的步骤

CSF 有许多优点，为企业的管理人员提供了一种关注核心信息需求的信息系统规划方法，有利于企业集中所有资源进行信息系统规划。基于 CSF 制定的信息系统有助于提高企业的核心竞争力。与 BSP 相比，CSF 比较简洁，其可操作性也更强。

但是，CSF 也存在很多问题。介于在确定关键成功因素的过程中，管理者的个人主观看法比较浓厚，由此得到的信息系统规划也不可避免地带有较强的主观色彩，随意性较大。通过 CSF 得到的信息系统规划趋向于对组织内部现有状况的管理和控制，创造性功能比较弱。因此与 BSP 相比，CSF 的信息系统规划的整体观点较弱。

需要注意的是不同的行业、组织、职能部门、管理人员，甚至同一个企业的不同时期，对影响组织战略目标的关键成功因素看法不甚相同。因此，采用 CSF 时一定要结合企业的具体情况来制订信息系统规划。

3.2.3　规划方法的综合运用

通过对以上两种方法的介绍，可以看到这两种方法都有其特点，各有利弊，很难说哪种方法更好，在实际的规划工作中要根据实际情况灵活运用。此外，我们也可以把这两种方法结合起来运用。比如先用 CSF 确定企业目标，并将其转化为管理信息系统目标，再用 BSP 校核这两个目标并确定信息系统结构，这样就弥补了单个方法的不足。当然，这种综合运用的方法虽然较为全面和稳妥，但也有可能因其复杂程度过高而削弱了单个方法运用上的灵活性。迄今为止，关于信息系统总体规划尚没有一个十全十美的方法，实际应用中不能照本宣科，生搬硬套，必须根据企业和信息系统的实际情况，具体问题具体分析，选择以上方法中可取的思想灵活运用，才能做到事半功倍。

3.3 管理信息系统的开发方法

管理信息系统开发就是根据企业管理的目标、内容、规模、性质等具体情况，运用系统工程方法，为企业组织建立起计算机化的管理信息系统。管理信息系统开发首先要选择适合组织条件的开发策略和建设模式，还要依据管理信息系统需求以及各子系统功能要求，结合实际情况以确定正确的开发方式。

3.3.1 系统开发概述

管理信息系统开发是一个复杂的系统工程，不仅涉及计算机技术、网络通信技术、系统理论、管理科学等方面的问题，还受到许多条件的制约。事实上，国内外不少企业在开发和对管理信息系统的应用实践中都遭到了失败。导致失败的原因很多，诸如对开发任务的艰巨性认识不足，领导不够重视，组织管理混乱，以及开发方法不当，需求界定不够准确，开发人员与用户之间的沟通不畅等，而其中没有选择最适合的开发方式或者开发方法不当是最主要的原因。长期实践中人们逐步清醒地认识到，管理信息系统的开发建设绝对是一项极为复杂的系统工程，不遵循科学的开发策略，没有采用正确的、科学的开发方法，管理信息系统注定会失败。若要成功地开发管理信息系统，必须要有正确的指导思想、必要的开发条件、科学的组织管理，以及选择合理的开发方式及开发策略。

1）信息系统开发的任务和特点

信息系统开发的任务就是要最终建立起一个适合组织特点、满足组织需求，能够真正为组织的管理和决策提供支撑和服务的管理信息系统。具体而言，就是要从系统论的观点出发，运用系统工程的方法，按照系统发展的规律，为企业建立起一个由人和计算机等信息化设备共同组成的现代化的管理信息系统。而从形式上看，其中最核心的工作就是开发出一套适合于现代企业管理要求的应用软件系统。在计算机应用领域中，人们经常用"系统开发"一词来概括管理应用软件系统从项目提出直到运行、评价为止的整个完全过程。

作为系统工程，管理信息系统开发的特点是：建设周期长、投资大、风险大，比一般的技术工程有更大的难度和复杂性。其复杂性主要在于：①虚拟系统技术手段复杂；②信息系统内容复杂，目标多样；③信息系统投资密度大，效益难于计算；④信息系统所处环境复杂多变；⑤参与者的沟通效果影响系统开发；⑥信息系统建设受社会人文因素影响。

事实上，管理信息系统建设和一般工程的根本区别就是不能在开发前完全确立系统的目标和内容，即不可能期望有一个详尽的设计去简单地、全方位地组织和控制系统的建设，这也是管理信息系统开发的最大特点。

另外，管理信息系统不只是单纯的计算机系统，而且是辅助企业管理的人—机系统。人是信息系统的主体，如果把信息系统的开发、应用、管理看作纯技术活动，那么许多问题会永远得不到解决。只有从更深层次探讨、重视非技术因素，才有可能真正解决困扰人们的"软件危机"。

2）信息系统开发的原则及策略

在管理信息系统建设中，系统的最终目标和内容常常难以确定，这是 MIS 开发中普遍存在的问题。例如电厂的设备管理系统中设备的种类成千上万，其规格型号、归属部门、安装位置等千差万别。MIS 要管理的内容、达到的效果以及运行后的状态等所涉及的内容很多，系统开发者很难通过仅调研就能完全确定其所有的内容。

由管理信息系统开发的特点可知，如果简单地用一般工程建设的方式去对待 MIS 开发，期望先有一个详尽而完善的设计，再根据设计方案去实施开发，这就要求开发者不仅要在短时间内完全掌握原有的工作方式，而且还要设计出一种新的工作方式及办法，实际上这是很难做到的。

如此说来，管理信息系统开发岂不是只好"摸着石头过河"，走一步看一步，一边规划一边开发了？绝对不是！管理信息系统既然是一个系统，那就必须具有系统性的基本特征，那就是统一性和完整性。因此，针对管理信息系统开发有一条基本原则，也可称为八字方针，那就是"整体规划、分步实施"。这八个字非常重要，堪称管理信息系统建设的金科玉律。

这个原则强调了对管理信息系统的规划必须是整体统一的，也就是说需要规划好了才能进行具体的设计及开发。但是，因为管理信息系统的复杂性，以及开发所需相关资源条件的限制，实际建设中可以分批、分项目（例如分子系统），亦即分阶段、分步骤地予以实施。就不同的具体项目而言，可以选择其适合的开发策略。

目前，常用的可行开发策略可分为"自上而下"（Top-down）和"自下而上"（Bottom-up）两种，当然，实际应用中也可以采用两者相结合的综合性方法。

（1）"自上而下"策略

"自上而下"策略是从企业高层管理和整体目标着手，先确定需要哪些功能才能够保证目标的实现，进而划分出相应的业务子系统，然后再进行各子系统的具体分析与设计。其主要过程通常包括：①分析系统整体目标、环境、资源和约束条件；②确定各项主要业务处理功能和决策功能，从而得到各个子系统的分工、协调和接口；③确定每一种功能所需要的输入、输出、数据存储；④对各个子系统的功能模块和数据进一步分析与分解；⑤根据需要和可能，为要开发的子系统和数据库规定先后开发顺序。

"自上而下"策略强调从整体出发，由整体到局部，由上到下，由长期到近期，因此采用该策略所开发的新系统具有较强的整体性、逻辑性和环境适应性。但是该策略要求具备较高的开发技术、充足的开发经费以及强有力的组织保证，因此通常较适合于开发技术力量强、实际经验丰富的大型企业。

（2）"自下而上"策略

与前者正好相反，"自下而上"策略是从各种基本业务和数据处理着手，即从企业各基层业务子系统，如工资计算、订单处理、统计报表等日常业务处理开始，先分别实现各个具体的功能（或称应用），再逐步地由低层次到高层次，或者从低级别到高级别，自下而上地实现管理信息系统的总体目标。因为对于任何一个管理信息系统来说，其基本功能在本质上都是数据处理，所以"自下而上"策略首先是从研制各项数据处理应用开始，然后根据需要逐步增加有关计划、控制、决策方面的功能。该策略可根据企业资源情况逐步满足用户要求，边实施边见效，所开发应用的子系统更易于被识别、理解和接受，也便于调整和改进。但是，该策略是从局部出发的，在各个子系统的分析与设计中，难以考虑到整个系统的总目标和总功能，到了进行更上层的分析与设计时，往往又不得不反过来对下层的子系统做较大修改和调整。因此，采用该策略有可能会使得新系统缺乏整体性和协调性，甚至可能导致功能及数据方面的各种矛盾或冗余，从而造成返工。这种策略通常被缺乏实际开发经验的小型企业所采用。

要保证管理信息系统建设的成功，还需要充分考虑另外两个方面：

（1）三大成功要素

①系统的观点，即管理信息系统开发必须坚持系统化思想。

②科学的方法，最早也称数学的方法，主要是指采用各种管理模型及规范。

③计算机及信息技术的应用，即要充分利用现代信息处理技术。

（2）四个基础条件

①领导重视，业务人员积极性高。即"一把手原则"和"用户参与原则"。

②有一定的科学管理基础，就是要求组织原有管理，包括制度及流程等是比较合理和规范的。

③能组织一支具有综合实力的技术队伍，即开发建设团队。

④必备的资源，包括人力、经费、物资，以及时间等。

3）管理信息系统开发建设方式

就管理信息系统的具体开发建设而言，可以采用的开发方式大致有 5 种，各种方式对应的特点见表 3.1，具体采用何种开发方式可根据组织的实际情况决定，而且各阶段或不同子系统的开发还可以选择不同的开发方式进行。

表 3.1　管理信息系统开发建设方式

特点	自主开发	委托开发	联合开发	购买软件包	应用服务供应商
系统分析能力要求	非常需要	不需要	逐步培养	少量需要	不需要
软件设计及编程能力要求	非常需要	不需要	逐步培养	少量需要	不需要
系统运行及维护	容易	较困难	较容易	困难	不需要
开发建设费用	最低	最高	较高	较低	仅需服务费

若组织自身具备足够的专业人员和技术实力，可以自主进行管理信息系统的开发

建设，由于自己全面掌握了信息系统各方面的详细情况，将来的运行及维护工作就非常容易，而且整个系统的开发建设费用会较低。若组织完全缺乏相关开发实力，需要委托专业公司进行开发建设，由于自己难以掌握系统的具体内容，将来的运行特别是维护等很多方面还得依靠开发方，整体开发费用也会相应更高。联合开发算是一种折中方式，要求组织自身具备一定的开发力量，再邀请专业公司组成联合团队共同开发，好处是能够在开发过程中培养和锻炼自己的技术队伍，还因参与了开发过程而对系统具体内容有所了解和掌握，有利于将来的系统运行及维护工作，也可节省部分开发费用。

软件包是指市面上或者行业内有售的商品化应用软件，虽是专业软件公司针对某行业共性需要开发出的通用性软件，但能够满足行业内企业的大部分功能要求。由于一套软件开发出来后可以售卖多家企业，所以价格也相对便宜。但是，世界上不存在两个一模一样的组织，也没有完全相同的管理，即是说组织总是有与众不同的管理特点和系统需求，通用性软件无法满足这些特别的要求。对软件包做客户化改造确实能够在一定程度上解决这个问题，但是又会增加新的费用。更主要的问题是，即便通过客户化能够基本达到组织要求，但这样改造出来的管理信息系统难以具有较高的运行效率。

ASP（Application Service Provider）即应用服务供应商，是指通过互联网为企业组织或个人提供配置、租赁及管理应用等外包服务的专业化服务公司。ASP可根据客户的需求，构建应用系统运行平台，并提供行业应用软件系统，为各类经济组织提供应用服务。

ASP是ISP（Information Service Provider，信息服务商）应用服务的进一步深化，也是其面向各个专业领域的服务细化。作为ASP服务的客户，相当于将整个组织的信息管理外包了，只需要按期交纳相应的服务费即可。

专业的事就该让专业的人去干，听起来似乎很有道理，但是这种把组织信息交由第三方进行管理的方式却很难被接受。对于一个组织来说，信息管理毕竟不像园林养护、清洁卫生、员工膳食或者安保后勤等服务那样简单，可能会涉及组织的核心机密，其中存在的风险可想而知。当然，这种专业化的信息管理服务确实是未来信息服务的一个发展方向，但尚有待相关法律法规、行业管理规范，以及从业人员职业道德和行为约束等多方面的环境条件的成熟。

3.3.2　系统开发实施

在确定了组织所适合的管理信息系统开发策略及开发方式后，就需要建立起相应的开发建设团队，制定出具体的系统开发路线及开发步骤，尽可能地按照预定的开发计划，采用科学合理的开发步骤来实施管理信息系统的开发建设。较为常见的开发（自主开发）团队组织构成，以及较为标准规范的开发步骤分别可参考图3.5和图3.6。

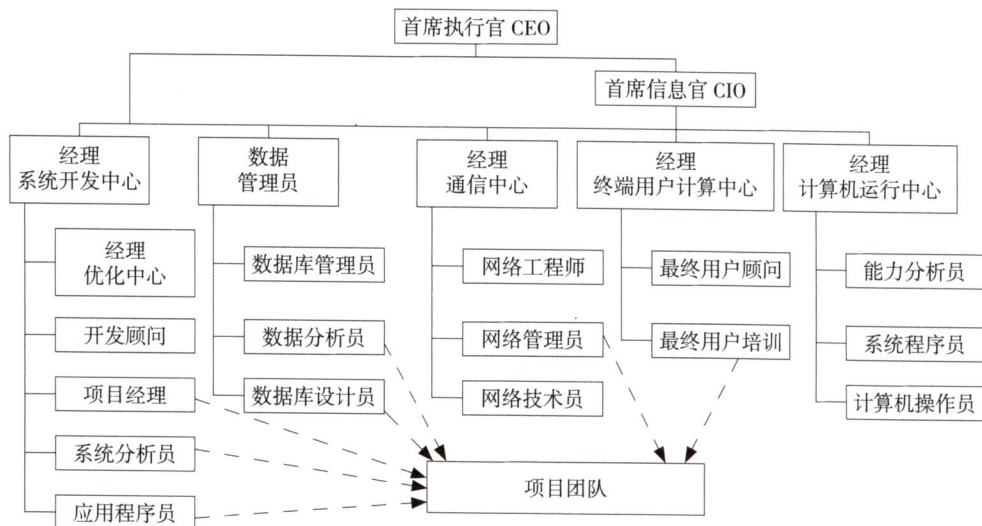

图 3.5　管理信息系统开发项目组织

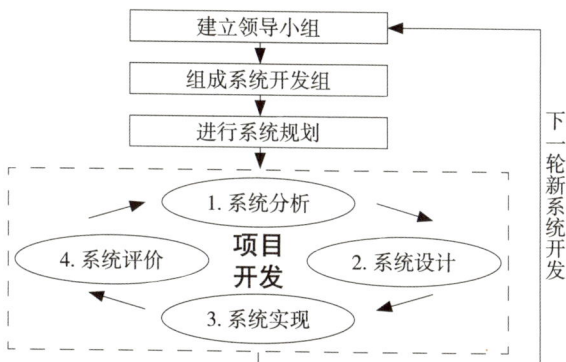

图 3.6　管理信息系统开发步骤

图 3.5 可以理解为管理信息系统开发项目团队主要组成人员的抽调来源。图 3.6 则是以随后即将介绍的结构化系统开发方法为例的开发步骤。

在实施管理信息系统的开发建设中，有以下若干事项需要特别注意：

①系统分析最为艰巨，工作量也最大；

②计算机等硬件设备的采购应在系统分析和系统设计之后进行，先不要着急购买；

③软件程序的编写要在很晚才进行；

④管理信息系统的开发不是孤立的活动，与企业的变革结合（流程再造、BPR）一起进行，这样才能取得好的效果；

⑤项目开发参加人员较多，人员之间既要各司其职也要相互配合。

接下来详细介绍两种具体的系统开发方法，请特别留意和对比它们的不同特点。

3.3.3　生命周期法

1）信息系统的生命周期

上一节中曾提到的结构化系统开发方法也称生命周期法（Life Cycle），该方法在系统生命周期概念的基础上，应用结构化的思想方法把整个系统开发过程分为若干阶段，各阶段活动应用一系列标准规范及方法去完成一个或多个任务，并形成符合规范的阶段性成果，直至系统实现。而其中最后一个步骤又和下一轮的第一个步骤首尾相连，形成一个系统的有生、有死、有再生的生命周期循环。按照生命周期法的理论，信息系统的开发过程永远被置于这样一个循环过程之中。目前，生命周期法也是普遍为人们所接受的一种传统的并且是最为主流的系统开发方法。管理信息系统生命周期的各个阶段可参照图 3.7 所示的生命周期法模型。

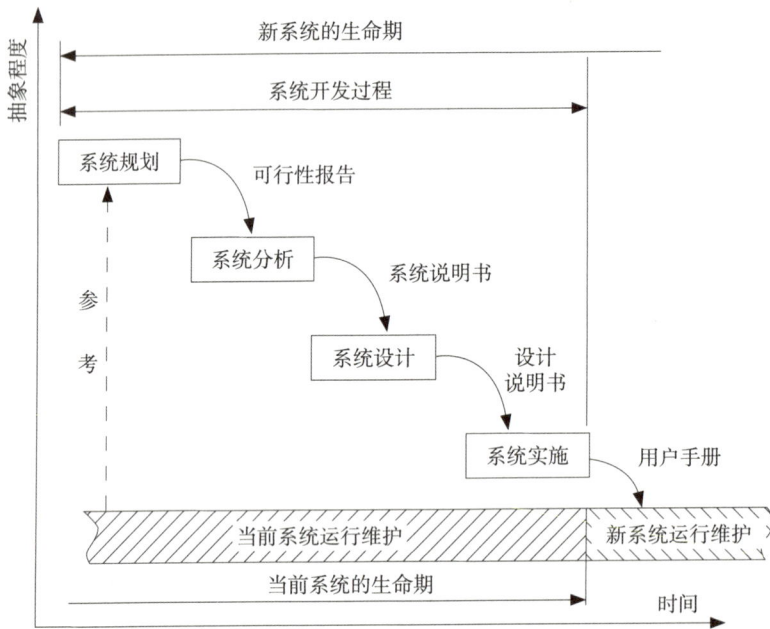

图 3.7　生命周期法模型

运用生命周期法开发信息系统的基本思想在于：将软件工程学及系统工程的理论和方法运用于 MIS 开发中，按照用户至上的原则，采用结构化、模块化，自上而下的方法对系统进行分析和设计。具体而言，就是将整个信息系统开发过程划分为若干个相对独立的阶段，一般可以包括系统规划、系统分析、系统设计、系统实施、系统转换、系统运行维护及评估六个阶段，从而构成信息系统的一个完整的生命周期。

（1）系统规划

系统规划的任务是对企业的环境、目标、现行系统的状况进行初步调查，根据企业目标和发展战略，确定信息系统的发展战略，对建设新系统的需求做出分析和预测，同时考虑建设新系统所受到的各种约束，研究建设新系统的必要性和可能性。根据需要与可能，给出拟建系统的备选方案。对这些方案进行可行性分析，并写出可行性分析报告。可行性分析报告审议通过后，再将新系统建设方案及实施计划编成系统设计任务书。

（2）系统分析

系统分析的任务是根据系统设计任务书中所确定的范围，对现行系统进行详细调查，描述现行系统的业务流程，指出现行系统的不足之处，确定新系统的基本目标（这个目标必须包括信息系统开发项目在企业经营方面的目标）和逻辑功能要求，即提出新系统的逻辑模型。系统分析阶段的工作成果体现在系统分析说明书中。

（3）系统设计

系统设计的任务是根据系统分析说明书中规定的功能要求，考虑实际条件，具体设计实现逻辑模型的技术方案，即设计新系统的物理模型。新系统的模型用数据流程图表示。通过应用结构化的工具和技术，可以定义主要的系统过程的逻辑、开发逻辑数据字典，定义满足整个系统数据需求的逻辑数据库设计。

这一阶段还包括一个详细设计的过程，详细设计是定义新物理系统的过程，不仅包括设计报告的布局，屏幕和输入文档，报表和物理文件结构，同时还包括详细的数据字典说明，记录系统中应用的所有数据项的数据名称和数据定义。详细设计完成了新系统的蓝图—程序、报表、屏幕、文档、过程的设计。整个系统设计阶段的技术文档是"系统设计说明书"。

（4）系统实施

系统实施是将设计的系统付诸实施的阶段。这一阶段的任务包括程序的编写和调试，人员培训，数据文件转换，计算机等设备的购置、安装和调试，系统调试与转换等。该阶段占整个系统开发工作量的60%～70%。这个阶段的特点是几个互相联系、互相制约的任务同时展开，必须精心安排、合理组织。系统实施是按实施计划分阶段完成的，每个阶段应写出实施进度报告。系统测试之后写出系统测试分析报告。

（5）系统转换

系统转换是指新的管理信息系统开发完成以后，如何以适当的方式接替原有系统而投入运行。这个过程看似简单，实则极为复杂且存在诸多风险。因为管理信息系统的转换不仅是硬件和软件的替换，而且是各种数据资源以及处理流程的改变，甚至还包括人工操作在内的各项业务流程及相关制度和规范的变化。

管理信息系统属于极其复杂的系统，很难保证其完美性和可靠性，需要一个检验和调整的磨合适应过程。新系统初始运行期间难免出现各种意料不到的故障或问题，极端情况下甚至可能还不如旧系统好用。当然，这只是暂时性的，旧系统必然会被新的系统所代替，但是在系统转换过程中首先要保障组织的信息安全和正常的运行与管理。

（6）系统运行维护及评估

系统投入运行后，需要经常进行维护和评价，记录系统运行的情况，根据一定的规格对系统进行必要的修改，评价系统的工作质量和经济效益。对于不能修改或难以修改的问题记录在案，定期整理，写成新需求建议书，为下一周期的系统规划做准备。经过一段时间的维护之后，会发现为了进一步提高效率，更好地满足用户的要求，要对系统做大量的修改。这时可能就要达到这个系统生命周期的终点了。一旦达到生命周期的终点，就有建立一个新的信息系统的必要了，这时一个新的生命周期便重新开始。维护是在系统完成和运行期间所进行的必要的变动和升级。系统开发活动只需一个信息系统生命周期 20% 的时间，而系统维护却要占用 80% 的时间。

在实际应用中，生命周期法通常可被简化为系统分析（含规划）、系统设计、系统实施（含转换、运行维护及评估）的三阶段模式。

2）生命周期法的原则

生命周期法是将制造业中工程化的设计制造方法移植到软件行业的结果，归纳起来主要有以下三个原则：

（1）"用户参与"原则

信息系统是为用户服务的，系统开发应当充分了解和满足用户的需求和欲望。因此，用户应当作为系统开发者的一部分参与系统的始终。这种做法的好处是可以提高系统建设的适用性、正确性及效率，减少系统开发的盲目性和失败的可能。

其实还有一个重要原则可以归并入"用户参与"原则考虑，那就是"一把手"原则，即要求最高领导也必须亲自参与管理信息系统的建设。这个原则主要基于两点理由：第一，高层领导也是用户，一个缺少高层用户应用功能的系统无法发挥战略作用，也就很难说是一个成功的管理信息系统；第二，高层领导的参与更有利于系统建设资源保障，也更方便各环节的组织和协调。

（2）"先逻辑后物理"原则

在总结以往系统成功与失败经验教训的基础上，结构化生命周期法强调在进行系统的技术设计和编程实施之前，要进行充分的系统调查和分析论证，弄清系统到底要为用户解决哪些问题（即"做什么"），并将其抽象为系统的逻辑模型，然后再进入系统的物理设计与实施阶段，解决"怎么做"的问题。这样既可以使系统开发这一复杂工程的建设按照人们对一般事务的认识规律由浅入深地逐步向系统目标靠近，直至最后实现目标，又可以使系统开发工作有条不紊地进行，从而保证系统开发工作的质量和效率。

（3）"自顶向下，分解协调"原则

这个原则是结构方法一贯强调的工作方法，它要求系统开发者在把握系统总体目标和功能的基础上，从全局的角度来规划和设计系统，并且自顶向下将系统逐级分解成一些子系统模块，并注意各模块之间的分工协调关系和数据交换的内容，以保证系统内部数据信息的完整性和一致性。这样做既可以使复杂系统简化处理，又可以使系统设计、实施及维护便于实现。

3）生命周期法的特点

从图 3.7 的生命周期法模型可明显看出，生命周期法的过程是不可逆转的。各阶段结束后即进入下一个阶段，由上而下，犹如一个水桶满了水就会倾泻而下流入下一个水桶中，不能再返流回去。因此，生命周期法模型也被称为瀑布模型。

生命周期法的突出优点是强调系统开发过程的整体性和全局性，在整体优化的前提下再考虑具体的分析设计问题，即"自顶向下"的观点。

生命周期法从开发顺序的角度把整个系统开发建设过程分解为若干个阶段，各阶段均有其相对独立的目标和任务，这样既降低了系统开发的复杂性，也提高了系统的可操作性。另外，每个阶段都要对其阶段性成果进行严格的审批，发现问题及时纠正，从而保证系统质量，特别是提高软件的可维护性。

实践证明，生命周期法大大提高了系统开发的成功率。

3.3.4　原型法

生命周期法是建立在周密细致的调查、分析和严格定义基础上的，这种结构化的开发方法和步骤非常严密，对于开发复杂的大系统确实是卓有成效的。但是，随着信息化的广泛应用及快速发展，这种方法在实际应用中也遇到了不少新的挑战，比如 20 世纪 80 年代初开始发展起来的一种与结构化方法完全不同的系统开发研制方法—原型法。

1）原型法概述

原型法是针对生命周期法的主要缺点而发展起来的，是一种快速、廉价的系统开发方法。该方法不强求用户必须先提出完整的需求以后再进行设计和编程，而是可以先按照用户最基本的需求，迅速而廉价地开发出一个实验性的小型系统，可将其称作系统的"原型"。然后将这个原型交予用户试用，在用户试用的过程中启发用户提出进一步的需求，然后再根据用户的意见对原型进行修改和扩展，此后用户又可以再对改进后的系统提出更新的要求。如此不断反复修改完善，直至最后形成一个满足用户需求的完整系统。

与生命周期法相比，原型法对用户需求的了解可以是动态的，从系统分析、设计到实现都是随着对一个工作模型的不断修改而并行进行的，各过程之间并无明确的界限，甚至开发工作上也没有明确的人员分工。整个系统开发就是一个反复修改的过程，把生命周期所有"计划外的修改"变成了"有计划的修正"。

原型法主要基于这样一个基本思想：将工业生产中设计和生产阶段试制样品的方法引入软件生产中，以快速解决那些难以确立需求规格的问题。而介于软件产品的"软"特点，实践中从样品修改到成品生产的试制过程相比工业生产要容易很多，而且"浪费"更少。原型法不苛求一次性完成系统的分析与设计，允许系统的初步分析与设计是不够完善的，允许后续的修改和扩充。但是，原型法需要有一个快速反馈的开发环境，让用户直接参与开发过程，与设计者一起共同完善、修改并确立需求规格。作为一种具体的开发方法，原型法同样亦非万能，也有其一定的适用范围。

原型法运用上的约束和限制主要有：①原型的开发周期必须短，成本要低廉；②原型必须是可运行的；③能够对原型的运行情况进行评估，再根据评估结果进行修改；④要求用户参与并评价原型；⑤原型修改应该较容易实现。

原型法的开发工作流程如图3.8所示。

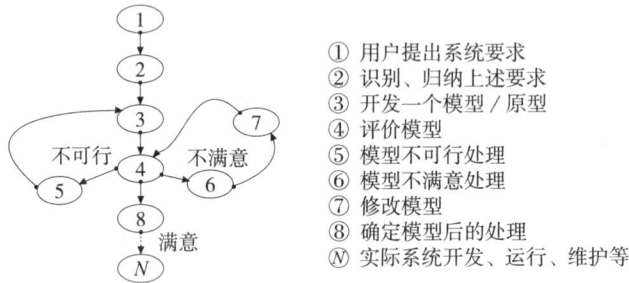

① 用户提出系统要求
② 识别、归纳上述要求
③ 开发一个模型／原型
④ 评价模型
⑤ 模型不可行处理
⑥ 模型不满意处理
⑦ 修改模型
⑧ 确定模型后的处理
Ⓝ 实际系统开发、运行、维护等

图 3.8　原型法示意图

2）原型开发工具

原型法也称快速原型法，从最初原型的建立，以及后续每一轮的改进都能较为迅速地完成。若采用常规编程方法，即使是最容易实现的界面原型也需要相当长的时间，至于需要仿真技术的功能和性能原型开发更是十分困难且代价高昂。所以，在软件自动化技术不是很发达的20世纪80年代初期，原型法并没有得到广泛的应用。随着计算机辅助软件工程（Computer Aided Software Engineering，CASE）技术的高速发展，信息系统开发建设越来越重视可行性研究、需求分析、系统设计，原型法得到了极大的应用和发展，能够开发出更为复杂的管理信息系统。

支持原型开发的软件工具大致可分为以下几类：

①原型化工具。它是指以建立原型为目的的工具，这种工具的最大特点是突出一个快字，所以操作十分简单。

②CASE原型化工具。使用图形化用户界面，或称图形化用户接口GUI（Graphical User Interface）技术和仿真模拟技术以快速生成原型。

③其他可用于原型开发的工具。还有一些工具也可用来开发原型，特别是界面原型。不过一般只用来开发演化型原型。这类原型开发工具不如原型工具简单、迅速，但由于开发的原型可直接转为产品的一部分，所以在产品开发上比抛弃型原型化工具优越。

3）原型法的优缺点

由于原型法不必事先对系统的需求进行完整的定义，而是根据用户的基本需求快速开发出系统原型，开发人员在与用户对原型的不断"使用／评价／修改"中，逐步完善对系统需求的认识和对系统的设计，因此原型法具有以下主要优点：

①遵循了人们认识事物的客观规律，改进了用户和系统设计者的信息交流方式。由于有用户的直接参与，就能直接而又及时地发现问题并进行修正，提高了用户的满

意程度。

②将模拟的手段引入系统分析的初始阶段，用户与开发者思想易于沟通，缩短了用户和系统分析人员之间的距离，解决了结构化方法中最难以解决的问题。

③充分利用最新的软件开发工具，摆脱了传统的开发方法，使系统开发的时间、费用大大地减少，效率、技术等方面都大大地提高，同时降低了开发风险。

④减少了用户培训时间，简化了管理，降低了系统开发成本。

⑤应变能力强。原型法开发周期短，使用灵活且可变性好，尤其适合于管理体制和组织结构不稳定、变化性较大的系统开发。

原型法的主要缺点在于系统开发缺乏统一的规划和标准，有可能导致对系统的开发缺乏有效的控制。此外，原型法需根据环境的变化和用户的要求对原型进行修正，但是由于用户需求具有模糊性和变化性，这有可能无法确定管理信息系统是否已经"圆满"完成，从而使开发过程无法终止，成为一个"死循环"。因此，必须对原型法开发周期进行必要的约束和控制。

原型法缺乏细致的需求分析和结构化设计，也常常缺少严谨的正规文档，并不能取代传统的生命周期法和相应的开发工具。尽管改进原型法及新一代的开发工具能使原型的生成和修改变得更为快捷，但是仍然克服不了原型法的一些重大的局限性，例如不适合开发大型系统、所开发出的系统运行效率可能会比较低等。

3.3.5　生命周期法与原型法的特点对比

事实上生命周期法和原型法各有其特点，一般的理解是，前者过程规范、步骤严谨，按部就班犹如正规军，而后者直截了当、随机应变，灵活机动好比游击队。两种开发方法各自的特点及主要的适用范围可参见表 3.2。

表 3.2　生命周期法和原型法的特点对比

特点比较	生命周期法	原型法
信息系统规模	大中型	小型
信息系统类型	结构化和半结构化系统	半结构化和非结构化系统
用户需求情况	较为明确	不明确
信息系统效率	较高	较低

1）开发的系统规模方面

生命周期法更适合大型或中型系统，原型法则比较适合于小型系统的快速开发。当然，经过需求分析和子系统划分之后，大系统被分解成了若干的小系统，其中也可能有适合用原型法进行开发的，具体情况还要结合其他因素来考虑。

2）系统类型和需求方面

生命周期法适合结构化和半结构化的系统，原型法适合半结构化和非结构化的系统。生命周期法强调进行充分的系统调查和分析论证，弄清楚用户到底需要解决哪些问题（即"做什么"），以确定系统的逻辑模型，所以要求用户需求清晰明确，处理流程也比较规范和结构化。而原型法则是在对原型的不断"使用／评价／修改"中逐步完善系统的，可以在开发过程中"启发"用户需求，也比较善于对非结构化流程的处理。

3）系统效率方面

采用生命周期法开发出的系统效率高，而原型法开发出的系统效率较低。生命周期法的开发过程不可逆，整个系统是一次性规划和设计完成的。故整体性和系统性较好，系统效率较高；而采用原型法开发，因最初的原型结构不一定是合理的，多次的反复改进其实是一个补丁加补丁的过程，其最终系统中也可能会残留诸多结构上的不合理性，甚至存在不少垃圾代码，因此系统效率较低。

总的来说，生命周期法毕竟是最基础也是最主流的开发方法，原型法可作为其补充和扩展，即以前者为主后者为辅的综合性开发方法不失为一个好的选择。

本章小结

信息系统建设是指企业为满足其自身的需要，根据自身情况而建设的具有某种功能的人机系统所采取的一系列活动的总和，可以分为四个阶段，即信息系统规划、信息系统开发、信息系统管理和信息系统控制。

信息系统规划既是信息系统建设的起点，也是信息系统实践中的主要问题之一。信息系统规划的好坏直接影响着信息系统建设的成败和企业的运营情况，应把信息系统规划摆到重要的战略位置上。信息系统对企业来说有很大的商业价值。系统调查和可行性研究是系统开发工作中最重要的几个环节之一，只有通过细致的系统调查才能为组织选择一个适合的信息系统。

信息系统是一个兼有技术和社会因素的社会化实体—社会技术系统，在设计一个新的信息系统的同时，也进行着组织的重新设计。新信息系统的开发过程是一种有计划的组织变动，新的系统意味着新的工作方式。一个组织必须建立某种有效的机构来管理系统的开发，以保证整个的开发过程和最后开发出来的信息系统有效率，并且确保最终用户在决定开发哪个信息系统以及如何开发的问题上扮演重要的角色。

为了制订一个有成效的信息系统规划，组织必须对其长期和短期的信息需求有一个清晰的了解。规划方法主要有关键成功因素法、战略目标集转化法和企业系统规划法。

第4章　管理信息系统分析

系统分析也称系统逻辑设计，是管理信息系统开发过程中最为重要的环节，是确定新系统逻辑方案的关键阶段，也是信息系统建设中最艰巨却又必不可少的阶段。随着管理信息系统开发项目规模的逐步扩大以及系统建设环境的日趋复杂，企业对信息系统的要求也在不断提高，系统分析成为开发中最繁重的任务之一。

系统分析是指遵循管理信息系统总体规划，对原系统及相关环境进行初步调查并分析用户需求，通过可行性研究确定开发方案后，再进行详细调查和系统化分析等工作来确定新系统逻辑方案的过程。

结构化系统开发方法（生命周期法）是目前管理信息系统建设中最为基础、应用最广泛的开发方法之一，从本章开始及后续的两章均主要介绍该方法的运用。

系统分析工作的主要内容包括：①初步调查与可行性分析；②详细调查；③系统化分析；④划分子系统；⑤确定管理模型及数据处理方式；⑥提出新系统的逻辑方案。

简要地讲，管理信息系统之系统分析的任务就是：在充分认识原有管理信息系统（包括传统的、人工的）的基础上，通过问题识别、可行性分析、详细调查、系统化分析，最后完成新的管理信息系统的逻辑方案设计，或称新系统逻辑模型设计。

系统分析的阶段性成果的书面形式为"系统分析说明书"，也称"系统分析报告"。

4.1　可行性研究

开发新系统的要求往往源于对原系统的不满意，原系统存在的问题可能充斥于组织的各个方面，内容较分散，甚至含糊不清，这就要求系统分析人员针对原系统的不足、结合用户提出的新的需求，对问题进行识别和确认。同时，开发新系统是一项需要耗费大量人力、财力、物力和时间的系统工程，因此在系统设计之前有必要先做可行性分析，从管理、技术、经济等方面论证系统建设的必要性及可行性，以避免浪费，同时也可以确保各类资源在使用上的合理性。

4.1.1　可行性分析的目的及主要内容

可行性分析是指用最小的代价在尽可能短的时间内确定特定问题是否有必要去解决，是否能够解决，以及是否值得去解决。其实质是在初步调查的基础上所进行的一次大大压缩，从而简化了的分析与设计过程，其目的是明确新系统建设的可行性。这里的可行性是必要性、可能性和有益性的综合考量，并非单指可能性。

可行性分析的内容首先是必要性，然后才是可能性和有益性。一般可以从技术、管理和经济等三个层面来考虑新系统的可行性。

1）技术层面上的可行性

①分析备选方案在技术上的必要性：若不及时开发新的管理信息系统将会给企业经营管理造成诸多的不利影响，有可能会危及企业生存，或者严重妨碍企业的发展。

②分析备选方案在技术上的可能性：系统开发方案能否达到硬软件设备指标要求、人员技术能力及技术管理水平等各方面的要求，能否适应该管理信息系统开发和运行管理的各项要求。

③分析备选方案在技术上的有益性：实施系统开发方案后，对于企业经营管理的各个方面，包括信息技术的发展、综合技术水平的提高，以及技术创新等有哪些促进作用。

技术可行性提示管理信息系统开发受现有技术条件限制，再好的方案实现不了也是毫无意义的，就像寓言故事里老鼠的防猫方案，谁能去给猫系上那个铃铛呢？

2）管理层面上的可行性

①分析备选方案在管理上的必要性：如果不开发新的管理信息系统，企业管理上就会有哪些问题不能解决，企业管理水平的提升就会有哪些障碍，以及企业会在哪些方面不能与社会环境相适应等。

②分析备选方案在管理上的可能性：能否满足新系统开发与运行所要求的管理条件，包括组织结构、制度规范以及管理技术与手段等各个方面；领导是否支持（领导支持是开发成功的关键）；相关人员是否有积极性，并且能够适应新系统给企业各方面带来的改变；还需要考虑到其他可能对企业管理有重大影响的环境因素，如管理体制的稳定性，经济发展的宏观控制形势，地区和行业的特殊政策影响，以及相关单位或部门能否适应新系统的运作模式等，这些均有可能会成为新系统开发与运行的阻力。

③分析备选方案在管理上的有益性：也就是新系统对企业管理的促进作用，包括广义的社会效益。如新系统的开发与运行将使哪些现代管理方法与技术得以有效运用，能够使企业管理决策水平有哪些提高，为企业经营带来哪些有利条件，以及能够对企业的社会作用和影响带来哪些好处等。

管理信息系统从开发到运行使用均需要管理的支撑，缺乏管理可行性的系统即便是开发出来了也难以获得预期的效果。就像女王捐赠给养老院的土豆削皮机，自动化的机器固然很不错，却因为让老人们失去了许多在一起共同劳动的欢乐而不受待见，屡次被人为破坏且最终被丢弃。

3）经济层面上的可行性

①分析备选方案在经济上的必要性：如果不开发新的管理信息系统，企业经营中的哪些问题就难以解决，会造成多大的经济损失，或者可能将从哪些方面限制企业经

济效益的进一步提高等。

②分析备选方案在经济上的可能性：从经济角度衡量企业可投入的人力、物力、财力等资源，能否满足新的管理信息系统的开发与运行管理的需要。

③分析备选方案在经济上的有益性：研究分析开发新系统的经济效益情况。分析方法上最典型的例子就是对备选系统进行成本/效益分析，重点评估各个备选方案分别需要支出多少费用，又能产生多少效益。需要特别注意的是，管理信息系统不同于一般的生产系统，其效益是通过提升企业管理水平而间接产生的，因此对其收益的估算应该不仅要考虑直接的也要考虑到间接的，有定量的也要有定性的，有眼前的也有长远的，甚至包括可能产生的社会效益在内均必须实事求是地给予评价。

一般来说，一个项目的实施总是会先考虑一下其投入产出是否划算，管理信息系统亦不例外。不过因其作用上的特殊性，对于管理信息系统经济可行性方面的考量确实应该目光长远一点、心胸开阔一些，要有大的格局观。

为了简明扼要和直观可见，通常可以将技术、管理和经济这三个层面的必要性、可能性、有益性评估结果制作成如表 4.1 所示的九宫格形式，可据此综合评价备选方案的可行性及其满意程度。

表 4.1　可行性研究九宫格

	必要性	可能性	有益性
技术层面			
管理层面			
经济层面			

4.1.2　初步调查

可行性研究是在管理信息系统开发建设正式开始之前进行的，事实上这时还并未确定具体的开发方案，甚至尚不确定开发项目一定就会进行。因此所有的调查工作都较全面而偏宏观一些，并不是特别地具体和详细，故称为初步调查。

初步调查目的在于收集重点信息，进一步确认用户需求，了解组织结构、人员、设备、业务流程与处理等各方面的大致情况，广泛收集有关材料，为可行性研究做准备。

初步调查的主要内容有：

①了解所有与系统目标及用户需求相关的内容，如管理体制与管理功能、企业发展战略与规划，以及现行信息系统的运行状态、技术条件及水平等。

②了解相关组织结构及业务功能，绘制与用户需求相关的组织/功能关系简图。

③了解与用户需求相关的主要业务流程，绘制出业务流程简图。

④了解相关重点业务活动与外部环境的联系，绘制系统环境简图。

⑤了解相关主要信息流动情况，绘制系统的数据流程简图。

⑥将用户需求进一步细致化、具体化，若有必要还需进行量化处理。

再次强调，初步调查是概要性的，主要是画简图，不必过细。

4.1.3　可行性研究的步骤和研究成果

可行性研究的主要过程如图 4.1 所示。

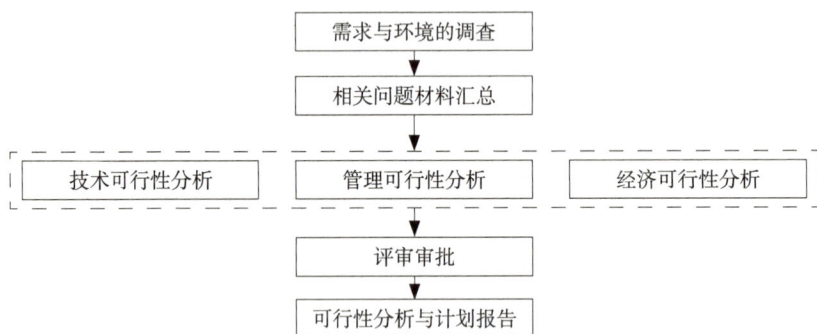

```
┌─────────────────────┐
│   需求与环境的调查    │
└─────────────────────┘
          ↓
┌─────────────────────┐
│   相关问题材料汇总    │
└─────────────────────┘
          ↓
┌──────────┐ ┌──────────┐ ┌──────────┐
│技术可行性分析│ │管理可行性分析│ │经济可行性分析│
└──────────┘ └──────────┘ └──────────┘
          ↓
┌─────────────────────┐
│      评审审批        │
└─────────────────────┘
          ↓
┌─────────────────────┐
│   可行性分析与计划报告 │
└─────────────────────┘
```

图 4.1　可行性研究的步骤

可行性研究过程上亦可以分为几大步骤：第一步要分析用户需求并确定系统目标；第二步是提出若干可能的备选方案及其主要的性能指标，并对备选方案进行初步评价和筛选；第三步是对初步筛选出的方案及其性能指标做比较和评估，即分别从技术、管理、经济三个层面就其必要性、可能性及有益性进行分析和论证，然后得出最终的可行性研究结论；第四步是编写可行性研究报告及相关资料，最后再上报领导审批。

可行性研究的成果要以可行性分析报告的形式编写出来，主要内容包括：①系统简述；②项目的目标说明；③现状分析；④备选方案及其可行性评价论证与优选；⑤存在的问题及其解决的建议；⑥对项目可行性的结论。

可行性研究的结论要明确，应具体指出是哪一种结论：①可按选定方案立即进行；②要等条件成熟后再进行；③不可行必须停止。

如果结论是第一种，还需要基于最终选定的备选方案，制订出初步的、概要性的管理信息系统项目开发计划。

可行性分析报告要尽量取得有关管理人员的一致认同，并经过主管领导批准，才可付诸实施，进入对系统详细调查的阶段。

4.2　系统详细调查

经过可行性研究确定并正式启动管理信息系统开发项目后，首先要进行的工作就是系统详细调查。不同于可行性研究阶段的初步调查，详细调查要更加深入和细致。

详细调查也是对现行系统的调查与评价。实际上所有新系统都是在现行系统（无论是基于人工操作的还是计算机处理的）基础上经过改建或重建而得到的。因此，在进行新系统的目标分析与设计工作之前，必须先在已有立题初步调查的基础上，重新对现行系统进行更全面、更深入细致的调查研究，并给予客观的评价。

新系统开发必须充分尊重原系统，力求继承原系统一切有价值的部分，特别是数据资源。只有努力做到推陈出新、革故鼎新，取其精华，弃其糟粕，才有可能获得一个青出于蓝而胜于蓝的新系统。

4.2.1　详细调查的目的、原则

详细调查就是去了解现行管理信息系统，其目的在于完整掌握现行系统的实际状况，发现存在问题和薄弱环节，尽可能全面地收集相关资料，为下一步的系统化分析，以及新系统的逻辑设计做好准备。详细调查工作量大，所涉及的组织部门、人员、业务流程、数据类别等较为繁杂，信息量也非常大，必须遵守和坚持一定的工作原则，并按照较规范的方法来进行，这样才能保证调查的公正性和客观性，保证相关信息的翔实、全面。详细调查工作重点应遵循如下几点原则：

1）实事求是的原则

调查工作必须本着以客观事实为基础，从实际出发，始终坚持实事求是的原则，这一点非常重要。因为详细的调查结果将作为新系统分析和设计的依据，任何主观或者带有偏见甚至杜撰的调查结果都会给新系统开发埋下隐患。

2）自顶向下全面展开

详细调查工作应严格按照自顶向下的系统化观点来全面展开，根据管理的层次，首先从管理高层入手了解其需求，然后再围绕下面各管理层为其上层管理所提供的支持来展开调查，直至摸清整个组织的管理工作状况。这样做的好处是使得调查者既不会被组织内部庞大的管理机构搞得不知所措、无从下手，又不会因调查工作量太大而顾此失彼。

3）深入全面的原则

调查工作要兼顾深度与广度。深度是指对每一个问题的调查都要深入和细致，调查做得越细，对系统分析得越全面、具体，以后设计出的系统才能更符合用户的需求；全面不仅是指各种功能要求的简单满足，还应包括其对应的性能需求、可靠性需求、用户界面需求、保密性需求、进度需求以及环境需求等多个方面。

4）工程化的工作方式

对于任何一个组织来说，其内部的机构和工作都是复杂且庞大的，给调查工作带来了一定的困难。大型系统的调查一般需要多个系统分析人员共同完成，按工程化的方法组织调查工作可避免不少的问题。

5）全面调查与重点调查相结合

要实现整个组织管理信息系统的完整开发，确实需要开展全面的调查工作。但

是如果近期内只需要开发某局部的子系统，则应该坚持全面调查和重点调查相结合的方法，即在自顶向下全面展开的同时，要侧重于调查与将要开发的子系统相关的部分。

对现行系统的详细调查工作是通过与企业组织结构各部门的业务人员交流来完成的，应遵循用户参与原则，即由对应部门的业务人员、主管人员，以及设计部门的系统分析人员和系统设计人员来共同进行。业务人员虽然不懂具体信息技术与系统开发技术，但他们对自己工作业务非常熟悉，更比任何人都清楚自己的需求，只不过常常难以将这些需求用较规范化的方式表达出来，因此系统分析人员需要借助于一些有效的工具和方法，以便于和业务人员进行沟通交流。

4.2.2　常用的调查方式

管理信息系统开发中的详细调查常常采用专题调查会、重点访谈、业务需求表，以及参加业务实践等多种调查方式来进行。

1）专题调查会

详细调查时可以采用召开专题调查会的方式，对阶段性的工作或专门的问题进行统一确认和协调。例如，需要调查了解物资供应与财务核算业务之间存在的数据共享或信息传递关系时，一般可以召开调查会，邀请相关部门的业务人员共同参加，以明确所需要了解的业务内容。

调查会的规模及参加人员根据需要调查的具体业务情况而定。大规模的调查会一般用于解决涉及企业总体业务框架的关键问题，需要来自多个相关部门的骨干人员参加，小规模的调查会一般用于了解某个业务处理过程的细节。

调查会是在业务调查中应用比较广泛也比较有效的一种方法，但是该方法要邀请相关部门的业务骨干参加，牵扯面较大，很多时候还不一定就能得到明确一致的结论，效率不够高，故不宜经常组织。对于大规模的调查会，尤其要注意明确目的，有效地解决问题，避免频繁召集会议。

一般情况是在详细调查工作起始时召开一次调查大会，主要是起动员作用，也介绍一下开发项目组成员，以利于将来各项工作的开展，另外就是在详细调查工作结束之际也需要再召开一次大会，目的在于对核心调查结论的确认和报告调查汇总情况，尽量杜绝调查工作的偏差和漏洞。

2）全面业务需求填表调查

对企业的全面业务需求调查可采用事先设计好的专门问卷调查表，再请企业相关业务人员来填写，这是最专业的调查方法之一，一般适用于对基层管理部门的业务调查。

调查表方法要求预先设计出能够全面了解企业业务情况，且能够进行一致性和完备性检验的一系列调查表。所谓一致性和完备性检查是指通过多个相关调查表之间内容上的逻辑关联性来验证填表内容是否存在冲突或错误，以保证所调查部门的机构、业务、数据等方面情况的准确性。这就要求在设计调查表格时，对关键性问题的调查要以不同形式、不同层次在多个相关的调查表中涉及。

实践中具体问卷方式通常有自由式问卷和选择式问卷。

自由式问卷采用提问方式收集信息，通常用于了解某些工作的过程及相关问题，收集相关的意见和建议。答卷者有充分的时间和机会自主回答提问，表达自己的观点，而系统分析员有机会从其回答中发现问题所在，也更可能深入地了解现行系统的实质内涵。但是这种方式受测时间长，很多时候不太容易被答卷者所接受，问卷回收率较低，或者答案太纷杂凌乱，难以确定真实情况。

选择式问卷是系统分析员根据调查目的精心设计好的，所有问题均已预先给出了备选答案（单项或不定项），属于客观题形式。这种方式能够有效控制答案的范围，也节省了答卷者的时间，问卷结果也便于运用统计的方法进行定量的分析。但问卷设计工作相对复杂，要求设计者具备一定的相关专业知识，且有较丰富的调查经验。而且这种调查方式还是有一定的局限性，难以反映被调查者自己独到的观点和意见。

因此，实际的问卷通常是两种方法结合编制，即问卷的绝大部分由选择式问题构成，然后留有一定比例的自由式问题，这样可以达到最佳效果，见表 4.2。

表 4.2　详细调查问卷示例

提问类型	提问	提问目的
选项式	你需要查看客户订单执行进程的信息吗？ 是 / 否	信息需求
	你认为返工的客户订单频繁吗？ A. 很频繁　B. 频繁　C. 有时频繁　D. 不算频繁　E. 不频繁	发现问题
	你认为决定原材料采购时间和数量的依据包括： A. 市场需求预测　B. 客户订单　C. 生产计划　D. 安全库存量	功能需求
问答式	你目前承担什么管理工作或业务处理工作？	工作职责
	哪些员工的哪些工作与你的工作很相关？	业务流程
	你目前获得了哪些数据报告？	数据类与数据项
	你向哪些部门或岗位提供过哪些数据？	数据流程
	你认为还需要哪些数据或信息？	信息需求
	哪些工作的做法值得进一步改进？	发现问题

还有一种调查记录式的调查表也比较常见，见表 4.3。

表 4.3　调查记录表

调查记录表									
单位		图号		问卷号		记录人		日期	
被调查者		职务		分管业务					

调查记录：

业务数据调查表							
图号		业务过程名称			业务承担单位		
填表人		填表日期			对应的业务流程调查表号		

数据项说明

序号	数据名称	字长描述	取值范围	数据来源	备注
1					
2					
3					
4					
...					

后附报表说明

序号	后附报表名	份数	传送部门	制表单位	用途	频率	其他
1							
2							
3							
4							
...							

3）重点访谈

重点访谈的方式一般用于对企业高层管理人员，或者是对特殊重要岗位业务人员的调查。调查工作开始前一般要准备好一组问题，这样一方面能引导调查工作的进行，另一方面可保证调查范围的完备性。访谈一般包括但不仅限于以下问题：

①你所在的工作岗位是什么？

②你的工作任务是什么？

③你每天的工作怎样进行时间安排？

④你的工作同前/后续工作是如何联系的？

⑤你所接触的报表、数据有哪些？这些数据在细度、全面性、获取速度上存在哪些问题？

⑥从企业全局考虑，你认为企业的哪些管理业务可以改进？

⑦你认为新的信息系统应该重点解决哪些问题？

重点访谈的方式除了用于了解企业高层管理人员的信息和功能需求外，有时还用于对其他调查方法的补充和对调查结果的确认。

4）业务实践

如果采用上面几种调查方法以后仍然无法准确掌握到某些重要问题，这种情况下可能就需要通过实践的方式来了解这些业务细节，即由系统分析人员去到相应的岗位与具体业务人员一起工作一段时间，身体力行地去体验和感受，从而深刻了解和掌握该项业务活动的具体操作过程，以及有可能出现的异常情况和相应的应对处理方法。

应当说深入实际的调查方法效果最好，是一种能够进一步完善信息系统详细调查工作的好方式，能够了解到业务处理中不规范的特殊情况和处理细节。一般来说，企业的管理过程大部分还是较为规范的，但在具体运行过程中还是有可能存在着一些不够规范的事件，要了解和掌握这类情况就得采取深入实际的调查方法。因为对于业务人员来说，这些不规范事件尚未形成固定和统一的认识，指望他们做出系统、全面的描述当然也就不切实际了。

当然，可想而知参加业务实践这种详细调查方法可能会相当地耗时费力，效率不高，因此也不能轻易采用。可以被当作一种"绝招"，当其他的方法都不能奏效或者在效果不太理想的情况时再采用。

4.3　详细调查的内容

要做系统分析就必须先进行详细调查，全面掌握现行系统的情况。现行系统可能已经是一个具有一定功能的信息系统，也有可能是一个传统的人工系统，不管怎样，总之已经不能满足企业新的需求了。那么首先要搞清楚现在存在的问题是什么，究竟在哪些方面不能满足需求。

管理业务调查主要是针对现行企业系统的组织、业务和数据三个方面及其相互关系的调查。调查过程中应尽量使用各种形象、直观的图表工具，通常用组织结构图描述组织的结构，用管理业务流程图和表格分配图描述管理业务状况，用数据流程图描述和分析系统中各种数据的存储、流动和处理情况，用判定树和决策表等描述处理功能和决策模型。

企业组织的运营都是基于特定的管理业务流程而实现的，所以需要对企业组织的管理业务进行调查，又因为各项业务均是由相应的部门或者多部门配合来完成的，因此首先就需要了解企业组织的部门设置及职能要求，这就是组织结构调查。

4.3.1　组织结构调查

组织结构调查是在掌握企业的组织结构的基础上，再结合各组织单元所实现的功能进行分析。需要先调查了解企业组织结构设置，包括部门划分和隶属关系等情况，了解组织内部人员、物资和资金流动，以及信息传递的关系；还要详细了解各部门的职能、人员的工作职责、决策内容等情况，掌握其中存在的问题以及对新系统的要求。

组织行为学中一般均采用树状结构图来表达组织的总体结构及内部隶属关系，称为组织结构图。组织结构图采用层次模块的形式绘制，图的结构为分层树形，如图 4.2 所示。

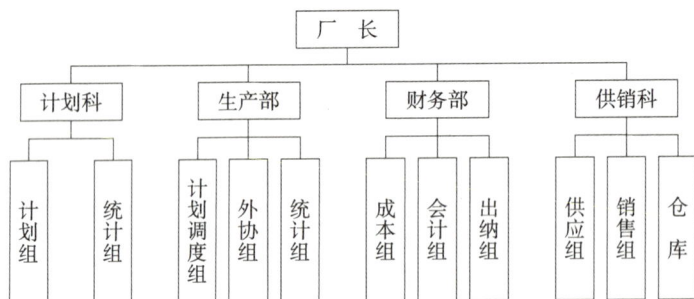

图 4.2　组织结构图

组织结构图能够反映组织内部各部门之间的上下级隶属关系，却不能反映出各部门的业务职能及其所承担的工作，也无法反映出部门之间在业务职能上的密切联系。而组织/业务关系表则将组织和业务关联起来，能够清楚地反映出组织内各部门的主要业务职能及其相互之间的业务工作关系，这点非常有利于后续对业务流程和数据流程的调查分析。

还有一种附带重点管理流程关系的组织结构图也常被用到，其实质上是将组织结构与业务流程结合起来反映的一种画法，一般用于对重点部门及重点业务的综合性分析，如图 4.3 所示。

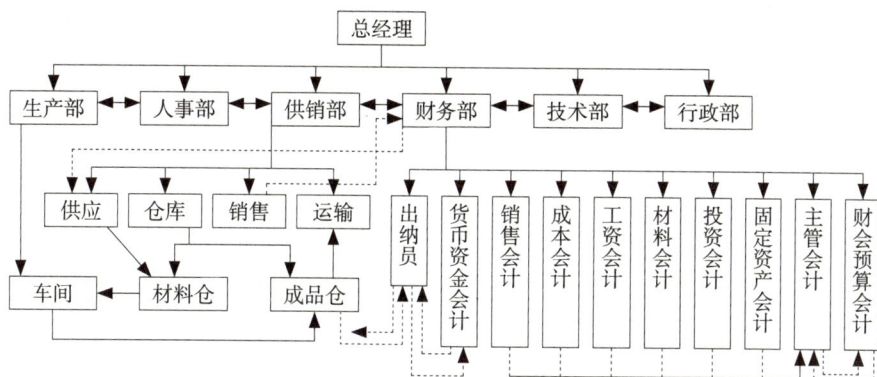

图 4.3　附带重点管理流程关系的组织结构图

进行组织 / 业务分析同时也是为了找出现行系统中组织结构和职能配置方面存在的问题，以便研究出解决问题的方法和措施，使信息系统能够更好地适应于组织及其职能。根据详细调查的实际情况，可以将组织 / 业务关系表绘制成如表 4.4 所示的形式。表中的横栏表示部门名称，纵栏表示业务过程，中间栏则表示各部门在执行业务功能过程中的职能作用。

表 4.4　组织 / 业务关系表

功能	序号	组织关系 业务	计划科	质量科	设计科	工艺科	机动科	总工室	研究所	生产科	供应科	人事科	总务科	教育科	销售科	仓库
功能与业务	1	计划	*					√		×	×				×	×
	2	销售		√											*	×
	3	供应	√							×	*					√
	4	人事										*	√	√		
	5	生产	√	×	×	×		*		*	×				√	√
	6	设备更新				*	√	√	√	×						
	7	……														

注："*" 表示该项业务是对应组织的主要业务（即主持工作的单位）。

"×" 表示该单位是参加协调该项业务的辅助单位。

"√" 表示该单位是该项业务的相关单位。

"空格" 表示该单位与对应业务无关。

4.3.2　管理功能调查

为了实现系统的目标，系统必须具有系列特定功能。所谓功能，就是指完成某项工作的能力。详细调查中可以用功能层次图来描述从系统目标到各项功能指标的层次关系，图 4.4 所示为某销售系统的管理功能。

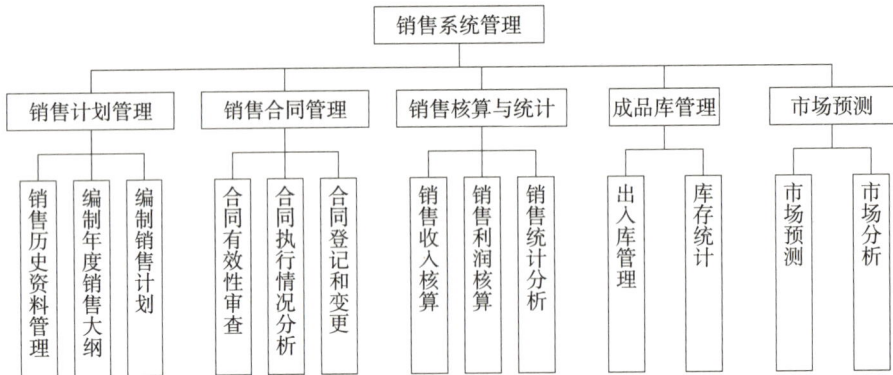

图 4.4　销售系统管理功能图

4.3.3　管理业务流程的调查

业务流程调查的目的是要弄清楚各项业务是如何在组织中完成的，以及完成该项业务所对应的信息（数据）处理情况。业务流程调查是在对组织结构与功能进行分析的基础上，沿着原系统信息流动的过程方向逐步分析，是对业务功能的进一步细化。调查的内容包括各环节业务活动的内容、作用，以及信息（数据）来源、数据存储和处理过程等。通常采用业务流程图和表格分配图来表述业务流程调查的结果。

一个业务流程可能在一个部门或者一个单位中就全部完成，但也有可能是跨部门跨单位完成的。

管理业务流程调查的主要内容包括：①各环节处理业务；②相关信息来源；③业务处理方法与数据方法；④相关信息流经去向。

用以描述管理业务流程的图表一般采用管理业务流程图和表格分配图，前者直观清晰，主要从业务管理角度描述业务流程，重点描述业务过程及相关参与者的作用，适合用于与用户交流；后者详细具体，主要从信息管理角度描述相关数据的流动，重点描述业务过程中各类数据单据、报表等的处理、流转和存储情况，多用于系统分析。

业务流程图（Transaction Flow Diagram，TFD）用一些规定的符号及连线来表示某个具体业务的处理过程。业务流程图基本上按照实际的业务处理过程和步骤绘制，反映了现行系统各部门的业务处理过程及其之间的业务分工与联系，以及各部门之间的物质流和信息流的传递与流通关系；体现了现行系统的环境、边界，以及输入、输出、处理和数据存储等内容。现实业务活动中的一些弊病很难凭空描述清楚，而利用业务流程图就能够更细致地对其进行合理性分析，从而发现存在的问题并考虑应该如何进行修改。

1）业务流程图的符号

业务流程图在画法上并未有统一的标准，但大体上非常相似，仅细节上稍有不同。无论采用什么样的符号和画法标准，只要能够准确地反映业务流程即可，但在同一个系统开发过程中还是要保持一致和统一。这里介绍一种较为简单的画法，这种业务流程图仅使用五种基本符号，其符号及名称如图 4.5 所示。

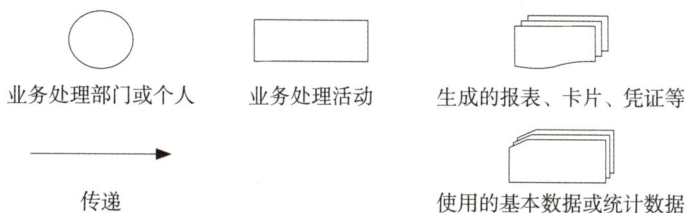

图 4.5　业务流程图基本符号

2）业务流程图的绘制步骤

业务流程图是一种用尽可能少的步骤、尽可能简单的形式描述业务处理过程的方法。业务流程图的符号简单明了，阅读者很容易理解。绘制业务流程图的步骤如图 4.6 所示。

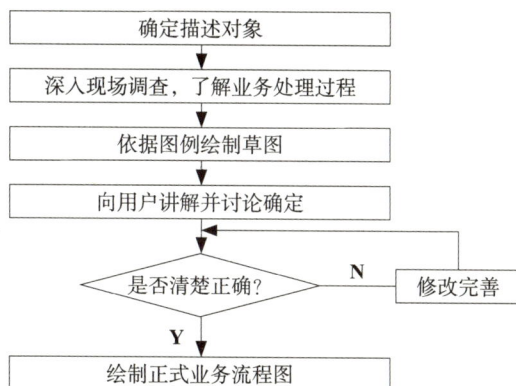

图 4.6　绘制业务流程图步骤

正如前面提到的，业务流程图的绘制并无严格规则，只需如实反映业务的实际处理过程即可。下面通过一个具体实例来介绍业务流程图的画法。

图 4.7 所示为某企业物资管理的业务流程图，其处理过程大致是：车间填写领料单到仓库领料，库长根据用料计划审批领料单，未获批准的将退回车间；库工收到已批准的领料单后首先查阅库存账，若有货就通知车间前来领取所需物料并登记用料流水账，否则就将缺货情况通知采购人员。采购人员收到缺货通知后会查阅订货合同单，若已订货就向供货单位发出催货请求，否则就临时申请补充订货。供货单位发出货物后会立即发来提货通知，采购人员收到提货通知单后即可办理入库手续，随后库工验收入库并通知车间领料。此外，仓库库工还要根据库存账和用料流水账定期生成相关库存报表，然后呈送有关部门。

而图 4.8 是一个简要描述银行传统存取款业务的流程图，该示例较具有代表性，其特点是属于"有出有进"的相关性业务处理。

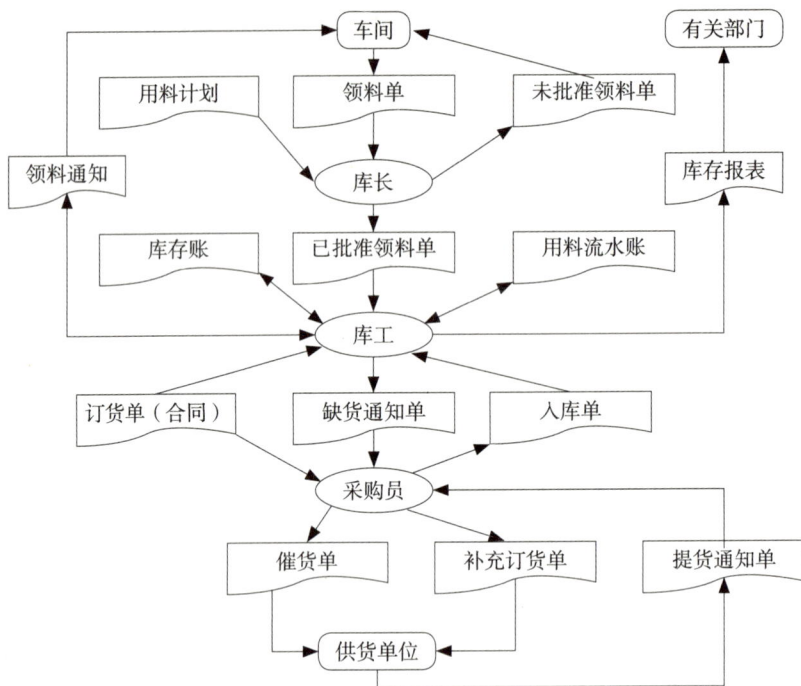

图 4.7　某企业物资管理的业务流程图

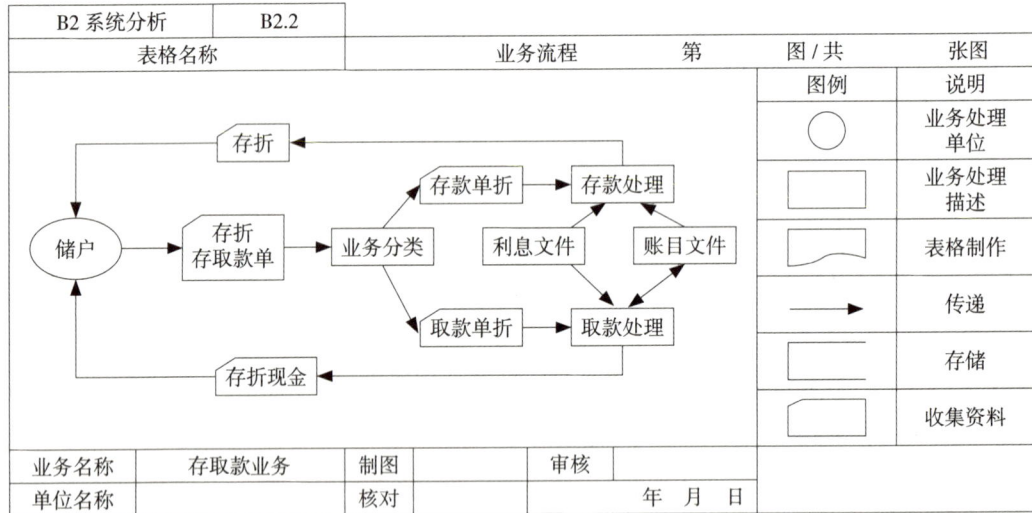

图 4.8　银行传统存取款业务流程图

若将取款视作"出"则存款就为"进"，与此类似的还有图书馆的借书、还书、高铁的买票、退票，还有商场的售货、退货和医院的入院、出院等。

业务流程图主要有以下作用：

①业务流程图是进一步系统分析的依据；

②它是系统分析员、管理人员、业务操作人员相互交流的工具；

③系统分析员可以直接在业务流程图上拟出可由计算机处理的部分；

④借助业务流程图可以对管理业务流程进行合理性分析。

3）表格分配图

表格分配图主要从反映相关业务信息流动情况的角度描述管理业务流程，有利于系统分析人员掌握系统中各种单据、报表等业务信息（数据）的流动和存储情况，进而掌握其所属或有关业务部门之间的业务关系。

图4.9是一张反映采购过程的表格分配图，其中各列上标出业务各相关部门，箭头表示单据（多联复制）的流向，每张单据上都标有号码以示区别。如图4.9所示，其中的采购单一式四联，第一联交给卖方，第二联交到收货部门用作收货登记清单，第三联交给财会部门登记应付账款，第四联存档。另一方面，到货时收货部门按照待收货清单核对货物后填写四联收货单，其中第一联交财会部门，通知付款；第二联通知采购部门取货；第三联存档；第四联作收据交给卖方。

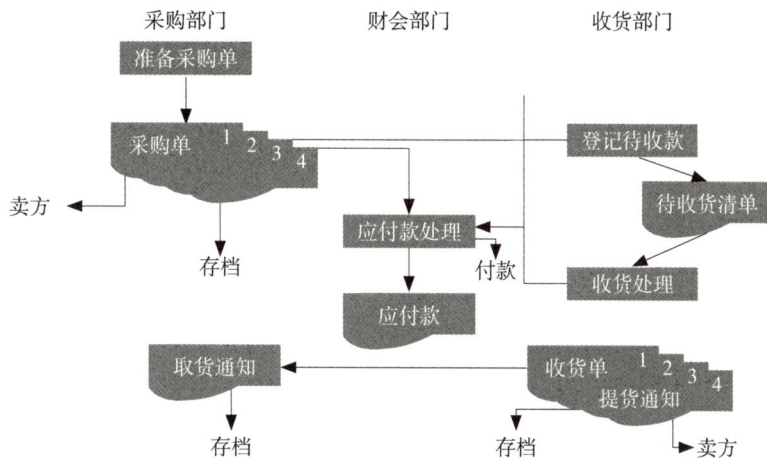

图4.9　表格分配图示例

4.4　数据流程调查与分析

实际上数据流程调查也属于详细调查内容之一，之所以单独作为一个章节进行介绍正是因为该环节对于系统分析工作的重要性，其后的数据流程分析既是构建新的管理信息系统逻辑模型的重要依据，也是旧系统与新系统的转折点和分水岭。

管理业务调查过程中绘制的管理业务流程图和表格分配图等虽然形象地描述了企业业务活动的过程，但其描述对象是物质形式上的流（如人、财、物等物质流），并未摆脱物质因素的范畴。而数据流程分析需要把业务流程中所蕴含的信息（数据）流抽象出来，即将原系统内数据的流动情况独立出来，舍弃具体组织结构、信息载体、处理场所、物资、材料等具体物质上的内容，单从数据流动过程考查分析实际业务过程中的数据处理模式。数据流程分析主要包括对信息（数据）的流动、传递、处理、存储等的分析，其目的是明确其中的数据处理功能，发现数据流程中存在的问题以寻求解决方法，如数据流程不畅、前后数据不匹配或者数据处理流程不合理等。这些问题的产生可能是由于原系统管理混乱、数据处理流程本身就有问题，但也可能是详细调查工作有误，所以必须特别重视数据流程调查和分析。通过数据流程分析尽可能解决原系统中存在的问题，从而在新系统中建立更通畅和高效的数据处理流程。

4.4.1　数据的收集和汇总分析

数据收集工作实际上在系统调查阶段进行数据收集时就已经开始了，数据收集工作包括如下内容：

①原系统全部输入单据（如入库单、收据、凭证）、输出报表和数据存储介质，如账本、清单等。

②上述各种单据、报表、账本的样品上注明的制作单位、报送单位、存放地点、发生频度（如每月制作几张）、发生的高峰时间及发生量等内容。

③上述各种单据、报表、账本的样品上注明的各项数据的类型、长度、取值范围。

④各环节所列数据的处理方法和计算方法。

数据收集的结果可以通过数据量汇总表（表 4.5）和报表统计表（表 4.6）体现。

表 4.5　数据量汇总表

数据名称	发生频率	月发生量 /MB	年发生量 /MB	保存年限
经营计划	1 次 / 日	0.2	2.4	2
财务账目	10 次 / 日	0.8	9.6	10
设备调度计划	1 次 / 周	0.1	1.2	1
物资采购计划	1 次 / 月	0.3	3.6	2

表 4.6　报表统计表

报表名称	制作单位	上报单位	下达单位	频率
计划报表	综合计划部	总经理、主管副总	公司下属各部门	1 次 / 月
销售年报	销售部	总经理、主管副总	公司下属各部门	1 次 / 年

详细调查过程中会收集到大量数据，要使其能够成为系统设计的依据、为系统设计所用，就必须对这些数据进行整理、汇总和分析。数据汇总分析就是要对数据进行分类整理。

为使该项工作能顺利进行，通常将数据汇总分析过程分为四个步骤：

①数据分类编码和排序。将系统调查中收集到的数据按业务过程分类编码，按处

理过程的顺序进行排列。

②数据完整性分析。按照业务过程自顶向下对数据项进行整理，追溯到记录数据的原始单据或凭证，确保数据的完整性和正确性。

③分类整理所有原始数据和最终输出数据。原始数据是新系统确定关系数据库基本表的重要内容，最终输出数据是反映管理业务所需要的主要数据指征。它们对后续工作都是非常重要的，所以应对它们分别进行整理并单独列出来。

④确定数据资料的字长和精度。数据字长和精度主要根据系统调查中所了解到的用户对数据的要求、满意程度以及该业务预计发展规模来统一确定。数值型数据要确定数据的正、负号，小数点前后的位数、取值范围等；而字符型数据则要确定其最大字长和字符编码种类，如是否为中文汉字等。

数据汇总分析需要从以下几个方面进行：

①围绕系统目标进行分析。围绕系统目标、组织结构与业务功能来分析已收集的信息。从业务处理角度分析需要的信息有哪些，哪些信息是冗余的，哪些信息尚有待进一步收集；从管理角度分析信息能否满足管理的需要，信息的及时性如何等。

②弄清信息源周围的环境。分清信息的来源和用途，分析哪些环境因素对其影响较大，信息的上、下层次即信息结构情况等。

③围绕现行业务流程进行分析。分析现有报表是否全面，能否满足用户需求；现有业务流程还存在哪些弊端，需要如何改进；随着业务流程的改进，信息与信息流应如何调整；对信息的收集、存储以及加工处理还有哪些要求等。

④数据特征分析。数据特征分析是为后续的系统设计做准备。数据特征分析包括数据的类型、长度及精度、合理的取值范围、数据量大小、数据所涉及业务以及其重要性和保密要求等。

4.4.2　数据流程图

通过上述调查后，可以绘制出原系统的数据流程图（Data Flow Diagram，DFD）。数据流程图是一种能够全面描述系统数据流程的重要工具，可用较少的几种符号描述出整个系统信息全貌，综合反映系统中信息的流动、处理和存储情况。不仅能够表达数据在系统内部的逻辑流向，还可以表达系统的逻辑功能和数据的逻辑变换。此外，数据流程图既能表达现行人工系统的数据流程和处理功能，也可以表达自动化系统的数据流程和处理功能。亦即说在数据流程图中所描述的内容既有机器处理部分，也有人工操作部分。

数据流程图具有两个非常重要特性：

第一，抽象性。数据流程图忽略了具体的组织结构、工作场所，以及各种物质流等，仅描述了相关数据的流动、存储、处理和使用。因其描述的是已抽象出来的数据，故更能够实质性地反映信息处理的内在联系和规律。

第二，概括性。数据流程图把系统中各项有关业务的处理过程都联系起来，作为一个总体进行考虑，无论是手工操作还是计算机处理均统一表述。

1）数据流程图的基本符号

数据流程图画法有多种，许多通用或专业办公软件都可以绘制数据流程图，图例符号大同小异。一般运用可以使用下面介绍的方法，这种画法基本上仅使用了如图 4.10 所示的四种基本符号，其规则也较为简单。

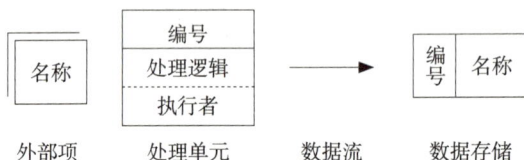

图 4.10　数据流程图基本符号

①外部项是指不属于本系统流程范围但又与其有关的人员或单位。外部项可向系统发出信息，也可接收系统信息。例如，顾客和供货商等都属于系统的外部项。在绘制某一子系统的数据流程图时，凡是本子系统之外的人和单位，都被列为外部项。外部项也定义了系统的边界。

②处理单元也称数据处理或数据加工，能够对数据进行一定的变换处理，或者产生新的数据。一个数据流程图中一般有多个处理逻辑，因此各处理单元用不同编号标识，中间再注明能够表达该处理逻辑的名称，若有必要还可以在下部标示执行者，即是由哪个单位执行的这项数据处理。

③数据流代表系统中数据的流动情况，也是数据处理单元的输入或输出，反映了系统各单元之间的信息传递关系。数据流用箭头线加文字说明表示。箭头表示数据流的流向去处，箭尾则表示数据流的来源，再用文字注明数据流名称，标于箭头线的上下方均可。数据流可以包含一系列相关的数据，文字标注的是其统一的名称，例如"发票"作为一个数据流，包含了品名、规格、单位、单价、数量等具体的数据内容。

④数据存储是对数据存储逻辑的描述，事实上往往也就是系统数据库的逻辑描述。数据存储用右边不封口的长方形并在里面加一条竖线来表示，左边小框里是数据存储的编号，右边部分则标注数据存储的名称。对于关系数据库而言，数据存储名称代表了一张或多张关系二维表。

2）数据流程图的绘制

一般情况下，数据流程图应遵守"由外向里"的绘制原则，即先确定系统范围及边界后再考虑其内部，先画出处理的输入和输出再考虑处理内部。对于规模较大的系统，如果将所有数据流程画在一张图上可能会显得过于复杂，可采用分层绘制。分层绘制数据流程图的具体过程（三大步骤）如下，如图 4.11 所示。

①识别系统的输入、输出和外部实体，画出顶层数据流程图。顶层数据流程图也称环境图，作用是说明系统总的输入、输出和处理功能，只需要指明数据处理与相关外部实体之间的信息交换关系即可，无须考虑系统内部的数据流、数据处理与数据存储等问题。

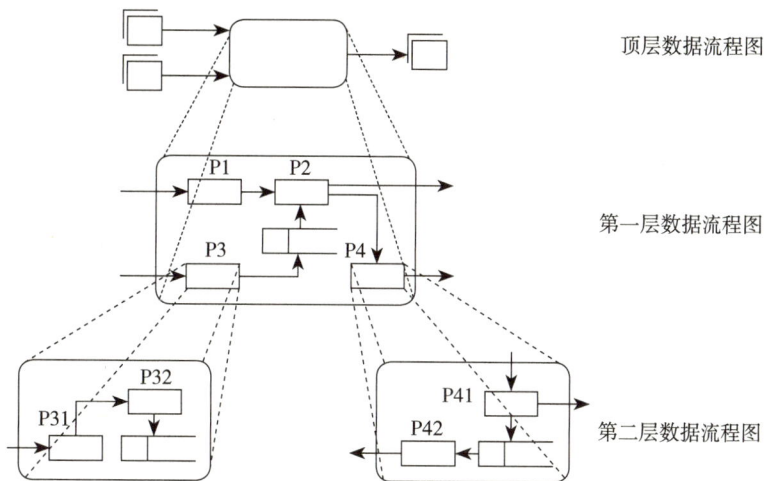

图 4.11 数据流程图的绘制过程

②分解顶层数据流程图中处理功能，画出第一层数据流程图。从系统的输入端到输出端（或相反方向）按顺序逐步描绘，凡数据流发生改变处就画出对应数据处理单元，需要存储或读取数据资料处则画出相应的数据存储，并以数据流的箭头方向表明数据是流入还是流出。最后，检查系统边界，补上遗漏的有用数据流，同时删除无用的数据流。

③逐级分解数据处理，画出下层数据流程图。运用"由外向里"的方式分析每一个数据处理，若其内部还有数据流就可分解成若干个更小的数据处理，然后以对应的数据流连接，绘制出第二层数据流程图。继续分解和扩充，并根据具体情况做适当调整，最终可得到完整的数据流程图。

实际应用中，一般画到第三层数据流程图就基本能满足需要了。

3）绘制数据流程图的重点注意事项

①数据流程图中各单元编号、名称必须齐备、确切。

②单元之间同方向上只能有一个数据流，来源和去处均相同的多组数据流动应合并为一条数据流，数据组成可在数据流名称上体现。

③数据流程图中可以存在用双向箭头标示的双向数据流，表示同一个数据流的来回流动。注意，所谓双向数据流是指数据结构相同、来回流动中仅量值有所变化的数据流。

④数据处理单元至少有一个数据流流入，同时也至少有一个数据流流出。

⑤外部项与数据存储之间不能有数据流存在，因为外部项不可能直接读写数据存储。此外，外部项与外部项之间的数据交换不属于本系统流程，故也不能出现数据流。

⑥现金等实际物质流不能当作数据流出现，但支票、发票等则可以。因为现金的作用以其物质形式体现，而后面两者的作用更在于其所代表的信息。

⑦数据流程图在画法上应尽量由上至下、从左到右。数据流应采用正交画法，且尽量避免线条交叉，必要时可使用重复的单元（如外部项、处理单元、数据存储）符

号表示，但需保持编号、名称一致。另外，图中各种符号分布要均匀，布局要合理。

⑧数据流程图各层的编号要合理。通常顶层数据流程图称为 0 层，也可称为第一层数据流程图的父图，而第一层既是顶层的子图，同时又是第二层的父图，以此类推。数据流程图中数据处理编号规则通常是：子图的编号承接父图数据处理编号而编制，即子图中数据处理编号能反映出其父图中相应数据处理的编号。此外，子图与其父图的数据流必须平衡一致，即子图的输入、输出数据必须与父图中对应数据处理的输入、输出数据流相同。

一般而言，已经画好的业务流程图可以作为数据流程图的绘制参考，当然具体细节处理还需要结合具体的详细调查情况。例如前面提及的银行存取款业务，其业务流程图所对应的数据流程图如图 4.12 所示。

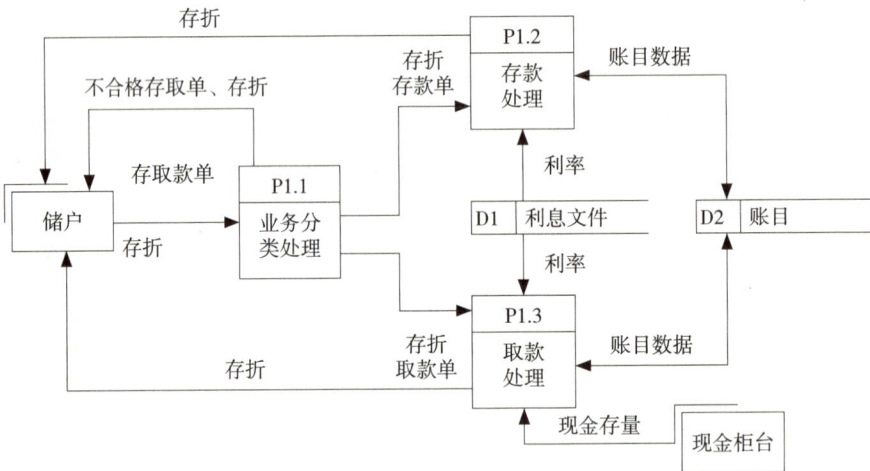

图 4.12　银行存取款业务数据流程图

其中特别地将"现金柜台"作为外部项考虑，其作用一是在取款处理之前确定现金存量能够满足本次取款需求，保证取款处理能够正常进行；二是"出纳"作为外部项，其与"储户"之间的现金存取过程就不再属于本数据流程系统范围，从而规避了"现金"的出现。

4）数据流程图绘制案例

这是一个汽车配件公司数据流程图的绘制案例，通过对现行系统的详细调查后，系统分析员已基本掌握了该公司的业务过程，也了解了其新的系统需求。在此基础上，系统分析员初步形成了一个关于新系统的设想，并确定了新系统的基本目标及主要逻辑功能，其中销售子系统的业务流程概括起来大致如下：

①顾客的订货要求可有多种形式，新系统还要求包括紧急订货。

②不管采用哪种订货方式，顾客的订货需求相关数据均采用统一标准的订货单格式，通过订货终端输入到系统内。

③订货单输入时必须首先验证其正确性和完整性，以确保系统无错误数据输入。

订单若需要修正，可安排业务人员协助完善。

④系统建有顾客档案，若是新顾客则首次订货时即完成相关资料的录入。

⑤按订货项目检索配件库存，确定是否满足顾客的要求。

⑥若当前库存能够完全满足订单要求，马上开出发货单通知顾客提货，同时记录应收款明细账以备会计收款，销售历史存盘并修改相应库存量。

⑦若当前库存量部分满足订单要求，而且顾客愿意分批提货，那么立即对能够满足的部分订单办理销售业务，若完全没有能够满足的订单则暂不发货。同时暂存所有尚未满足的订单，以供采购子系统制订采购计划向供货商订货。

⑧新系统增加紧急订货功能，当顾客有紧急订货要求时，除暂存未满足订单之外，还要立即通知采购子系统紧急订货。

⑨收到采购子系统发来的到货通知后，核对暂存订货单以确定哪些顾客订货已满足，然后再次进入销售流程，将待补齐的配件发货给顾客。

⑩原系统付款方式是先提货后付款，即顾客提货后，由财务子系统依据应收款记录账目数据再行收款。而新系统中仅限老顾客可先提货记账后再付款，新顾客则需要现款现货，即销售子系统要收到财务子系统的已收款通知后才能销售发货。

⑪销售子系统需要定期编制库存报表、销售台账和销售分析报表等，并上报公司经理。

⑫公司经理可以随时查询各种汽车配件的当前库存量。

根据上述调查情况内容，首先要确定系统的外部项，其次要确定系统的输入和输出，最后要逐层画出数据流程图。

第一层数据流程图只需要反映汽车配件公司的最主要的业务，也就是采购和销售，外部项是顾客和供货商，所有公司业务统称"处理业务"，各类有关数据存于数据存储"数据档案"，如图4.13所示。

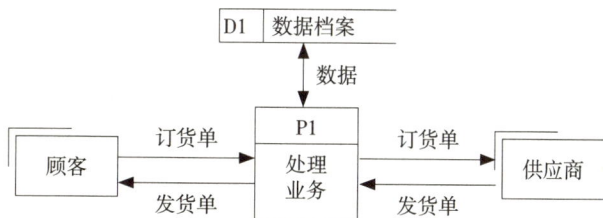

图4.13　第一层数据流程图

该图也称汽车配件公司业务环境图，表示系统从顾客处接到订货要求，将汽车配件卖给顾客。当存货不足时，汽车配件公司向供货商发出订货要求，以满足其销售需要。但是该图只是高度概括地反映了汽车配件公司的业务，却并没有反映账务，而且销售和采购也没有分开表示，所以需要进一步扩展出第二层数据流程图。

第二层数据流程图中主要数据处理有销售、采购和会计三项，外部项有两个，即顾客和供货商，如图4.14所示。

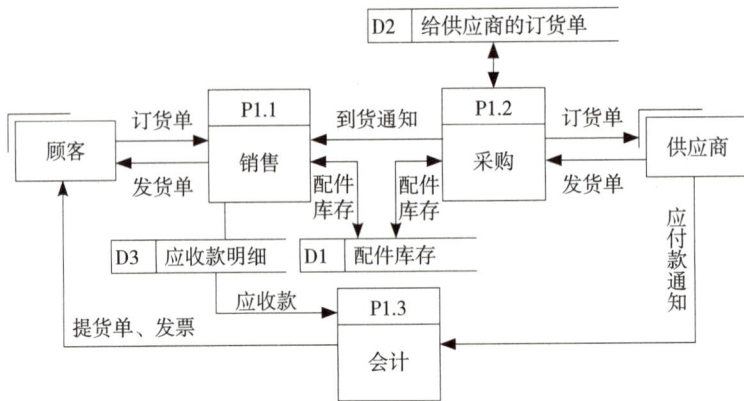

图 4.14　第二层数据流程图

该图更为具体地反映了汽车配件公司的数据流程：接收顾客订单后，先确定库存量是否满足订货要求。如果能完全满足，就开发货单并修改库存，同时还要记录对应的应收款明细以便会计收款。如果不能或者仅能部分满足顾客的订货要求，就要把未满足的订货单记录下来，再由采购部负责进货，向供货商发出订货要求。当供货商将货物发来后，采购部要办理入库手续，修改库存量，同时向销售部门发出到货通知，销售部按到货配件检索订货单，向顾客补齐所需要的配件数量。会计部依据应收款明细向顾客收款并提供发票，收到供货商的应付款通知后也要办理付款业务。

继续下去，第二层数据流程图中的"销售""采购""会计"三个数据处理逻辑分别作为子系统还可再进一步扩展出其对应的第三层数据流程图，其中销售子系统的数据流程图如图 4.15 所示。

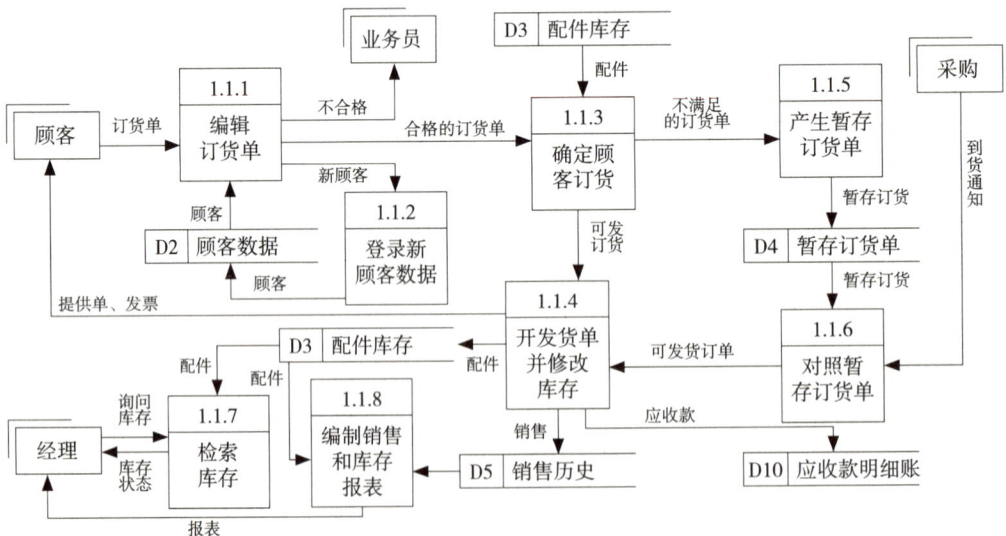

图 4.15　第三层数据流程图

5）数据流程图的基本用途

数据流程图的主要用途是作为系统分析及设计的工具，分析人员常用数据流程图来表达其对现行系统的认识，以及对新系统的构想。用该方法描绘系统既形象又具体，且能够较容易地验证系统信息处理的正确性。

数据流程图直观地描述了数据的来源、去处、处理变换以及存储等情况，概括而抽象地指出了系统中各个逻辑功能，同时也说明了一个逻辑功能可以通过一组数据元素（数据流）与另一个逻辑功能联结起来。

在原系统业务流程图的基础上，按照新的系统需求进行修改和完善后就可得到新系统的数据流程图，可见数据流程图也是新、旧系统的转折点。

按照前面系统详细调查后得出的新需求，增加"紧急订货"和"新顾客需现款现货"这两个新功能之后，汽车配件公司销售子系统新数据流程图如图 4.16 所示。

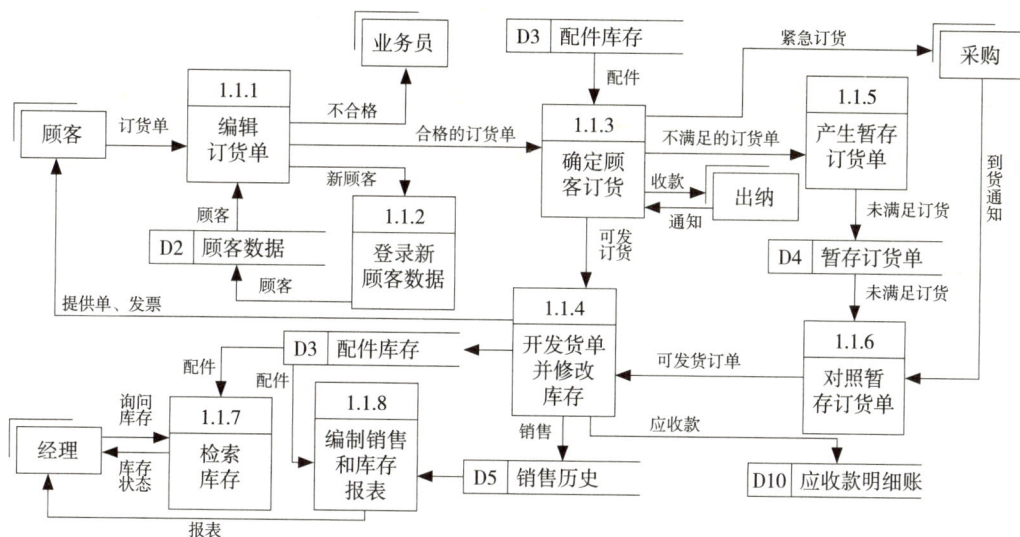

图 4.16 汽车配件公司销售子系统新数据流程图

4.5 数据字典

数据流程图的主要特点就在于概括性和抽象性，能够形象直观地描绘出信息系统数据流动、存储及处理过程的概貌。但也正如其特点，数据流程图中各组成单元缺乏详细的定义和说明，难以描述信息系统相关的具体情况，因此还需要有数据字典等辅助工具。

字典的作用不外乎两点，一是作为一个统一的标准定义和使用规范，再就是作为使用中的工具，不明之处就查字典。信息系统数据字典也是同样作用。

数据字典（Data Dictionary）正是一种基于数据流程图，针对其中的外部项、数据流、数据处理及数据存储等进行详细定义和描述的工具，是对数据流程图的补充说明。数据流程图是信息系统的大框架，反映了系统中数据的流向及转换过程，而数据字典则是对数据流程图中各个元素的精确定义和描述。数据字典与数据流程图结合使用，共同构成信息系统的逻辑模型，以形成完整的系统分析说明。

作为系统的重要文档，数据字典需要认真制作并妥善保存。管理信息系统开发建设过程，以及将来的运行维护中，很多时候都可能需要查阅数据字典。

数据字典的建立有三种方式，即人工方式、自动方式和半自动方式。

第一，人工方式，即把各类数据字典条目，如数据元素、数据结构、数据流、数据存储、处理逻辑、外部项等定义在卡片或事先印好的表格上，然后按照一定顺序排列，并对这六类条目分别建立一览表。

第二，自动方式，即将数据字典建立在计算机的数据库中，采用人机交互方式将所需要的信息录入系统中，它是关于数据的数据库。运用该系统可完成数据字典的各项维护工作。其优点是便于修改和查询，并随时可以打印出来，发给所有的开发人员。

第三，半自动方式，即利用现有的文字处理软件和制图软件在计算机上建立数据字典，这种方式只能完成数据字典的编辑功能，而对于数据的维护工作则还是要靠人工来完成。

4.5.1　数据字典的组成

数据字典中有数据项、数据结构、数据流、数据存储、处理逻辑以及外部项等共六类条目，条目内容可以采用文字描述，也可以用图表表达。前面两项是对系统中有关数据或数据组合的基本定义，而后面四项分别是对数据流程图中四种组成单元的详细说明。下面分别介绍数据字典的各个条目。

①数据项也称数据元或数据元素，是数据的最小单位，是已经不能再进行分解的数据单位。数据项的定义包括数据项的名称、编号、别名、简述、长度及取值范围等，以描述数据的静态特性。图 4.17 示例说明了数据项的定义。

②数据结构是对相关数据组合的说明，描述某些数据项之间的关系，也属于数据的静态特性。一个数据结构可以由若干个数据项组成，也可以包含更小的数据结构，即还可以由若干个数据项和数据结构组成。例如图 4.18 所示的就是由五个数据项组成的数据结构。

数据字典中对数据结构的定义包括以下内容：a. 数据结构的名称和编号；b. 简述；c. 数据结构的组成。

如果是一个简单的数据结构，只需要列出它所包含的数据项。如果是一个嵌套的数据结构（即数据结构中包含数据结构），则需要列出它所包含的数据结构的名称，因为这些被包含的数据结构在数据字典的其他部分已有定义。

③数据流由一个或一组固定的数据项组成，是对系统动态情况的反映。定义数据流时不仅要说明数据流的名称、组成等，还应指明它的来源、去向和数据流量等。图 4.19 示例说明了数据流的定义。

数据元素				
系统名：　学籍管理		编号：		
条目名：　学号		别名：		
属于数据流：F1~F7		存储处：D1 学生名册 　　　　　D2 学生成绩		

数据元素结构：

代码类型	取值范围	意　义
字符	000100001~199929999	×××　××　×××

（由数字组成的字符串）

×××　　编号
××　　系别代号
×××　　学生入学学年号

简要说明：
　　学号是学生的识别符，每个学生都有唯一的学号。

修改记录：	编写	张 ××	日期	2022 年 8 月 10 日
	审核	李 ××	日期	2022 年 8 月 18 日

图 4.17　数据项实例

数据结构编号：DS03-10
数据结构名称：配件
简　　　　述：公司经营的汽车配件的基本信息
数据结构组成：配件编号 + 配件名称 + 规格 + 供应厂商 + 价格
有关的数据流或数据结构：DF0001，DS0006
有关的处理逻辑：P0001，P0008
编写：李 ××　　　　　日期：2021.8.8　　　　审核：余 ××　　　　　日期：2021.8.9

图 4.18　数据结构定义实例

④数据存储是数据停留或保存的地方，也是数据流的来源或去处之一。数据存储在数据字典中仅描述数据的逻辑存储结构而不涉及其物理组织，编号和名称应是唯一的且与数据流程图中的编号和名称对应一致，在不同数据流程图中出现的同一数据存储应使用相同的编号和名称。数据字典中对数据存储的定义包括数据存储的编号、名称、简述、组成、关键词、相关联的处理等。图 4.20 示例说明了数据存储的定义。

⑤处理逻辑即对数据的具体加工，描述了数据流程图中数据的基本处理过程。数据字典中仅对数据流程图中最底层的处理逻辑加以说明。数据字典中对处理逻辑的定义包括处理逻辑的编号、名称、简述、输入数据流、输出数据流、数据加工逻辑说明等。图 4.21 示例说明了处理逻辑的定义。

<table>
<tr><td colspan="5" align="center">**数据流**</td></tr>
<tr><td colspan="3">系统名：<u>学籍管理</u></td><td colspan="2">编号：<u>　　　　　　</u></td></tr>
<tr><td colspan="3">条目名：<u>学生成绩通知</u></td><td colspan="2">别名：<u>成绩通知单</u></td></tr>
<tr><td colspan="3">来源：成绩管理</td><td colspan="2">去处：学生</td></tr>
<tr><td colspan="5">数据流结构：
　　学生成绩通知：〔学号＋学生姓名＋（课程名称＋成绩）该生本学期所修课程＋（补考课程名称＋补考时间＋补考地点）〕所有在册学生</td></tr>
<tr><td colspan="5">简要说明：
　　学生成绩通知在每学期期末考试结束后一周至下学期开学前一周期间内发给所有本期在校学生。</td></tr>
<tr><td rowspan="2">修改记录：</td><td>编写</td><td>张 ××</td><td>日期</td><td>2022 年 8 月 10 日</td></tr>
<tr><td>审核</td><td>李 ××</td><td>日期</td><td>2022 年 8 月 18 日</td></tr>
</table>

图 4.19　数据流实例

<table>
<tr><td colspan="11" align="center">**数据存储**</td></tr>
<tr><td colspan="6">系统名：<u>学籍管理</u></td><td colspan="5">编号：<u>　　　　　　</u></td></tr>
<tr><td colspan="6">条目名：<u>学生名册</u></td><td colspan="5">别名：<u>　　　　　　</u></td></tr>
<tr><td colspan="4">存储组织：
　　每个学生一条记录</td><td colspan="3">记录数：约 8 000 条</td><td colspan="4">主关键字：学号</td></tr>
<tr><td colspan="11">记录组成：</td></tr>
<tr><td>项目名</td><td>学号</td><td>姓名</td><td>性别</td><td>出生年月</td><td>注册学期</td><td>…</td><td>…</td><td>…</td><td>…</td><td>备注</td></tr>
<tr><td>近似长度（字节）</td><td>7</td><td>10</td><td>2</td><td>4</td><td>4</td><td>…</td><td></td><td></td><td></td><td>20</td></tr>
<tr><td colspan="11">简要说明：
　　（1）学籍变动（留级、转专业）在备注中说明。
　　（2）奖励和处罚在备注中说明。</td></tr>
<tr><td colspan="6" rowspan="2">修改记录：</td><td colspan="2">编写</td><td>张 ××</td><td>日期</td><td>2022 年 8 月 10 日</td></tr>
<tr><td colspan="2">审核</td><td>李 ××</td><td>日期</td><td>2022 年 8 月 18 日</td></tr>
</table>

图 4.20　数据存储实例

　　处理逻辑中有关数据的加工逻辑是以文字形式进行描述的。对于较为复杂的数据加工，文字描述会显得冗长，甚至有可能存在语义上的模糊，这也正是数据字典在数据处理逻辑描述方面的不足。

　　⑥外部项既标志着系统的边界，也是系统数据的来源和去处。外部项条目中主要说明了外部项与系统之间的数据关系，其定义包括：外部项的编号、名称、简述，以及有关数据流的输入和输出。图 4.22 示例说明了外部项的定义。

<table>
<tr><td colspan="4" align="center">加　工</td></tr>
<tr><td>系统名：<u>　学籍管理　　　　　</u></td><td></td><td>编号：<u>　　　　　　　　　</u></td><td></td></tr>
<tr><td>条目名：<u>　成绩管理　　　　　</u></td><td></td><td>别名：<u>　　　　　　　　　</u></td><td></td></tr>
</table>

加　工		
系统名：<u>　学籍管理　　　　　</u>	编号：<u>　　　　　　　　</u>	
条目名：<u>　成绩管理　　　　　</u>	别名：<u>　　　　　　　　</u>	
输入：　　学生修课名单；课程名称；学生成绩。	输出：　　教学安排；学生成绩通知单；　　学生修课情况与成绩统计。	
加工逻辑： 　1. 从学生名册中获取修同一课程的学生名单； 　2. 统计每门课程的修课人数并报系机关； 　3. 从系机关获取课程安排数据，包括各门课程的上课时间、地点； 　4. 形成教学安排数据，其中包括各门课程的修课学生名单、上课地点，通知有关任课教师； 　5. 接收任课教师的学生成绩数据，并登录在学生成绩档案中； 　6. 进行成绩统计，计算每门课程成绩优良、及格、不及格、缺考各项人数及比例，计算各门课程平均成绩并向系机关报告； 　7. 向学生发出学生成绩通知，并附补考安排。		
简要说明： 　　课程安排由系机关中教学管理人员直接向学生公布。		
修改记录：	编写　张 ×× 　日期　2022 年 8 月 10 日	
	审核　李 ×× 　日期　2022 年 8 月 18 日	

图 4.21　处理逻辑实例

外部项		
系统名：<u>　学籍管理　　　　　</u>	编号：<u>　　　　　　　　</u>	
条目名：<u>　教师　　　　　　　</u>	别名：<u>　任课教师　　　　</u>	
输入数据流：教学安排	输出数据流：学生成绩	
主要特征： 　　教师：即本系统中为修课学生授课的任课教师，其主要特征是教师编号、教师姓名、讲授课程名称、联系地址。		
简要说明： 　　本系统负责下达教师的教学任务，只是根据系机关课程安排通知教师有关教学安排。		
修改记录：	编写　张 ×× 　日期　2022 年 8 月 10 日	
	审核　李 ×× 　日期　2022 年 8 月 18 日	

图 4.22　外部项实例

　　按照上述方式逐项对数据流程图中的所有组成单元进行定义，即可获得一套完整的数据字典，与数据流程图相配合就构成了系统分析报告的核心内容。此外，数据字典的建立、修正和补充过程中要注意保证数据的一致性和完整性。

　　数据字典的内容是随着数据流程图自顶向下地扩展而逐步充实的，也是系统开发人员在各个阶段必不可少的分析和设计依据。管理信息系统开发是一项复杂的系统工程，需要许多人协同配合共同工作，而数据字典正是所有开发人员的共同工具，更是统一的标准。只有这样才能保证数据在系统中的完整性和一致性，并能降低维护数据的成本等。

4.5.2　数据字典的作用

通常，数据字典有如下四种用途：

①按照要求列表。使用数据字典，可以将数据字典的各个组成要素按照字母顺序全部列表，这样在系统设计时不会发生遗漏。如果系统很大，数据字典的内容是相当多的，仅数据元素的个数就是相当可观的，除了完全列表以外，还可以摘要列表，即根据要求，列出某一类的项目名称及其简介。

②修改和补充数据流程图。画出初步流程图后，相应的数据字典也就建立起来了。在系统分析过程中，经常会发现原来的数据流程图及各种数据定义中的错误和遗漏，需要进行修改和补充。如对原来某一个数据结构的定义不是非常适当，缺少了一个或若干个数据元素，则需要补充进去。

③由描述内容检索名称。在一个稍微复杂的系统中，系统分析员可能没有把握判断某个数据项在数据字典中是否已经定义，或者记不清其确切名称时，可以由内容查找那个数据项的名称，就像依据书的内容去查询图书的名字一样。

④一致性和完整性的检验。有了数据字典，可以解决以下问题：

a. 可以查明没有指明来源或去处的数据流；

b. 可以查出可能存在的没有指明数据存储的数据元素，或者没有指明所属数据流的数据元素；

c. 可以查出存在某些问题的数据元素，例如虽然作为数据流已经输入某一处理逻辑中，但没有被这个处理逻辑所使用；

d. 可以查出存在问题的处理逻辑，例如应该使用某些数据元素，但输入的数据流却并未包含这些数据元素，或者存在着根本没有输入或输出数据流的处理逻辑，特别是对于大型系统，如果用人工方式来解决这些问题会是相当困难的。信息系统开发过程常常还会遇到这样的情况，当进入程序设计阶段时才发现某个数据元素被遗漏了，或是有冗余的数据元素，这些都会给系统开发工作造成很大的麻烦。有了数据字典，将有助于数据一致性和完整性的检验，也有助于系统分析、系统设计和程序设计的顺利进行。

总的来说，数据流程图和数据字典相辅相成，前者直观概括而后者具体详尽，能够共同构成管理信息系统的逻辑模型。另外需要提及的是，数据字典在内容上已囊括数据流程图，也就是说依据数据字典完全可以绘制出对应的数据流程图，但反之则不行。

数据字典的制作一般是在调查和分析过程中，根据实际调查情况并结合新系统的需求，与数据流程图一起完成的。

4.6　描述处理逻辑的工具

软件设计是一项严谨细致的工作，逻辑性要求极高，容不得半点含糊不清。有一个关于程序员的笑话：

> 有一天，老婆给当程序员的老公打电话："下班顺路买五个包子，如果看到卖西瓜的就买一个。"
>
> 结果当晚老公手捧一个包子进了家门……
>
> 老婆怒道："你怎么只买了一个包子？"
>
> 老公甚恐，喃喃道："因为我真看到卖西瓜的了……"

显然，严谨得呆板的程序员误解了老婆的语意。可见对于处理逻辑的说明单靠文字描述确实不够清楚明确。

数据流程图只是对系统数据处理流程的概要性描述，尽管较为直观，但不够详细和具体，更缺乏准确性，所以才需要有数据字典来补充描述。然而数据字典中有关处理逻辑的定义常常会较为复杂，难以用文字形式表述准确，这时就需要用专门的处理逻辑描述工具了。

常用的处理逻辑描述工具主要有三种：判断（决策）树、判断（决策）表和结构化语言表示法。

4.6.1　判断树

判断树（Decision Tree）也称决策树，是采用树形分叉结构来表示处理逻辑的一种图形工具，用于描述在一组不同的条件下，分情形选择不同决策的行动。

判断树左边节点为"树根"，称为决策节点，与其相连的是"方案枝"或称"条件枝"。最右侧方案枝的端点也就是"树梢"或称"叶"表示一种决策结果，即所采用的策略，中间各节点为"分段决策节点"。利用判断树表示处理逻辑具有直观和易理解的优点，而且还能显示条件的优先级。

例如，某公司开展商品促销活动，折扣规则为：交易额未满 5 万元的无折扣；5 万元以上，且无欠款记录的打 8.5 折；有欠款记录，但属 3 年以上老顾客的打 9 折，否则打 9.5 折。折扣规则对应的判断（决策）树描述如图 4.23 所示，其中 R 为折扣率。

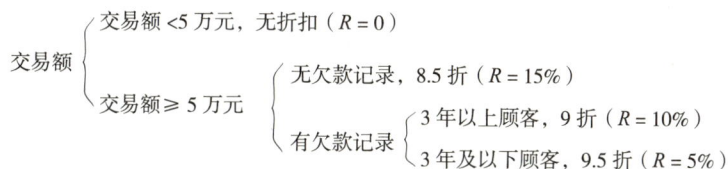

交易额
- 交易额 <5 万元，无折扣（$R = 0$）
- 交易额 ≥ 5 万元
  - 无欠款记录，8.5 折（$R = 15\%$）
  - 有欠款记录
    - 3 年以上顾客，9 折（$R = 10\%$）
    - 3 年及以下顾客，9.5 折（$R = 5\%$）

图 4.23　促销折扣规则判断树

有关处理逻辑的描述非常重要，不仅直接关系到系统处理的正确性，还可能影响到系统运行效率，故此多举一例：依据国家节约能源的方针政策，某电力公司制定出了对不同客户每月用电情况的电费分类、分段计价标准如下：

民用客户：高峰时段用电 100 千瓦·时及以内 0.8 元/（千瓦·时），100 千瓦·时以上 1.0 元/（千瓦·时），低谷时段用电均为 0.5 元/（千瓦·时）；工商用户：高峰时段用电 1 万千瓦·时及以内 1.5 元/（千瓦·时），1 万千瓦·时以上 2.0 元/（千瓦·时），低谷时段用电则 1 万千瓦·时及以内 1.0 元/（千瓦·时），1 万千瓦·时以上 1.5 元/（千瓦·时）。

按上述计费规则，可画出判断树如图 4.24 所示。

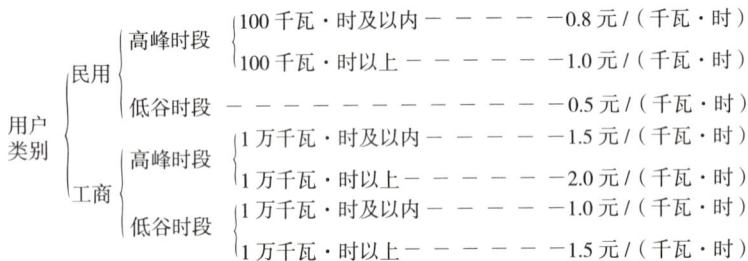

图 4.24　分类分段电价判断树

判断树能够直观、清晰地表达加工逻辑，特别适合于判断因素较少、逻辑组合关系不太复杂的情况，但当条件较多时，则不容易清楚地表达出整个判别过程。

判断树一般比较适合于与用户沟通，而对于软件设计则还需要用更严谨的方式来说明处理逻辑，那就可以用判断表。

4.6.2　判断表

判断表（Decision Table）也称决策表，是用表格方式来描述处理逻辑的一种工具，适用于条件复杂且相应决策也较多，用判断树表示比较烦琐、复杂时的情况。判断表在较复杂的情况下也能够直观、准确地表达清楚具体条件、决策规则，以及对应措施行动之间的逻辑关系。

判断表能将各种条件的组合情况全部表示出来，能够帮助发现遗漏或矛盾的情况。

判断表由四个部分构成：条件说明、行动说明、条件组合说明和各条件下对应的行动。表中"Y"表示条件满足，"N"表示条件不满足，通常用"√"或"×"表示采取该项行动。例如图 4.23 促销折扣规则判断树对应的判断表见表 4.7。

表 4.7　促销折扣规则判断表

	决策规则号	1	2	3	4
条件	交易额 <5 万元	Y	N	N	N
	无欠款记录	\	Y	N	N
	3 年以上老顾客	\	\	Y	N

续表

	决策规则号	1	2	3	4
措施	无折扣（$R=0$）	√			
	8.5 折（$R=15\%$）		√		
	9 折（$R=10\%$）			√	
	9.5 折（$R=5\%$）				√

注：判断表中"\"表示此处与对应的条件项无关，即无论"Y"或"N"均可。

实际应用中一般是先画出判断树草图，然后再绘制判断表就比较容易了。判断表分为上下两部分，上部分为条件项，可以组合而成各决策的判断条件，判断树中有多少个"分段决策节点"（逻辑判断项，完全相同的重复项只计一次）对应判断表中条件部分就有多少行（一行一条件）；下部分为措施项，代表各项决策所对应采取的措施，判断树中每个"叶"均对应将执行一个措施，而这些措施中可能存在完全相同的，除去重复后的措施项数量即为对应判断表中措施部分的行数（一行一措施）。判断表中各列则是各种可能的条件组合所对应的决策判断情形，判断树中有多少个"叶"对应判断表就有多少列。

因此，只要画出了完整的判断树就能够确定其对应的判断表共有多少行及多少列，这样在制作判断表时就已经能够做到"胸有成表"了。

例如，对于图 4.24 分类分段电价判断树，按上述方法可以推算出对应的判断表条件部分共 4 项判断条件（其中民用客户和工商用户均使用同一项"高峰时段？"来确定高峰还是低谷时段，此外，工商用户的高峰和低谷时段也均使用同一项"用电量 > 10 000 千瓦·时"来确定其用电量标准），而措施部分相应的计费价格有 5 项（其中民用客户在高峰时段用电 100 千瓦·时以上部分和工商用户在低谷时段用电 1 万千瓦·时以内部分均按 1.0 元 / 千瓦·时计费，此外，工商用户在高峰时段用电 1 万千瓦·时及以内部分和其在低谷时段用电 1 万千瓦·时以上部分均按 1.5 元 / 千瓦·时计费），故该表一共有 9 行（表头不计）；再由判断树右端"叶"的数量可知共有 7 个可能的情形，从而得知整个判断表规则组合共有 7 列。于是可得出判断表见表 4.8。

表 4.8　电力公司收费标准决策表

	决策规则号	1	2	3	4	5	6	7
条件	民用客户	Y	Y	Y	N	N	N	N
	高峰时段	Y	Y	N	Y	Y	N	N
	用电量 >100 千瓦·时	Y	N	\	Y	\	Y	\
	用电量 >10 000 千瓦·时	\	\	Y	N	Y	N	N

续表

决策规则号		1	2	3	4	5	6	7
措施	0.5 元 / (千瓦·时)			√				
	0.8 元 / (千瓦·时)		√					
	1.0 元 / (千瓦·时)	√						√
	1.5 元 / (千瓦·时)					√	√	
	2.0 元 / (千瓦·时)				√			

需要说明的是分段计费这类问题各价格段是分别计费的，即超出部分按更高段标准计费，而段内部分则按该段标准计费。

另外，因为某个情形下有可能需要采取的措施不止一个，而不同的情形下也有可能采取相同的措施，因此表中同一行或者同一列中出现不止一个"√"也是有可能的。

4.6.3　结构化语言

结构化语言（Structured Language）是一种表示处理逻辑的规范化语言工具，非常类似于许多高级语言程序，使用"IF""THEN""ELSE""AND""OR""NOT"等词构成的规范化语言，采用结构化的语言形式来描述逻辑判断及对应选择的操作。结构化语言由简单的陈述句，判断语句，循环语句复合而成，其中可使用 IF—END IF、DO CASE—END CASE、DO WHILE—END DO 等关键字。这种方法比自然语言描述更为严谨，而且更接近于程序说明。图 4.25 示例即为某百货公司商品促销折扣处理逻辑的结构化语言描述。

```
IF customer does more than ¥50,000 buesiness
THEN IF the customer wasn't in debt to us
     THEN discount is 15%
     ELSE (was in debt to us)
          IF customer has been with us for more than 3 years
          THEN discount is 10%
          ELSE (3 year OR less) SO discount is 5%
ELSE (customer dose ¥ 50,000 OR less) SO discount is nil
```

图 4.25　某百货公司商品促销折扣处理逻辑的结构化语言描述

这三种表达工具各有所长，在表达一个处理过程时，系统分析员可根据不同的情况选择合适的表达工具，一般来说，作为描述处理逻辑的工具，判断树最容易，判断表难度最高，而结构化语言居中。

4.7　系统化分析

通过对原系统的详细调查已经掌握了系统基本情况并明确了新的系统需求，在此基础上的系统化分析是确定新系统逻辑模型的重要步骤。系统化分析就是通过对原系统进行深入的分析，找出其原业务流程和数据流程存在的不足，结合新的系统需求予以优化和改进，以制订出新系统的信息处理方案。

系统化分析的主要内容包括以下若干部分：

①分析系统目标。根据系统建设环境及条件进一步修正和确定系统目标。

②分析业务流程。分析原业务流程并进行改进和优化，确定新系业务流程。

③分析数据流程。分析原数据流程并进行改进和优化，确定新系统数据流程。

④功能分析和划分子系统。分析为了实现系统目标所必须具备的功能，并依据子系统划分原则将系统划分为若干个相对独立的功能性子系统。

⑤数据属性分析。对系统中数据的静态、动态特性进行分析。

⑥数据存储分析。从用户角度分析系统中数据库的概念模型。

⑦数据查询要求分析。分析用户的数据需求及查询方式等。

⑧数据的输入输出分析。分析各类数据输入、输出的目的、方式和适用范围等。

⑨描绘新系统的数据流程图。完善新系统数据流程图，同时确定人、机分工及接口关系。

⑩确定新系统的数据处理方式。依据系统数据要求，确定各类数据的处理方式。

4.7.1　分析系统目标

再次考察可行性分析报告中提出的新系统目标，重新考量项目的可行性和必要性，并根据系统建设的环境及条件进一步修正和确定系统目标，其目的是在现行目标的基础上确定新系统目标明确、具体而且是切实可行的。具体做法为：

①企业目标系统化：结合管理体制与环境约束，使用目标管理（MBO）的理论与方法，使组织目标进一步完善与系统化，得到符合现代经济发展规律，在现实环境约束条件下切实可行的组织目标。

②企业目标必须明确、具体，既有挑战性而又切实可行。

4.7.2　分析业务流程

业务流程分析与评价重点包括：①系统的业务流程是否合理，哪些地方与系统目标不相适应。②各业务步骤的工作方法与流程是否合理，哪些与系统目标的实现不相符合。这样分析是为了在新系统建设中能克服或改进原系统中存在的问题，问题有可能是管理思想和方法上的落后，但也可能就是因为业务流程不尽合理。如果这样，就有必要进行业务流程重组，以产生新的更为合理的业务流程。

例如，过去某工厂仓库由管理人员凭印象确定订货量，新系统改为根据库存量和订货点来确定订货量。这时的信息处理流程就有了很大的改变。

业务流程分析过程具体包括以下内容：

①原有业务流程的分析。分析原有业务流程各处理环节是否还具有存在的价值，其中哪些过程可以删除或者合并，原有业务流程中哪些过程不尽合理，应该进行改进或优化。

②业务流程的优化。原有业务流程中哪些过程存在冗余信息处理，可以按计算机信息处理的要求进行优化，流程的优化能够带来什么好处。

③确定新的业务流程。画出新系统的业务流程图。

④新系统的人机界面。新的业务流程中人与机器如何分工，即哪些工作可由计算机自动完成，哪些必须有人的参与。

4.7.3 分析数据流程

数据流程是系统中信息处理方法和过程的统一。原系统的数据处理有可能是建立在过时的信息处理技术甚至传统人工处理基础之上的，因此有理由相信，新的信息技术条件将为数据处理提供更为有效的处理方法。与业务流程的改进及优化相对应，对数据流程的分析及优化始终是系统分析的重要内容。数据流程分析的内容主要包括：

①原有数据流程的分析。分析原有数据流程的各处理过程是否还具有存在的价值，其中哪些过程可以删除或者合并，原有数据处理流程中哪些过程不尽合理，需要进行改进或优化。

②数据流程的优化。原有数据流程中哪些过程存在冗余信息处理，可以按计算机信息处理的要求进行优化，流程的优化又能够带来哪些好处。

③确定新的数据流程。画出新的数据流程图。

④新系统的人机界面。新的数据流程图中人与机器如何分工，即哪些工作可由计算机自动完成，哪些又必须有人的参与。

分析整理上述各方面现状调查材料，最终形成书面调查报告，现状调查与评价工作就基本完成，可以转入目标系统分析阶段了。

4.7.4 功能分析与子系统划分

为了实现系统目标，系统必须具备一定的功能，而功能就是做某项工作的能力。目标和功能的关系如图 4.26 所示。如果将目标看作是系统，那么位于第二层的功能也可被看作是子系统，再往下则是各项更具体的功能。

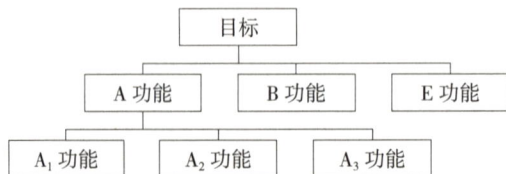

图 4.26　目标功能关系图

　　一般情况下，一个完整的管理信息系统需要划分成若干个相对独立的功能性子系统来实现，即所谓子系统划分。子系统划分可以大大简化设计工作，因为只要划分之后各子系统之间的接口关系明确，则每一个子系统的设计和实现基本上可以互不干扰、各自相对独立地进行。而且将来若需要修改或扩充系统，也可以在有关子系统范围内进行而不至于牵动全局。因此可以说，子系统划分既有利于系统实现，且又便于系统的维护和扩展。

　　子系统划分的基本原则是：

　　①相对独立的业务功能实现，各子系统具有较高的内聚性。

　　②尽可能降低各子系统之间的数据依赖关系，使其具有较低的耦合度。

　　简单地讲，就是要从功能和数据两个方面来综合考虑子系统的划分。

　　子系统划分最常使用的方法就是过程—数据类分析法，这是 IBM 公司于 20 世纪 70 年代初在企业系统规划法（BSP）中所提出的一种系统化的聚类分析方法。

　　过程（Process）用来描述功能，定义了一组逻辑相关为支持组织目标实现所必需的管理和决策活动。过程由一系列人机结合的操作组成，其具有一定的数据处理或者确切的决策管理功能，而这些逻辑功能均需要在功能设计过程中予以确定和细化。

　　数据类（Data Class）是组织在实现其目标管理中需要了解和处理的一组逻辑相关的信息。数据类是信息处理的对象，其确定常与过程相关。

　　系统逻辑结构描述中使用的是过程—数据类概念而非组织结构概念，究其原因是基于这样的考虑：过程和数据类来源于组织目标的分解，而组织目标相对于组织结构内部和外部的变化来说更具有稳定性。

　　过程—数据类分析法通过 U/C 矩阵的建立和分析来实现，如图 4.27 所示。关键在于确定过程与数据类之间的三种关系：

　　①使用关系（Use），过程使用数据类，用"U"表示。

　　②生成关系（Create），过程生成数据类，用"C"表示。

　　③没有关系，过程与数据类无关，用空格表示。

　　U/C 矩阵体现了整个信息系统功能过程与数据类之间的相互关系。借助规范的 U/C 矩阵，不仅能够保证子系统划分的正确实现，而且既有助于功能过程的识别，还可有利于对数据类的分析和检验。因此，在 U/C 矩阵求解前，有必要对其进行必要的规范。

　　U/C 矩阵的规范应该从行、列两个方面进行。

　　①行（功能过程）规范。

　　a. 各行中至少有一个 C 或者一个 U，否则说明该功能过程在系统中既不产生也不使用任何数据，即不存在任何数据关系。

　　b. 各行中可以有多个的 C 或者 U，说明该功能过程在系统中产生或者使用多个数据，即同时与系统中的多个数据类存在关系（亦即通过这些数据类而与其他功能过程存在联系），属于重点功能过程。

功能＼数据类	客户	订货	产品	工艺流程	材料表	成本	零件规格	材料库存	成本库存	职工	销售区域	财务计划	计划	设备负荷	物资供应	任务单	列号 Y
经营计划		U				U						U	C				1
财务规划						U					U	C	C				2
资产规模												U					3
产品预测	C		U								U						4
产品设计开发	U		C	U	C		C						U				5
产品工艺			U		C		C	U									6
库存控制							C	C							U	U	7
调度			U	U				U						U		C	8
生产能力计划				U										C	U		9
材料需求			U		U			U								C	10
操作顺序				C										U	U	U	11
销售管理	C	U	U							U		U					12
市场分析	U	U	U									C					13
订货服务	U	C	U							U		U					14
发运		U	U							U							15
财务会计	U									U	U	U					16
成本会计		U	U			U						U					17
用人计划											C						18
业绩考评											U						19
行号 X	1	2	3	4	5	6	7	8	9	10	11	12	13	14	15	16	

图 4.27　U/C 矩阵图实例

②列（数据类）规范。

a. 各列中有且仅能有一个 C。若没有 C，该数据类无处产生，即整个系统中没有任何功能过程产生该数据，这显然是不正确的；而若有超过一个以上的 C，则可能是数据汇总分类上有误，将导致数据一致性难以保证。

b. 各列中可以具有一个或多个 U，说明该数据类被某一个或者多个功能过程使用。若一个 U 都没有，则该数据类就是多余的，因为没有被任何功能过程使用；而如果有多个 U，则说明该数据类被多个功能过程共享使用，即同时与系统中的多个功能过程存在关系，属于重点数据类。

在系统分析过程中一旦发现 U/C 矩阵存在不规范的情况，可以采用以下对策和措施加以调整。

①行（功能过程）的规范处理。

重新调查该行所对应的功能过程，重点检查在数据处理方面有无错漏之处。对于核实后却无数据处理关系的，应该去掉该行。

②列（数据类）的规范处理。

a. 重新调查分析该列数据类中每个数据项的出处，确保各数据项均有唯一对应的功能过程来生成。即便是对系统以外数据的直接引用，也必须有相应的数据输入功能过程来产生。对于超过一个 C 的情况，可以重新考虑有关数据项的汇总分类，把原来较大的数据类进一步细分，使其成为对应不同功能过程产生的更小的数据类。另外，也可以采用功能过程合并的方法，将参与产生同一数据类的功能过程合并到一起。

b. 重点检查一个 U 都没有的数据类，若确实未被任何功能过程使用，则说明该数据类确实是多余的，那就需要从 U/C 矩阵中删除掉该列。

U/C 矩阵的求解过程是通过表上作业法来完成的。总的原则是使表中的"C"元素尽量地靠近 U/C 矩阵的对角线。具体的操作方法是：

①先调换表中的行使之从上到下反映处理功能的先后顺序。

②再从第 1 行开始调换列，把本行中遇到的 C 所在列调到尚未定位的列之前。把只有 U 的列调到行最左边，使得 C 元素尽量地朝对角线靠近。

③检查 C，若有远离对角线的 C，则表明相应行的顺序没有排对，上、下调换行，使 C 元素尽量地靠近对角线（但不可能全在对角线上）。

④沿对角线，用相邻而又不相交的多个矩形框围住所有的 C，划分出子系统。过程如图 4.28—图 4.30 所示。

数据类 功能	计划	财务计划	产品	零件规格	材料表	材料库存	成品库存	任务单	设备负荷	物资供应	工艺流程	客户	销售区域	订货	成本	职工
经营计划	C	U												U	U	
财务规划	U	C													U	U
资产规模		U														
产品预测			U									U	U			
产品设计开发	U		C	C	C							U				
产品工艺			U	U	U	U										
库存控制						C	C	U		U						
调度			U				U	C	U		U					
生产能力计划								C	U	U						
材料需求			U		U	U				C						
操作顺序							U	U	U	C						
销售管理		U	U				U					C	U	U		
市场分析		U	U									U	C	U		
订货服务			U				U					U	U	C		
发运		U	U				U						U	U		
财务会计	U	U	U				U					U		U	U	U
成本会计	U	U	U										U	C		
用人计划																C
业绩考评																U

图 4.28　U/C 矩阵图表上移动实例

功能	数据类	计划	财务计划	产品	零件规格	材料表	材料库存	成品库存	工作指令	设备负荷	材料供应	工艺流程	客户	销售区域	订货	成本	职工
经营计划	经营计划	C	U														
经营计划	财务规划	U	C														
经营计划	资产规模		U														
技术准备	产品预测			U									U				
技术准备	产品设计开发	U		C	C	C							U				
技术准备	产品工艺			U	U	U	U										
生产制造	库存控制						C	C	U		U						
生产制造	调度			U				U	C	U		U					
生产制造	生产能力计划									C	U	U					
生产制造	材料需求			U		U	U				C						
生产制造	操作顺序								U	U	U	C					
销售	销售管理		U	U					U				C	U	U		
销售	市场分析		U	U									U	C	U		
销售	订货服务			U					U				U	U	C		
销售	发运	U		U					U					U	U		
财会	财务会计	U	U	U					U				U		U	U	U
财会	成本会计	U	U												U	C	
人事	用人计划																C
人事	业绩考评																U

图 4.29　U/C 矩阵子系统划分

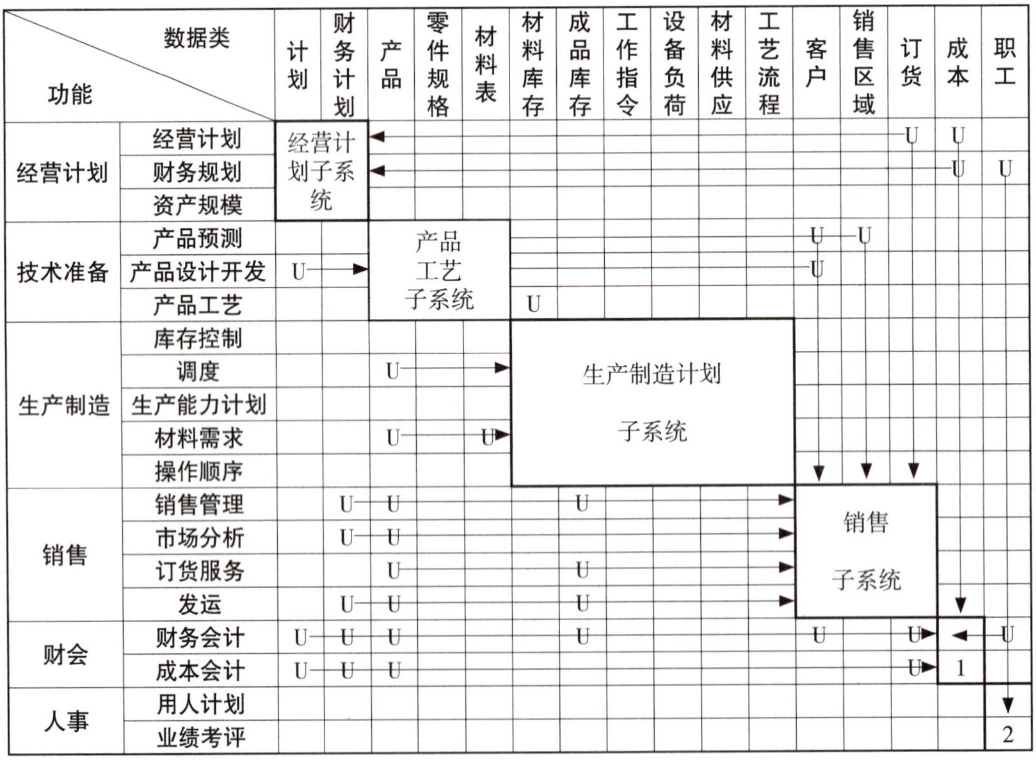

功能	数据类	计划	财务计划	产品	零件规格	材料表	材料库存	成品库存	工作指令	设备负荷	材料供应	工艺流程	客户	销售区域	订货	成本	职工
经营计划	经营计划	经营计划子系统													U	U	
经营计划	财务规划															U	U
经营计划	资产规模																
技术准备	产品预测			产品工艺子系统									U	U			
技术准备	产品设计开发	U→											U				
技术准备	产品工艺						U										
生产制造	库存控制						生产制造计划子系统										
生产制造	调度			U→													
生产制造	生产能力计划																
生产制造	材料需求			U→		U→											
生产制造	操作顺序												↓	↓	↓		
销售	销售管理		U	U			U→						销售子系统				
销售	市场分析		U	U													
销售	订货服务			U			U										
销售	发运		U	U			U								↓		
财会	财务会计	U	U	U			U						U		U←U		U
财会	成本会计	U	U	U											U	1	
人事	用人计划															↓	
人事	业绩考评															2	

注：1—财会子系统；

　　2—人事档案子系统

图 4.30　U/C 矩阵图中子系统及数据关系

U/C 矩阵图中也反映了各子系统之间的数据关系，如能够看出哪个子系统使用了哪些子系统生成的数据，或者哪个子系统生成的数据会被哪些子系统使用，那么对于确定各子系统的开发顺序，以及将来的运行维护管理均大有用处。比如，运行中如果某个子系统需要维护，就可以事先通知有可能会受其影响的其他子系统做好准备。

4.7.5　数据属性分析

数据以属性名及属性值来描述事物某方面的特征，事物之特征可能表现在多个方面，因此需要有多个属性名及其相应值来描述。例如，对于某职工来说，其属性名 / 属性值有：姓名 / 张三，性别 / 男，年龄 /50 岁，基本工资 /6 800 元等。

数据属性分析包括静态特性分析和动态特性分析两部分：

①数据静态特性分析。这是指分析数据的类型（字符型、数据型、日期型或逻辑型等）、数据的长度（位数、小数位数）、取值范围（最大值、最小值，或者允许的值表）以及可能发生的业务量（如每天或每月发生多少笔）。

②数据动态特性分析。数据的属性按动态特性可以分为以下三类：

a. 固定值属性。具有固定值属性的数据，其值基本上固定不变，也称固定或半固定数据。例如，成本系统中的定额材料消耗量，工资系统中的职工姓名和应得工资等。

b. 固定个体变动属性。这类数据项对总体来说具有相对固定的个体值，但其值是变动的属性。例如工资系统中电费扣款一项，扣款人员变动不大，但每人所扣电费则每月都在变化。

c. 随机变动属性。这种数据项其个体是随机出现的，而且值也是变动的。例如工资系统中的病事假扣款。

区分数据属性动态特性的目的是正确地确定数据和文件的关系，也就是确定把哪些数据安排在哪种数据文件中。通常把具有固定属性的数据存放在主文件中，而把具有固定个体变动属性的数据存放在周转文件中，具有随机变动属性的数据则存放在处理文件中。

4.7.6　数据存储分析

数据存储分析是信息系统数据库设计在系统分析阶段要做的工作，其内容首先是分析用户要求，也就是调查清楚用户希望从系统中得到哪些有用信息，然后经过综合抽象，再用适当的工具（如 E-R 图等）进行描述。因为这是从用户角度看到的数据库，所以称为数据库的概念模型。后续的数据库设计正是基于此概念模型得出适合的逻辑模型，进而到物理模型及数据库系统实现。

4.7.7　数据查询要求分析

通过调查和分析，将用户需要查询的问题列出清单或绘出查询方式示意图（图

4.31）。用户可能查询的问题如："X 产品已完成计划的百分之几""X 课题组已花费了多少研究费用"等。

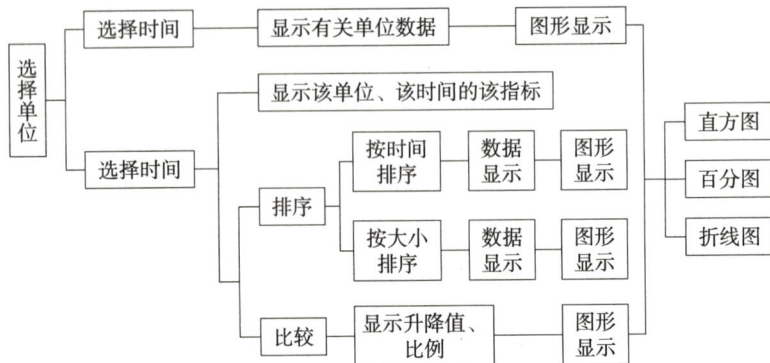

图 4.31 查询方式示意图

数据查询要求往往与数据的输入输出要求相关，因此在进行详细调查及用户要求分析时通常也将两者联系到一起考虑。

4.7.8 数据的输入输出分析

数据的输入输出分析是指分析各种数据输入的目的、适用范围、数据量的大小，以及尚存在的问题等。例如，输入数据是否都得到了有效的应用，又有哪些数据的输入是多余的或者是不符合实际需要的；现有的数据输入方式是否能满足要求，输入速度能否达到完成数据输入量的要求，是否需要改变输入方式或者增加输入设备；此外，还要分析数据的精确程度以及数据之间的相互联系等。

除明确数据查询要求外，还应当对各种输出报表（包括手工填写的）的目的和适用范围进行分析，弄清哪些报表是多余的或者是不符合实际要求的，系统的处理速度及打印速度是否能满足数据输出的要求等。

4.7.9 描绘新系统的数据流程图

实际上新系统的数据流程图就是在以上分析过程中逐步完善的，这是一项需要经过多次反复、去伪存真的细致工作。由于数据流程图是整个人—机系统的数据处理流程，为了明确新系统的人机接口，还应在绘成的数据流程图上标明哪些部分由计算机完成，哪些部分由人工完成。

数据流程图虽然能对系统做出全貌性的描述，但缺少对其中的外部项、数据流、处理以及数据存储等单元的具体说明，为此还需完善数据字典，并采用专门的逻辑描述工具（如判断树、判断表等）来对较复杂的处理逻辑进行说明。

4.7.10 新系统数据处理方式分析

按照新系统的要求需要对数据采用适合的加工处理方式，数据处理的方式可分为两类：成批处理方式和联机实时处理方式。

成批处理方式下系统按一定时间间隔（小时、日、月），或者按照一定的数据批量把数据积累成批后再做一次性处理。例如：订货系统将一天内收到的订货单在计算机处理之前集中起来，并做一定的汇总工作，然后加以处理。成批处理的特点是费用较低而又可有效地使用计算机，通常适用于以下四种情况：

①固定周期的数据处理。

②需要大量的来自不同方面的数据的综合处理，要求等待数据齐备后才能处理。

③需要在一段时间内累积数据后才能进行的数据处理，数据量不够结果意义不大。

④没有通信设备而无法采用联机实时处理的情况。

联机实时处理方式也简称实时处理，其特点就是系统对数据采用随到即处理的方式，能够及时得出结果并传递给用户。这种处理方式下系统的响应速度快，但费用较高。通常适用于下面三种情况：

①本身需要反应迅速的数据处理。

②负荷易产生波动的数据处理，若不能及时处理数据会发生改变。

③数据收集费用较高的数据处理，重要的数据要及时处理以避免节外生枝。

4.8　新系统管理模型分析

本书第 1 章里已经提及管理信息系统（MIS）结构上不同于决策支持系统（DSS），前者主要面向于结构化问题的处理，没有后者那样的面对非结构化问题处理所需的"模型库"。但是，没有"模型库"并不等于没有"模型"，因为即便是对于结构化问题的处理也需要有相应的管理模型，既然只有一套固定的、无需更换的处理模型，那当然也就不需要什么模型库了。

确定新系统的管理模型就是要确定今后系统在每一个具体管理环节上的处理方法。管理信息系统分析中需要针对业务流程和数据流程的具体情况，对每一个处理过程进行认真分析，研究每个管理过程的信息处理特点，以确定相适应的管理模型，这也是使管理信息系统能够充分发挥作用的前提条件之一。

管理科学的发展在管理活动的各个层次、各个环节都已经形成了较为成熟的管理方法和定量化的管理模型，这就为管理信息系统的应用创造了条件。然而，具体系统中应当采用何种模型则必须由前阶段的分析结果，结合相关学科状况而决定，因此并无固定模式。但管理作为一门学科仍是有规律可循的，本节将概括性地介绍一些常用的管理模型，供确定管理模型时借鉴与参考。

4.8.1　综合计划模型

综合计划是企业一切生产经营、管理活动的纲领性文件，切实可靠的综合计划方案基本奠定了企业生产、经营活动的基础。综合计划模型一般由综合发展计划模型和资源限制模型两大部分组成，常用的综合计划模型有：

①综合发展模型。这是企业的近期发展目标模型，包括生产发展规模等。一般较常用的有企业的中长期计划模型、厂长（或经理）任期目标的分解模型、新产品开发和生产结构调整模型和中长期计划滚动模型等。

②资源限制模型。该模型反映了企业现有各类资源和实际情况对综合发展模型的限制情况。常用的限制模型有数学规划模型、资源分配限制模型等。

4.8.2　生产计划管理模型

生产计划包括生产计划大纲和生产作业计划两类：

①生产计划大纲主要安排与综合生产计划有关的生产量指标。一般来说，这部分涉及安排预测和合同订货的生产任务模型、物料需求计划（MRP）模型、设备负荷和生产加工能力模型、投入产出模型和数学规划模型等。

②生产作业计划需要具体确定产品生产数量、加工路线、时间安排、材料供应以及设备生产能力负荷平衡等多个方面。常用模型有：投入产出矩阵模型、网络计划（PERT）模型、关键路径法（CPM）模型、排序模型、物料需求模型（MRP）、设备能力负荷平衡模型、滚动式生产作业计划模型和甘特图（Gantt chart）模型等。

4.8.3　库存管理模型

库存管理有很多不同的模型，如最佳经济批量模型等。但一般常用的还是下面介绍的这两种程序化的管理模型。

1）库存物资的分类法

据统计，一般库存物资都遵循 ABC 分类规律。即 A 类物资品种数占库存物资总数不到 10%，但金额数却占总数的约 75%；B 类物资这两项比例数分别为 20% 和 20% 左右；C 类物资则为 70% 和 5%。据此建立模型，所以库存管理首先得确定库存物资的分类以及具体的分类方法。

2）库存管理模型

例如，把库存量的时间变动曲线画出，根据订货点和经济订货批量等控制模型。

4.8.4　财会管理模型

财会管理模型相对比较固定，确定一个财会管理模型主要有以下几个方面：

①会计记账科目的设定（一般第一、二级科目都由国家和各行业/部门颁定，第三、四级则由单位自定）。

②会计记账方法的设定（主要是借贷法和增减法）。

③财会管理方法（如计划、决策、调整以及具体的管理措施等）。

④内部核算制度或内部银行的建立以及具体的核算方法等。

⑤安全、保密措施以及与其相对应的运行制度和管理方法。

⑥文档、数据、原始凭证的保存方法与保存周期。

⑦审计和随机抽查的形式、范围和对账方法等。

4.8.5　成本管理模型

对于成本管理可以考虑如下几方面的管理方法（或称模型）。

1）成本核算模型

产品的成本一般由几部分组成，故成本核算也必须考虑两方面的计算问题。

首先，间接费用分配方法的选取。目前常用的方法有完全成本计算方法和变动成本计算方法。其次，直接生产过程消耗部分计算方法的选取。目前常用的计算方法有品种法、分步法、逐步结转法、平行结转法、定额差异法等。

2）成本预测模型

目前常用的有数量经济模型、投入产出模型、回归分析模型和指数平滑模型等。

3）成本分析模型

一般常用的方法有实际成本与定额成本比较模型、本期成本与历史同期可比产品成本比较模型、产品成本与计划指标比较模型、产品成本差额管理模型和量本利分析模型等。

4.8.6　经营管理决策模型

经营管理决策是一个广义的概念，涵盖了企业高层管理人员围绕经营管理目标所进行的所有努力，包括信息的收集与信息的处理（模型算法等）、决策者的经验、背景和分析判断能力，以及环境条件的约束限制等多个方面。经营管理决策模型可以说是整个信息系统的核心和最高层次的处理环节，当然也是企业领导层（决策者）最为关注的内容。

确定一个有效的经营管理决策模型并非一件容易的事情，一般需要同用户（决策者）在系统分析阶段反复地协商来共同确定。其研究的范围包括：

①组织决策体系的研究。

②确定适当的决策过程。

③确定收集、处理、提炼对决策有用信息的渠道、步骤和方法。

④确定适当的决策模型，对确定性的决策问题可得到具体的优化模型，对不确定性（半结构化）的决策问题得到的就不是某个具体的数学模型了，而是今后动态地构成这些决策模型的方式与方法，如前面介绍过的模型库系统、知识系统、推理方式等。

⑤确定和选择优化解的方式，对确定性问题得到的是唯一的解，但对不确定性问题得到的可能是若干不同的解，故必须确定选样及优化解的方式。

⑥系统支持决策的方式。

⑦模拟决策执行过程。

⑧决策评价指标体系的研究和反馈控制是决策系统运行的方式。

4.8.7 统计分析模型

统计分析模型常常用以反映销售状况、市场占有情况、质量指标、财务状况等方面的总量或综合性的变化状况。这类模型在信息系统中常用各种分析图形的方式给出，常用的统计分析方法有：产品市场占有率分析、市场消费变化趋势分析、产品销售统计分析、产品销售额与利润变化趋势分析、质量状况与指标分布状况分析、生产统计分析、财务统计分析和企业综合经济效益指标统计分析等。

4.8.8 预测模型

预测模型同统计分析模型一样可以广泛地应用于生产产量、销售量、市场变化趋势等方面。常用的预测模型有：多元回归预测模型（如一元、二元等）、时间序列预测模型等。

4.9 提出新系统的逻辑方案

新系统逻辑方案是新系统开发中将要采用的管理模型和信息处理方法，详细调查和系统分析都是在为最终确立新系统的逻辑方案做准备，所以说新系统逻辑方案的建立是系统分析阶段的最终成果，同时也是系统下一步设计与实现的基础性指导文件。

新系统的逻辑方案主要包括新系统的业务处理流程、新系统的数据处理流程、新系统的总体功能结构，以及需要建立的管理模型和管理方法等。

4.9.1 确定新系统的业务流程

业务流程分析过程中已经对原业务流程进行了分析和优化，在确定新系统的逻辑方案时应当结合其结果进行讨论，以确定新系统的业务流程。具体包括以下内容：

①分析原业务流程，找出业务流程中不合理的地方，对业务流程进行重组、优化、再造，并说明业务流程的优化和改进部分以及改进所能带来的益处。

②确定新的业务流程。

③指出新的业务流程图中哪些部分可以由信息系统完成，而哪些部分则需要用户完成，或者需要用户配合新系统来完成。

4.9.2 确定新系统的数据和数据流程

在对原系统数据及数据流程分析的基础上，确定新系统的数据处理流程，列出数据流程分析的结果并分析讨论。具体包括以下内容：

①与用户确认最终的数据指针体系和数据字典，确认数据指针体系是否全面、合理，

数据精度能否满足要求等。

②分析原数据流程，找出其中不合理地方，并基于信息技术对其进行优化。

③确定新的数据流程图。

④指出新的数据流程图中哪些部分可由新系统自动完成，哪些部分尚需要用户完成，或者需要用户配合新系统来完成。

4.9.3 确定新系统的逻辑结构和数据分布

确定新系统的逻辑结构（子系统划分）和数据资源分布（即确定哪些数据保存在数据所属的子系统内的存储设备中，哪些保存在网络服务器上）。

4.9.4 确定新系统的管理模型

由于信息技术的飞速发展，许多复杂的计算和管理方法都已经能够实现。系统分析中要根据对业务流程和数据流程的分析结果，认真分析每一个处理过程，研究每个管理过程的信息处理特点，找到最适合的管理模型。常见的管理模型见表4.9。

表 4.9 常见管理模型

模型类别		模型作用	常用模型
综合计划模型	综合发展模型	是企业近期发展目标模型，包括盈利指针、生产规模等	企业中长期计划模型、目标分解模型、新产品开发和生产结构调整模型、中期计划滚动模型
	资源限制模型	反映了企业各种资源对企业发展的制约	数学规划模型、资源分配限制模型
生产计划管理模型	生产计划大纲模型	主要安排与综合生产计划有关的生产指标	优化生产计划模型、无物料需求计划模型、能力需求计划模型、投入产出模型
	作业计划模型	具体安排了生产产品数量、加工路线、加工进度、材料供应、能力平衡等	投入产出矩阵、网络计划模型。关键路径模型、排序模型、物料需求模型、设备能力平衡模型
库存管理模型		用于安排库存数量	库存物资分类法、库存管理模型、最佳经济批量模型
财务成本管理模型	成本核算模型	包括直接生产过程的消耗计算和间接费用的分配	品种法、分步法、逐步结转法、平行结转法、定额差异法、完全成本法和变动成本法
	成本预测模型	用历史数据推导未来的成本	数量经济模型、投入产出模型、回归分析模型
	成本分析模型	包括计算实际成本与定额成本、本期成本与历史成本、产品成本与计划指针等的差距	实际成本与定额成本比较模型、本期成本与历史同期可比成本比较模型、产品成本与计划指针比较模型、产品成本差额管理模型、量本利分析模型
统计分析与预测模型		一般用来反映销售、市场、质量、财务状况等的变化情况及未来发展的趋势	多元回归预测模型、时间序列预测模型、普通模拟外推模型

4.9.5 确定新系统的管理模型

确定新系统人、机分界和数据处理方式，包括新系统功能的人、机分工，以及哪些处理采用联机实时处理，而哪些处理可以采用成批处理方式。

本章小结

系统分析是管理信息系统开发中最重要的环节，包括问题识别、可行性分析、详细调查、系统化分析等步骤，最后完成新系统的逻辑方案设计，形成系统分析报告。

新系统的开发往往缘于用户对原系统的不满意。在系统开发之前应根据组织战略目标及用户需求对原系统所存在的问题进行识别，针对将要开发的系统进行可行性分析，明确开发新系统的必要性和可行性。可行性包括技术、管理以及经济上的可能性和有益性，从而形成可行性分析报告。

详细调查主要针对现行系统的管理业务和数据流程进行，目的是完整掌握原系统现状，找出其存在的问题和薄弱环节，得出对应的业务流程图和数据流程图，为下一步的系统化分析做准备。

系统化分析主要是在详细调查的基础上，找出原业务流程和数据流程中不合理或需进行改进的地方，进而提出新系统的逻辑模型，包括新系统的目标、功能结构、子系统的划分、数据属性分析、数据字典的建立、处理逻辑设计以及数据处理方式等，还要确定新系统中所要采用的管理模型和方法。

系统化分析的最终目标是提出新系统的逻辑方案。逻辑方案反映了系统分析的结果和对新系统的设想。

第5章 管理信息系统设计

如前所述，系统分析阶段要回答的中心问题是系统需要"做什么"，即明确新系统的目标和功能，此阶段得到的是新系统的逻辑模型。而系统设计阶段要回答的中心问题是新系统应该"怎么做"，即如何才能实现系统分析报告所规定的新系统功能，这个阶段是要得到新系统的物理模型。

相对于系统分析的逻辑模型而言，系统设计又被称为系统的物理设计，同样是信息系统开发的重要阶段，也是保证信息系统质量的关键步骤。

系统设计分为总体设计和详细设计，主要由系统设计人员完成。

5.1 系统设计目的与流程

5.1.1 系统设计的目的及任务

系统设计阶段的主要目的是将系统分析阶段所建立的系统逻辑方案转换成具体的、可由信息技术予以实现的实际方案。系统设计是在已获得批准的系统分析报告的基础上进行的，为的是建立新系统物理模型及系统设计报告，从而指导下一阶段去实现系统分析报告所规定的系统功能。

系统设计阶段的主要任务是从信息系统的总目标出发，根据系统分析阶段对逻辑功能的要求，综合考虑经济、技术和运行环境等各方面的条件，确定系统总体结构及各组成部分的详细技术方案，包括合理选择计算机软、硬件及网络通信设备，并制订出新系统的实施计划。

随着信息技术的应用普及，信息系统在各领域中的重要性不断提高，其复杂性也日益增加，这就给信息系统建设带来了更多的问题与考验，也使得系统设计面临着越来越多的挑战。因此，作为一项复杂的系统工程，为了实现系统开发的预期目标，系统设计必须遵循科学的原则和方法。

5.1.2 系统设计的原则

为了确保信息系统开发的质量，系统设计必须遵循以下原则：

1）系统性和一致性

系统性要求系统设计从整个系统的总体目标出发，服从总体要求。各项设计工作要统一，即采用统一的系统代码、统一的数据处理方式，使用相同标准的设计规范，使用尽可能一致的传递语言。系统所有的数据要尽量做到一次输入多次利用、一处输入全局共享。

2）灵活性和适应性

由于系统所处环境是不断变化的，为使系统具有更持久的生命力，就要求系统具备较强的环境适应性。灵活性是要求系统具有较好的开放性和结构可变性。系统设计中应采用模块化结构，使各模块具有最大的独立性并尽量减少模块间的数据耦合，以使系统更便于调试、修改和更新，从而使系统更能适应社会经济的发展变化、企业管理水平的提高、技术的进步等诸多变化。

3）简单性

简单性是要求系统在能达到预期目标、具备所需功能的前提下尽可能简单，避免不必要的复杂设计。况且结构简单的系统可以降低处理费用，也可使系统更便于管理，进而提高系统效益。

4）可靠性

可靠性是指系统能够抵御外界异常情况的干扰或受到外界干扰时的恢复能力，以及保证系统能够继续正常工作的能力。可靠性既是系统设计必须遵循的原则之一，也是系统设计的重要考核指标。一个成功的信息系统必须具有较高的可靠性，如安全保密性、检错及纠错能力、抗病毒能力等。

5）经济性

经济性是指系统的收益应大于其支出，在满足系统需求的前提下应尽可能地减少系统的开销。系统应能让使用者在经济上受益，在系统设计时经济性通常也是确定设计方案的一个重要因素。系统经济性的基本要求：系统在软硬件投资上不能盲目追求技术上的先进，而应当以满足需要为前提；系统设计应尽量避免不必要的复杂，各模块应尽量简洁，以便缩短处理流程、减少处理费用。

5.1.3 系统设计的主要内容

系统设计阶段的主要工作内容包括以下几个方面：

①总体结构设计。具体内容包括：a.代码设计；b.子系统划分；c.模块结构设计；d.系统流程图设计。

②详细设计。具体内容包括：a.模块流程设计；b.数据存储设计；c.输入输出设计；d.处理流程设计。

③系统物理配置方案设计。具体内容包括：a.计算机硬件的选择；b.计算机软件的选择；c.计算机网络的选择；d.数据库管理系统的选择。

④系统设计还应该制订系统相关人员的管理规范，包括岗位职责、技能要求，以

及人员培训内容等。

⑤编写系统设计报告。

5.2　总体结构设计

系统总体结构设计是依据系统分析的要求和组织的实际情况，对新系统总体结构形式及可利用的资源进行大致设计，即在宏观和总体层面上对系统进行的规划与设计。

系统设计工作应该自顶向下地进行，首先设计总体结构然后再逐层深入，直至完成每一个模块的设计。

系统总体结构设计的主要内容有代码设计、子系统的划分、模块结构设计以及系统流程图设计等。

5.2.1　代码设计

代码设计是管理信息系统的核心内容，实际上从系统分析阶段就已经开始了，然后在系统设计阶段才完成。

代码设计对于管理信息系统的成功开发具有重大意义且影响极大，好的代码设计更有利于机器处理，可以使得很多的数据处理，如某些统计、校对与查询变得十分方便而且精准快捷，这对提高系统处理效率与提升信息使用价值均具有积极作用。因此，代码设计其实是一个科学管理的问题，必须认真对待。

1）代码的概念及功能

（1）代码的概念

代码是用以表达事物或其属性语义的一组有序的、易于人与计算机识别和处理的字符串，简称为"码"。信息系统中，代码是人和机器的共同语言，也是便于计算机对信息进行分类、校对、汇总、统计、检索与查询等操作的有效工具。代码通常用数字、字母和某些特殊符号组合而成，能够把较长的、用自然语言表达的实体或属性语义概括成较简单的、更适合于计算机处理的字符串。

（2）代码的功能与作用

①标示作用（唯一性）。代码可以用来标识和确定具体的对象，以便计算机识别处理。而且一个代码只能唯一地表示一个对象，一个对象也只能有一个唯一的代码。代码具有鉴别的特性，而鉴别也正是代码最基本的特性。

②分类统计、检索作用。代码可以实现快速的分类、统计、排序和检索。如果按对象产生的时间、所占空间或其他属性进行分类并赋予代码，则代码可作为排序、统计和索引的标识。

③对象状态的描述作用。代码可以用于标明和描述事物所处的状态，以便于对其进行动态管理。

④专用含义。当需要采用一些专用符号时，代码可提供一定的专门含义，如数学运算的程序、分类对象的技术参数、性能指标等。

2）代码的分类

最基本的代码可以分为有定义代码与无定义代码两大类。最为常见的代码有顺序码、区间码和助记码等三种。

（1）顺序码

顺序码也称系列码，是一种无定义码，采用连续数字代表编码对象，通常从 1 开始编码。例如职工编号：张小田为 0001，李天为 0002 等。

顺序码的优点是简单易懂，位数较少，编码使用率较高，易于管理。但因其仅能起到唯一标识对象的作用，不具备逻辑含义，故仅适于用作识别代码，其本身不能说明任何信息特征。此外，由于是按顺序编码，使顺序码仅适于向后扩充而不便于对中段代码的调整和维护。

（2）区间码

区间码是将编码分成若干区间，每一个区间中的编码及其位置都代表着一定的含义。区间码也是日常所见最常用的一种编码，如上课教室号、学生学号、身份证号码等都属于区间码。使用区间码关键在于对编码区间的正确划分，具体应用上区间码又大致可分为以下几种类型：

①层次码。在其编码结构中为每个属性层次各规定一个区间位置（一位或几位），并使其排列符合一定层次关系，见表 5.1。

表 5.1　层次码

公司	部门	科室
A　总公司 B　重庆分公司 C　成都分公司 ……	1　市场部 2　财务部 3　生产部 ……	1　销售科 2　宣传科 3　会计科 ……

依据表 5.1 所示，代码 C12 就代表成都分公司市场部宣传科。

层次码的优点在于因其编码值与所处位置均有特定含义，能够明确对应表达对象的类别，因而便于检索、分类和排序等；其缺点是弹性结构较差，当层次较多时会造成代码过长，因此正确地划分层次关系就成为了最重要的问题。

②十进制码。若分类层次预先不能确定，则每层编码数量也不好预先确定，这种情况就可采用十进制码。十进制码各层区间是不定长度的，其间以小数点分隔，可以无限制地扩充，也容易增加新的层次。但也正因为其字符数不定长，处理上较为麻烦。例如用十进制编码表示小汽车零件属性如下：

54　汽车零件；

54.1　越野车零件；

54.11 国产越野车零件；

54.12 进口越野车零件。

十进制码的优点是分类较清晰，其缺点是适用范围较狭窄。此外，子分类所占用的位数长短不一，因此通常采取右端不足的部分补"0"，以利于计算机处理。

③多面码。如果在代码的结构中为每个属性均各规定一个编码位置就形成了多面码，即一种可从两个以上属性识别和处理代码化对象的代码。表 5.2 是有关螺钉的多面码。

表 5.2　多面码

材料	螺钉直径	螺钉头形状	表面处理
1 不锈钢 2 黄铜 3 钢	1 $R=0.5$ 2 $R=1$ 3 $R=2$	1 圆头 2 方形头 3 六角形 4 平头	1 未处理 2 镀铬 3 镀锌 4 上漆

例如表中代码 1233 表示的是材料为不锈钢，直径为 1，螺钉头形状为六角形状，表面镀锌的螺钉，而代码 3232 则表示的是钢材质，直径为 1 的六角形镀铬螺钉。

总之，多面码的优点在于码中数字的值和位置均代表着一定含义，信息处理比较可靠，排序、分类、检索等操作易于进行。但这种代码的长度与分类属性的数量有关，有时可能造成代码长度偏长，维护上也较为困难。

（3）助记码

将编码对象的名称、规格等属性缩写对应于代码的一部分或全部的编码称为助记码，也叫助忆码，由于常用缩写字母表示，有时也被称作缩略码。助记码的优点是逻辑性强，易记易读易理解，缺点是可能代码偏长位数较多，也不便于计算机处理。助记码常用于编码对象较少，需要表达编码对象属性的场合，例如作为商品编码：

TV–B–14　　　　　14 寸黑白电视机；

TV–C–29　　　　　29 寸彩色电视机；

XQB–65–D1　　　　全自动波轮式洗衣机（6.5 千克）；

BCD–210/W1　　　冷藏冷冻电冰箱（210 升）；

KFR–23GW/HA　　　分体热泵式空调（2 300 瓦）。

助记码的优点是能够较为准确地表达出编码对象的属性，且易记易读，适合于数据项目较少的情况；缺点是代码位数变化较大，不太适合于计算机处理。

3）代码设计原则

严格地讲，代码设计实际上从数据字典的编制就已经开始了。系统设计阶段在进行文件设计和输入输出设计之前，必须完整设计出适合新系统要求的代码体系。代码设计的成果应形成正式的编码规则文件，并作为系统设计与软件编程的执行标准。代码设计中应当严格遵循下列几个主要的原则：

①唯一确定性：每一个代码均只能对应代表唯一的实体或属性。

②稳定性和可扩充性：一般考虑到 3～5 年的系统使用期限，同时也要考虑系统的发展与变化，当需要增加新的实体或属性时能够直接在原代码体系上加以扩充。

③容易修改：当某个代码在使用条件、应用特点或其所代表的实体关系发生改变时不仅要比较容易修改，还要便于系统的初始化。

④标准化与通用性：国内外已有的相关编码标准也是代码设计的重要依据，系统内部使用的同一种代码应做到一致统一，代码适用范围越大越好。

⑤简单性：代码必须简单明了，短小精悍。还必须以有利于对数据进行统计、汇总及分析等操作为宜。

⑥便于记忆和使用：例如会计科目中，一级科目代码国家已统一规定，明细科目（二级、三级科目等）的编码位数及方法则要根据业务处理要求，如核算方法、报表需求、管理要求，以及计算机化处理特点和会计人员的记忆习惯等因素做通盘考虑，从而满足新系统的要求。如果代码含有逻辑意义则更便于记忆。

以上原则要灵活运用，统筹兼顾，权衡利弊，仔细推敲，并逐步优化。切忌脱离实际，草率行事和随意改变。

4）代码的设计步骤

代码设计的一般步骤如下所述：

（1）确定编码对象，明确编码目的

以系统分析说明书为基础，从业务管理与提高计算机处理效率两个方面综合考虑，确定编码对象并明确编码的具体要求。

（2）编码对象的特性分析

编码对象的特性分析包括：编码对象的数量、使用范围、使用期限、使用频率、变更周期和增删比例等，以及是否只限于计算机处理、删除代码是否设为空号码等。

（3）设计编码方法

①选定代码种类：根据编码目的、使用范围及对象特性选择适合的代码种类。

②决定代码位数：根据代码种类、编码对象个数及使用期限等确定代码的合理位数。

③设计校验码：a. 设计校验算法，即计算代码校验码的数学方法，如奇偶校验、汉明校验、加权校验等。b. 校验位设置，依据校验算法与实际需要确定校验码的位数与插入位置。c. 校验原理，代码输入后由计算机按既定算法进行校验运算，检查校验码是否一致以确定代码是否正确。d. 制订编码规则，即制订编码应当遵循的规律与原则，包括校验码的生成规则等。

④编写代码：按设计好的编码方法编写代码，连同由①、②、③中内容组成的编码说明书一并输入计算机形成代码系统。

5）代码的校验

代码的正确性直接影响到信息系统的处理质量，因此必须确保其正确性。代码可以由计算机自动进行校验，主要检验代码在输入、存储或传递过程中是否发生了错误，以保证代码正确。常见的校验方法就是设置校验码，校验码也指代码中的校验位，是在设计代码结构时特意在原代码基础上另外增加一个校验码，附加在原代码的后面，或者按约定规则插入到原代码中的指定位置。而校验码作为代码的一个组成部分，其值是按照某个既定规则或数学算法程序产生的。当包含有校验码的代码输入计算机后，计算机会以同样的算法计算其对应的校验值，并将计算结果与输入代码中的校验值进行比对，若两者相符则认为输入正确，否则即可判定代码有误。

例如，大家所熟悉的身份证号码的最后一位就是校验码，可以检验出该身份证号码的真伪，当然，其校验规则和算法属于国家机密。

常用的校验码算法主要有算术级数法、几何级数法和质数法等，究竟采用哪一种要根据实际情况，并要计算出使用校验码后可排错的概率。对于较为庞大的代码体系，使用校验码要达到绝对的排错几乎是不可能的。

5.2.2　子系统的划分

系统划分就是将整个管理信息系统按管理要求、环境条件和开发工作安排等各方面的具体情况划分为若干相互独立的子系统。子系统划分其实早在系统分析阶段就已经开始了，系统设计阶段可能会有所调整和进一步的完善。关于子系统划分的原则及具体方法前面已经进行过较为详细地阐述，故此不再赘述，读者可参见第四章中有关于子系统划分的内容。下面将着重于介绍子系统中功能模块结构的设计。

5.2.3　模块设计

1）模块的基本概念

（1）模块

模块是可以组合、分解和更换的功能性单元，也是组成系统的基本单位，在管理信息系统中，任何一个处理功能都可以被当作一个模块。模块的基本特征是"功能独立，且可以被集成"。

每个模块都具有特定的、明确的功能（否则不能成为模块），即应具备以下四个要素：

①输入和输出。模块的输入来源和输出去向都应当是同一个调用者，即一个模块从调用者那里取得输入，进行加工后再把结果输出返回给调用者。

②处理功能。指模块把输入内容转换成输出结果所做的工作。

③内部数据。指仅供本模块自身引用的数据。

④程序代码。指用来实现模块功能的程序段。

（2）模块的分层与调用

一个子系统是由其内部模块按照层次结构组成的。从逻辑关系上看，上层模块的任务通过调用其下层模块来共同分担完成，而处于最下层的是具体工作模块，执行具体任务。从物理结构上看，子模块均属于其上层父模块的组成部分。每个模块都有自己独立的工作任务，也只有上级模块才能调用执行。模块之间的通信亦只限于直接的上下级之间。

（3）模块结构图

模块结构图也称系统结构图，简称结构图，它不仅表示了系统功能的层次分解关系，还表示了模块的调用关系和模块之间数据流与控制流信息的传递关系，以及模块对数据存储的读写和外部对象间的输入输出关系。因此，模块结构图也是结构化系统设计中一种重要的图表工具。

2）模块设计原则

人们在设计模块时应当尽量使得模块的功能独立，但功能独立也并不意味着模块是绝对孤立的。所有模块应当能够被集成为一个系统，所以模块之间必定需要交流信息且相互配合。设计模块时不仅要考虑到"这个模块应当有什么样的功能"，而且还要考虑到"这个模块应该怎样与其他模块交流信息"。

系统分解为系列模块之后又如何才能设计好这些模块呢？对此人们总结出了模块设计的三个基本原则，即信息隐藏、高内聚和低耦合。

（1）信息隐藏

为了尽量避免同一系统中模块间相互干扰，模块设计时需要注意信息隐藏，即应使得各模块仅公开必须要让外界知道的东西而隐藏其他内容。

接口（Interface）设计是模块设计的核心工作之一，正体现了信息隐藏这一原则。接口是模块可以公开的外部特征，而数据结构和算法等属于模块内部特征则应当隐藏。接口是模块与外界交互的唯一途径，一个模块仅需提供有限的接口。如果某个模块是一个 C++ 类（Class），那么此模块的接口就是该类的公有函数；如果模块是一个 COM 对象，那么模块的接口就是 COM 对象的接口。一个 COM 对象可以有多个接口，而每个接口实质上是一些函数的集合。

（2）高内聚

内聚（Cohesion）是衡量一个模块内部各组成部分之间整体统一性的指标，也描述了模块功能专一性程度。根据模块内部构成情况，可将模块内部聚合程度由弱到强依次可划分为以下七个等级，如图 5.1 所示。

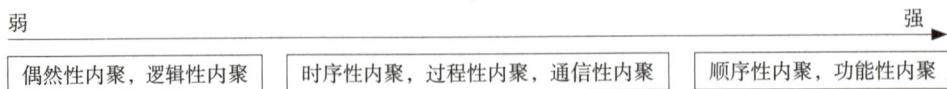

弱		强
偶然性内聚，逻辑性内聚	时序性内聚，过程性内聚，通信性内聚	顺序性内聚，功能性内聚

图 5.1　内聚谱系示意图

①偶然聚合：模块由若干个毫无关系的功能偶然地组合构成，称为偶然聚合模块。

②逻辑聚合：模块由若干个结构不同但具有逻辑相似关系的功能组合构成，称为逻辑聚合模块。

③时间聚合：模块由在相同阶段内执行的，若干个彼此关系不大的功能组合构成，

称为时间聚合模块。

④过程聚合：模块由受同一个控制流支配并决定了其执行次序的若干个彼此无多少关系的功能组合构成，称为过程聚合模块。

⑤通信聚合：模块内部各组成部分之处理功能的输入或输出都共享相同的数据，称为通信聚合模块。

⑥顺序聚合：模块内部各处理功能密切相关并顺序执行，前一个功能所产生的输出数据直接作为下一个处理功能的输入数据，称为顺序聚合模块。

⑦功能聚合：模块内部各组成部分之处理功能均为实现同一功能而存在，且只执行该功能，称为功能聚合模块。

模块设计者其实并无必要确定内聚的精确级别，重要的是要尽量争取高内聚，避免低内聚，并且应尽可能实现功能内聚，有条件地使用顺序内聚，较少使用通信内聚，尽量避免使用过程内聚和时间内聚，基本不使用其他内聚。

（3）低耦合

耦合（Coupling）是对模块相互之间依赖程度的度量。内聚和耦合是密切相关的，与其他模块存在强耦合的模块通常意味着弱内聚，而强内聚的模块通常也意味着与其他模块之间存在低耦合。可将模块间耦合程度由低到高分为六个等级，如图 5.2 所示。

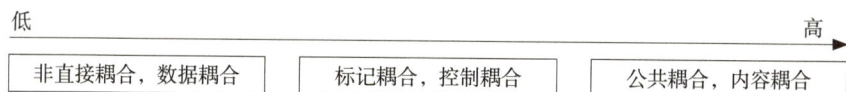

低		高
非直接耦合，数据耦合	标记耦合，控制耦合	公共耦合，内容耦合

图 5.2　耦合谱系示意图

各种耦合含义如下：

①非直接耦合：模块之间没有直接的信息传递，称为非直接耦合。

②数据耦合：模块之间通过接口传递参数（数据），称为数据耦合。

③标记耦合：模块间通过接口传递内部数据结构的一部分（非简单参数），称为标记（Stamp）耦合。此数据结构的变化将会使相关模块发生变化。

④控制耦合：模块传递信号（如开关值、标志量等）给其他模块，接收信号的模块则根据信号值调整其动作，称为控制耦合。

⑤公共耦合：两个以上模块共同引用同一个全局数据项，称为公共耦合。

⑥内容耦合：当一个模块直接修改或操作另一个模块的数据，或者直接转入另一个模块内部时，就发生了内容耦合。

模块设计应当争取"高内聚、低耦合"而避免"低内聚、高耦合"，且应尽量使用数据耦合，必要时使用公共环境耦合，尽量避免使用控制耦合，完全不使用内容耦合。

3）模块结构图的基本图形符号

层次模块结构图也称结构图（Structure Chart，SC）或程序结构图，是由 W. 史蒂文等人于 1974 年提出的一种结构化设计工具。层次模块结构图的基本做法是将系统划分为若干子系统，子系统下再划分为若干模块，大模块内再分小模块。层次模块结构图主要关注的是模块的外部特征，即上下级模块、同级模块之间的数据传递和调用关系，而并不涉及模块的内部构成。

衡量一个结构图的复杂程度有两个基本指标：深度和宽度。结构图中模块的层数称为深度，各层模块的个数称为该层的宽度，而整个结构图中最大的宽度称为结构图的宽度。绘制结构图的基本图形符号有六种，其含义如图 5.3 所示。

▭	表示功能模块，在矩形中标明模块名	→→	表示调用关系
○→	表示模块间的数据传递	⌣	表示模块中含有循环处理功能
●→	表示模块间的信息传递	◇	表示判断处理功能

图 5.3　结构图基本图形符号

各模块之间有四种调用关系，如图 5.4 所示。依次为无条件直接调用、选择调用、循环调用和参数调用。

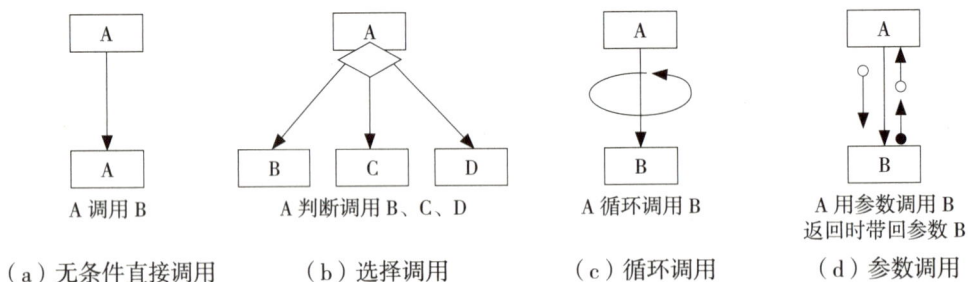

图 5.4　模块间的调用关系

注意：模块间的通信有两种，一种是数据通信，另一种是控制通信（用于传送控制信号）。以空心圆的箭头表示数据通信，以黑色实心圆箭头表示控制通信。

4）模块结构图的设计方法

模块结构图可由数据流图转换而得，常用转换方法有变换分析法和事务分析法两种。

管理信息系统的数据流图通常可分为两种典型的结构，即变换型结构和事务型结构。变换型结构的数据流图呈一种线性状态，如图 5.5 所示，它所描述的工作可表示为输入、处理及输出。事务型结构的数据流图则呈束状，如图 5.6 所示，即一束数据流平行流入或流出，可能同时有几个事务要求处理。

这两种典型的结构分别可通过"变换分析"和"事务分析"技术导出"变换型"和"事务型"初始的模块结构图。两种方法均是先设计顶层模块，再自顶向下，逐步细化，最后得到一个满足数据流图所表示之用户要求的系统模块结构图，即系统的物理模型。图 5.7 所描述的是销售子系统订单处理功能模块结构。

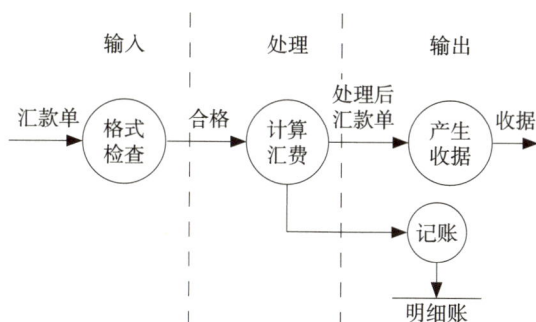

图 5.5　变换型结构的数据流图

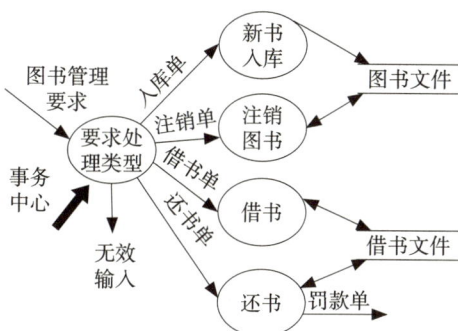

图 5.6　事务型结构的数据流图

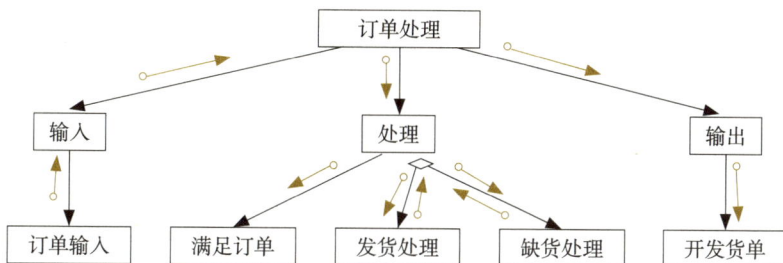

图 5.7　订单处理功能模块结构图

5.2.4　系统流程图设计

系统处理过程的设计中常采用系统流程图来作为描绘系统物理模型的工具。系统流程图（System Flow Chart）用于描述信息在系统内部的处理过程，即使用简单的图形来表达输入、处理、输出之间的关系，说明信息在系统内部的流动、转换、存储和处理的情况。系统流程图表达的是信息在系统内各部件之间的流动情况，而非对信息进行加工处理的控制过程。系统流程图常用图例如图 5.8 所示。

1）系统流程图的作用

作为系统设计的一种重要工具，系统流程图的主要作用如下：

①系统流程图是系统分析员做进一步分析的依据，其制作过程也是全面了解系统业务处理概况的过程。

②系统流程图是系统分析员、管理员、业务操作员相互交流的工具。

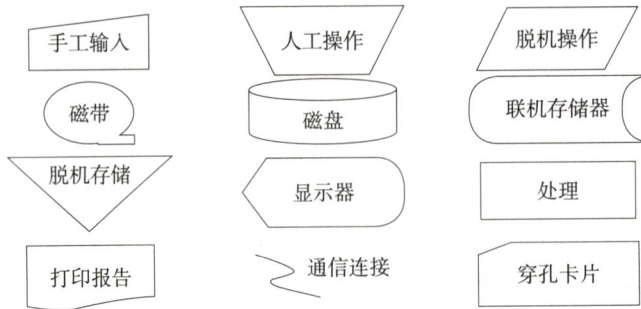

图 5.8　常用系统流程图图例

③系统流程图指明了整个数据流程中可以由计算机处理实现的部分。

④可利用系统流程图以分析业务流程的合理性。

２）系统流程图与数据流程图

系统流程图正是按照一定的规则由数据流程图转换而来的，两者之间当然有着密切的联系，但也存在较大的区别。

（１）系统流程图与数据流程图的联系

系统流程图可以由数据流程图转换而来，但首先需要两个前提步骤：①确定人机分界，即系统中哪些操作由人工执行，哪些操作由计算机自动完成。②确定数据处理方式，即系统中哪些数据需要实时处理而哪些又是批处理方式。

如图 5.9 所示为由数据流程图到系统流程图的转换关系。图 5.9 左边部分为数据流程图（简图），右边部分为系统流程图。数据流程图中的虚线框表示人机分界。框内为由机器处理的部分，该部分可转换为系统流程图。

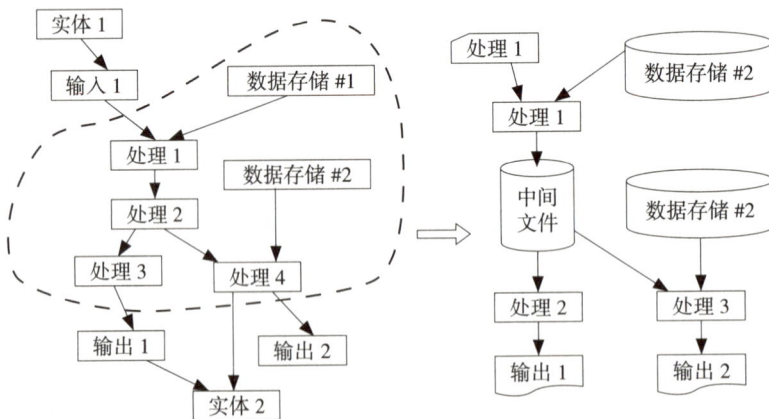

图 5.9　数据流程图转换为系统流程图

（２）系统流程图与数据流程图的区别

作为系统分析的重要工具，数据流程图描述的是信息系统的逻辑模型，主要用于说明业务处理过程中有关数据流动及处理的所有过程，而系统流程图作为系统设计工具则主要用于描述系统中计算机的处理流程，并不反映人工操作部分。

3）绘制系统流程图的相关原则及要点

系统流程图的绘制其实就是对数据流程图的转换，其前提是已经确定好了人机分界和数据处理方式。而这两个前提步骤需要注意的原则及要点如下：

（1）确定人机分界

原则上是属于结构化的处理逻辑尽量由机器完成，而非结构化的处理只好依靠人工来完成。简单地说，就是能够由机器做的就尽量交给机器完成。

（2）确定数据处理方式

系统设计的一个关键问题就是要为系统中各种数据的处理确定适合的执行方式，相关具体原则如下：①"事关重大"或"来之不易"的数据尽量实时处理；②变化波动较大的数据尽量实时处理；③本身需要累计或平均的数据只能成批处理。

此外，还应注意数据流程图中"数据流"具有"动态"特性，一般对应于实时处理；而"数据存储"具有"静态"特性，则大多对应于成批处理。

4）数据关系分析

绘制系统流程图的过程中需要对各个数据处理逻辑进行分析，正如前面已知，每一个数据处理单元都必然有输入和输出的数据，而对这些数据之间的相互关系也必须充分掌握。数据关系图就是用以描述系统中各数据关系的一般形式，因此，也被视为是系统流程图的子图。如果有必要，绘制系统流程图的过程中可以先绘制出重点处理逻辑的数据关系图，如图 5.10 所示。

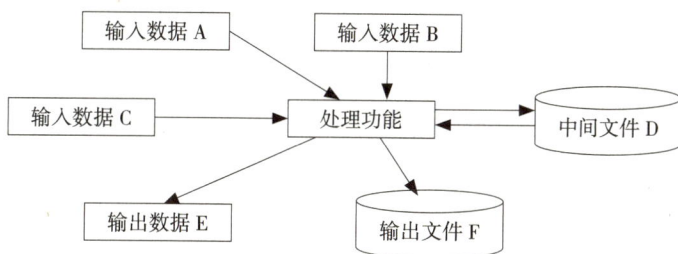

图 5.10　数据关系图

5）系统流程图实例说明

某企业工资管理子系统信息系统流程图如图 5.11 所示。图 5.11 中所描述的系统流程大致为：首先由人事变动通知单和房租变动通知单形成主文件更新模块，然后从上月主文件导出数据进行主文件更新处理生成本月主文件；再由电费扣款通知单和互助扣款通知单形成扣款文件模块，经过该模块处理后将数据导入扣款文件；最后从本月主文件和扣款文件中导出数据到计算机打印模块生成工资单和工资汇总表。

由此也可以看出，系统流程图是由数据流程图转换来的，也必然具有相类似的特点，那就是概括和抽象。如图 5.11 中的虚线框内部分，仅是描述了由"形成扣款文件模块"生成扣款数据并存入"扣款文件"，但具体处理方法及过程并未详细说明。这样的系统流程图显然尚无法直接由软件设计，还需要对相应的模块处理流程进行详细设计。

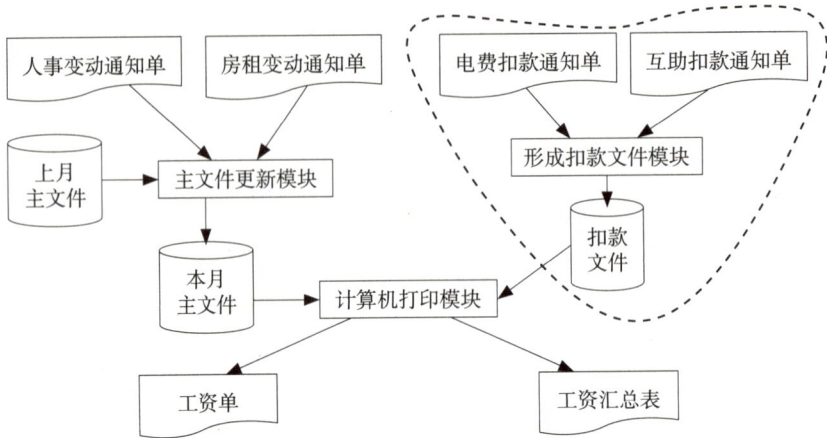

图 5.11 工资管理子系统信息系统流程图

5.3 处理流程图设计

处理流程图反映系统中数据处理流程的详细步骤和确切方法，是系统流程图的具体化和细致化，是对系统流程图的详细说明。处理流程图是在系统流程图的框架基础上，按照结构化系统设计的方法，对其具体流程实现进行的详细逻辑设计。依然以工资子系统为例，对其中的扣款文件模块的处理流程图进行设计，如图 5.12 所示。处理流程图也正是将来软件设计中程序流程图设计的依据。

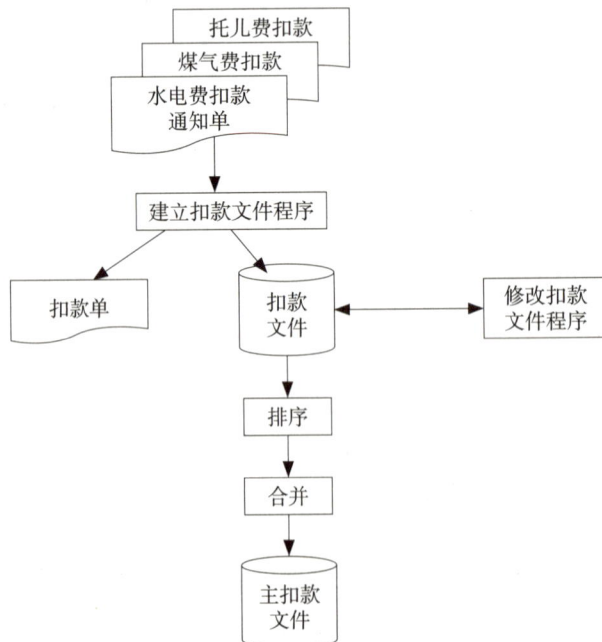

图 5.12 扣款文件模块处理流程图

5.4 模块处理过程设计

在本章5.3节中已经对模块的外部特征进行了说明,本节将进行模块处理过程设计。

处理过程设计是对控制结构图中每一个模块内部的处理过程进行的具体描述,以作为以后编写处理程序的基础。每一个模块都可以看成一个独立的处理单元,都具有输入、加工处理、输出等几个部分。这一步工作通常是借助于 HIPO 图来实现的。

5.4.1 HIPO 图

HIPO 图(Hierarchy Plus Input-Process-Output)是 IBM 公司于 20 世纪 70 年代中期在结构图(Structure Chart)的基础上推出的一种描述系统结构和模块内部处理功能的工具。HIPO 图一般由一张总的层次化模块结构图(H 图)和若干张具体模块内部展开的 IPO 图组成,前者描述了整个系统的设计结构以及各类模块之间的关系,后者描述了某个特定模块内部的处理过程和输入 / 输出关系。

图 5.13 是一张有关修改库存文件部分内容模块的层次模块结构图。图 5.14 则是图 5.13 中若干张模块展开图(IPO 图)中的一张,即验证(编号 C.5.5.8)的 IPO 图。

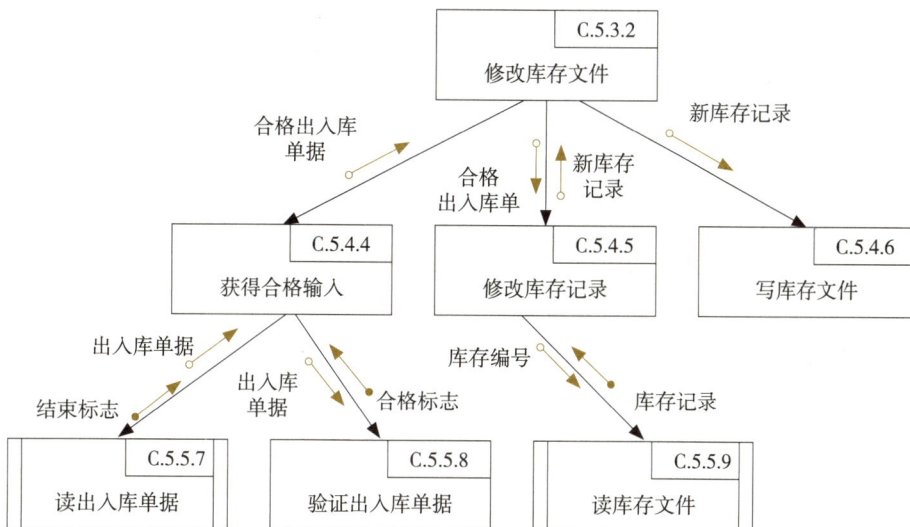

图 5.13 层次化模块结构图

5.4.2 IPO 图

IPO 图主要是配合层次化模块结构图详细说明各个模块内部功能的一种工具。IPO 图的设计可视具体情况而定,但无论怎样设计都必须包括输入(I)、处理(P)、输出(O)三部分及与之相应的数据库 / 文件,以及其在总体结构中的位置等信息。

图 5.14 上部的内容是:该模块在总体系统中的位置、所涉及的编码方案、数据文件 / 库、编程要求,以及设计者和使用者等信息。在图 5.13 中,对内部处理过程的

IPO 图编号（即模块号）：C.5.5.8			HIPO 图编号：C5.0.0
数据库设计文件编号：C3.2.2.C.3.2.3		编码文件号：C.2.3	编号要求文件号：C.1.1
模块名称：××××××	设计者：××××××	使用单位：××××	编程要求：COBOL.C
输入部分（I）	处理描述（P）		输出部分（O）
·上组模块输入单据数据 ·读单据存根文件 ·读价格文件 ·读用户记录文件 …… ……	① 核对单据与单据存根记录 ② 计算并核实价格 ③ 检查用户记录和信贷情况 …… …… 处理过程 　出错信息（记录不合格） ①｛价格不对处理 　②｛ok｛用户信贷记录不好处理 　　　　记录合格 　　　③ ok ok		·将合理标志送回上 　一级调用模块 ·将检查的记录 　计入 ×××× 文件 ·修改用户记录文件 …… ……

图 5.14　IPO 图

描述是以决策树方式进行的，最后是备注栏，一般用以记录一些有关该模块设计过程的特殊要求。

IPO 图中其他部分的设计和处理均较容易，唯独对处理过程（P）的描述较为困难。因为对于一些较为复杂的处理过程，难以用自然语言描述其功能，并且文字描述还可能有所谓的二义性问题，即个人理解上的偏差。若处理不好将会给后继编程工作造成混乱。目前用于描述模块内部处理过程主要有流程图、盒图（NS 图）和算法描述语言方法等几种方法。每一种方法均各有其长处和不同的适用范围，实际工作中究竟采用哪一种方法需视具体的情况和设计者习惯而定。

5.5　数据存储设计

管理信息系统需要存储和管理大量的数据，数据存储设计的任务是根据系统功能需求和数据存储要求，确定系统中数据的组织形式和存储方法，以便获得最好的数据管理效率。

数据存储设计也是系统设计中的重要环节，将对整个系统的效率、工作方式和未来的扩充升级等产生极大的影响。要根据之前已经选定的操作系统（OS）、数据库管理系统（DBMS）及程序设计语言来设计数据库表、用户视图以及临时数据文件的具体结构。数据存储设计包括数据文件设计与数据库设计。随着数据库技术的迅速发展，目前管理信息系统设计中主要采用数据库存储和管理方式。

5.5.1 数据文件设计

1）数据文件的相关概念

①数据项（Data Item）：这是不可再分的最基本的数据单位，也是文件中能够访问的最小数据单位；多个相关数据项可以组成更大的数据组合，即数据结构。

②记录（Record）：记录也是数据项的集合，是文件中具有独立逻辑意义并可统一存取的基本数据单位。能够唯一标识记录的一个或多个数据项的最小子集被称为记录的键（关键字）或码（Key）。

③文件（File）：文件是记录的集合，每个文件均被赋予不同的文件名以相互区别。

④块（Block）：即物理记录，是磁介质上文件的最小物理存取单位，也是内存（缓冲区）与外存之间一次传送数据的基本单元。

2）数据文件的分类

根据其不同特征，文件可有不同的分类方法，现介绍几种主要的分类方法：

（1）按存储介质分类

①磁盘文件：磁盘文件是指以磁盘方式存储的大量数据的集合。这种文件可以进行输入、输出和直接更新（修改、追加、删除）。磁盘文件属于半随机存储结构。一般来说，要比顺序存储结构的磁带文件处理更灵活，传输速度更快。

②磁带文件：磁带文件是指以磁带方式存储的大量数据的集合。这种文件也可以输入、输出，但由于是顺序存储结构，故只能顺序读写且不能直接插入新记录。

③打印文件：打印文件是指由打印机输出打印在纸上的各种信息。打印文件的一行（由若干个字符组成）为一个打印记录，所有相关记录集合而成打印文件。打印文件只能输出不能输入。

④卡片文件：卡片文件是指以穿孔卡片形式进行数据输入/输出的卡片组。目前已不常用。

（2）按文件的用途分类

①主文件：顾名思义，主文件是在信息系统中发挥核心作用的文件，系统执行的基本业务处理都是围绕主文件进行的。

②表文件：表文件属于主文件的特殊类型，在许多系统中用来记录完整的相关参数，以供检索查找。其内容比较稳定，不需要经常更新，如会计科目表等。

③档案文件：档案文件是用来长期存储数据，以备今后使用的一种文件副本。例如将重要的会计历史数据存入磁盘、光盘或磁带作为会计档案长期保存。

④临时文件：临时文件也称工作文件，这是处理过程中存放中间结果的转储文件。通常为了编程或处理方便而设置，一般是处理前并不存在，而在程序运行过程中产生，可在下一步处理中使用，待全部处理完毕后即可抛弃，并无保存价值。

⑤事务文件：事务文件也称业务文件或细目文件，也是事务处理过程中的临时性文件，是为临时存储数据所用的。所谓事务是指相关企业运营过程中的任何一个事件。

⑥后备文件：后备文件是主文件、事务文件或表文件的副本，当原始文件出现任何问题时即可用后备文件以恢复。

⑦索引文件：索引文件的作用是提高对数据文件记录的检索效率。索引文件的组织和管理由文件管理系统负责，建立索引文件时，将记录依次存入数据区，文件管理软件自动按指定的键建立索引。

此外，还有用于输入或输出的输入文件、输出文件、报表文件等。

3）文件设计

文件设计的基本原则是在保证数据存储的前提下节省系统的开销，即既要有较快的处理速度，又要占用较少的内外存空间。一般来讲，设计文件要考虑下列因素：

①掌握已选型计算机的文件存储管理功能。

②分析使用条件，确定文件设计的基本指标，包括文件数据量、文件使用率、文件处理方式、文件更新性、文件逻辑结构、文件记录键（主码和辅码）、文件的保密性等。

③确定文件介质、组织方式和存取方法。

④编写文件设计说明书，内容包括文件组织方式、存取方法和存储价值等的选择和确定的根据；文件用途、使用范围、处理方式、使用要求、存取时间和更新要求等；文件逻辑结构、各数据项描述以及键（码）的确定原则；文件数据量及存储价值需要量的初步估算；文件保密要求及有关安全措施；关于文件收集、整理和格式要求的说明；对建立和更新文件所需要的程序进行说明和提出要求；以及关于建立文件的注意事项及其他需要说明的内容等。

5.5.2 数据库设计

1）数据库设计的目标

数据库（Data Base，DB）设计的目标有以下几点：①满足用户应用需求；②具有良好的数据库性能；③精确反映现实世界；④能被某个现有数据库管理系统所接受。

2）数据库设计方法简介

（1）新奥尔良（New Orleans）方法

该方法将数据库设计分为四个阶段：需求分析（分析用户需求）、概念设计（信息分析与信息模型）、逻辑设计（设计实施）和物理设计。

（2）基于 E-R 模型的 DB 设计方法

首先考察分析系统所涉及的实体及其联系后建立其 E-R 模型，然后再将其转换为适合的数据模型。

（3）基于范式（Paradigm）的设计方法

若采用关系数据库，则所有关系必须遵循一定的原则，按照这些原则来规范数据关系就称为关系规范化。关系规范化的作用有：①消除或减少数据冗余；②保持数据的一致性；③防止增删改数据出现异常。

通常按照关系（表）属性间的函数依赖情况来区分关系规范化的程度。关系规范化按照条件的宽严程度分为六个等级，每个等级用一个范式表示，由低到高依次为1NF、2NF、3NF、BCNF、4NF 和 5NF。满足最低要求的关系规范化称为第一范式，再高一级的称为第二范式，以此类推，最高为第五范式。高级范式总是包含了低级范式的全部要求。范式也代表着一个关系内部各属性之间联系的合理化程度，常用的是第一、二、三范式，一般情况下，3NF 已基本能够满足数据库的设计需要。

规范化减少了数据冗余，易于保证数据的完整性，但规范化也会导致数据库性能降低。因此，在利用规范化设计数据库时要平衡两者的关系。

3）数据库设计的基本步骤

（1）分析用户需求

分析用户需求是指对收集到的用户要求进行分析的过程。需求分析是数据库设计的重要步骤之一，它也是整个设计步骤的基础，其目的是根据用户要求决定管理的目标、范围及应用性质。

（2）概念结构设计

概念结构设计的主要工作是设计系统中数据的概念性模型。概念模型仅用于明确表达用户的数据要求，与数据库的逻辑结构无直接关系，也与特定的数据库管理系统无关。数据库的概念结构设计应在系统分析阶段进行。

（3）逻辑结构设计

逻辑结构设计的任务是设计数据的数学结构，把概念结构转换成为已选定的 DBMS 所支持的数据模型。转换过程分为两步：首先把概念模型向一般的数据模型转换，再向系统所确定的具体 DBMS 支持下的数据模型转换。这样的数据模型转换过程如图 5.15 所示。

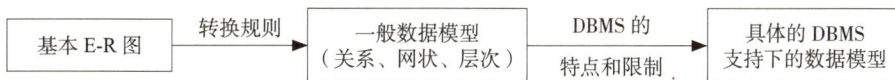

图 5.15　数据模型转换过程

（4）数据库物理结构设计

数据库的物理结构设计为数据模型选取合适的存储结构和方法，以获得数据库的最佳存取效率。其主要任务是确定数据库的物理结构，包括确定文件的存储结构、选取存取路径、确定数据存放位置和确定存储分配等。数据库物理结构主要与操作系统和数据库管理系统相关。

5.6　输入输出设计

输入输出（I/O）设计是系统设计中很容易被忽视的环节，但也是一个重要环节，对于系统的使用方便性和安全可靠性都是十分重要的。好的输入输出设计可以为用户和管理者带来良好的工作环境，提供简捷明了、高效实用的操作控制与管理信息，也可以为今后的系统运行带来很多方便。

输入输出设计主要包括输出设计、输入设计和用户界面设计三个部分。

5.6.1 输出设计

为了提高系统设计效率，输入输出设计首先进行的是输出设计，这样可以确保输入数据够用，同时也可以避免数据的浪费。

对于大多数用户而言，输出是系统开发的目的和评价系统开发成功与否的标准，输出的内容与格式是用户最关心的问题。输出设计的主要职责和目标是通过计算机对输入的原始数据进行加工处理，形成具有一定格式的、高质量的有效信息，提供给管理者使用。系统设计首先完成输出设计，然后根据输出设计进行输入设计。输出设计的内容主要包括确定输出的内容、输出设备及方式选择、输出类型设计和输出格式设计等。

1）确定输出的内容

确定输出的内容首先要明确用户要求，然后根据用户要求设计输出信息的内容。需要明确的用户要求主要在于以下方面：

①在输出信息使用方面的要求，如信息的使用目的及输出方式，报表数量、使用周期、有效期、安全性要求、保管方法及份数等。

②对输出信息内容的要求，如输出项目、位数、数据形式（文字、数字）。

③对输出格式的要求，如表格、图形或文件。

2）输出设备及方式选择

系统的输出方式主要取决于使用的输出设备及介质、输出信息的使用要求以及信息量的大小。

目前，常用的输出设备有显示器、打印机、卡片输出机、绘图仪、投影仪等，常见的输出介质有磁盘、磁带、打印纸及其他多媒体介质。在选择输出设备及介质时应根据用户对输出信息的要求，结合现有设备和资金情况进行选择。目前，信息系统主要采用的输出方式还是屏幕显示和打印机打印。磁盘、磁带、光盘、移动硬盘或 U 盘等则通常作为数据备份（保存）工具。屏幕显示方式通常用于功能选择、查询及检索信息，输出信息量不多且无须保存，打印机或绘图仪等设备则一般用于输出各种票据、报表、图表或图文资料。

3）输出类型设计

随着办公自动化和其他信息应用系统的出现，不少人认为书面报告不再是必需的了。事实上，情况并非如此。信息系统的普遍应用使得应用中数据量越来越大，随之而来的是各种类型报表（书面的和电子的）的迅速增加，信息系统面临的主要难题之一就是日益膨胀的信息。输出设计最困难的就是确定究竟需要提供哪些信息，以及如何表达这些信息，从而避免产生大量令人困惑的复杂数据。

（1）报表输出

常见报表输出的类型有详细报表、汇总报表、异常报表和决策报表。

①详细报表：详细报表用来记录每天的商业处理过程，包括商业交易中的详细信息。有时一单交易就需要一张报表，例如，包含特殊顾客订单细节信息的订单确认表格。

②汇总报表：汇总报表通常用来对周期性活动进行统计和扼要重述。例如，对每天或每周的所有销售交易进行汇总，计算出销售总金额。中层管理人员通常使用这些报表来跟踪部门的业绩。

③异常报表：异常报表用于监控部门业务情况和业绩，业务正常进行时不需要异常报表，只有在超出正常范围指标时才生成异常报表，并向相关工作人员报警提示。例如，生产线上用来列出不合格零件的报表，如果不合格率高于预设阈值就会生成一张报表。

④决策报表：决策报表是指从各种与战略决策相关的信息源所得的汇总报表。

（2）打印输出

打印输出可分为内部输出和外部输出。

①内部输出：内部输出是指为组织内部人员的使用而生成的。前面讨论的报表就属于这种类型。

②外部输出：外部输出是指为组织外部人员的使用而生成的，包括声明、注意事项及其他文档。例如，银行每月的结算单、最新通知单、订单确认信息等。

（3）屏幕输出

大多数情况下，信息系统仅从屏幕上以打印报表的格式输出信息，即电子显示形式。

（4）图形和多媒体输出

将信息以图形方式表达是多媒体信息时代的优势，数据以图形和图表的形式表示可使得用户界面更加友好。曲线图、直方图和饼状图等均是表示汇总数据时最常用的方法。随着多媒体系统的广泛应用，多媒体方式的输出也很常见，视听结合的信息表达方式直观而形象。

4）输出格式设计

报表输出也是一种应用较广泛的输出方式。报表内容及格式设计不仅要符合使用者的实际要求，也要考虑输出到设备及介质等条件的约束。输出格式设计的基本要求如下：

①符合用户习惯，方便其使用。报表设计以用户满意为基本原则，报表格式应尽量与人工操作或原系统报表一致，要尽量符合用户的要求和习惯，以方便用户使用。

②规格标准化，风格上统一。输出设计应遵循一定的规范，例如，在输出设计基本规范及个性化规定的指导下进行，以便产生更易于理解的输出。输出设计应该标准化、系统化，风格统一且所使用的文字及术语也要一致。

③便于计算机实现。输出设计时，尤其是设计纸质报表格式时，应当便于计算机输出及打印。

④界面美观大方。设计屏幕输出格式时，除了合理安排各数据项的显示位置，还应注意界面色彩搭配，应尽量博得用户好感。

⑤适当考虑系统发展需要。设计输出格式时也要充分考虑系统发展需要，例如，是否有必要在报表中留有备用项目，以满足将来新增项目的需要。

5.6.2　输入设计

输入设计首先必须根据输出设计的要求来进行。数据的收集与录入比较费时费力且易于出错，若输入数据有误则将直接影响处理结果的正确性。所以输入设计应该确保能够恰当、准确地为信息系统提供所需信息。输入设计工作主要包括：输入设计的原则；输入方式设计；输入格式；输入数据的校验方法等内容。

1）输入设计的原则

输入设计中最根本的原则是提高效率和减少错误，具体而言应遵循以下原则：

①最小输入量原则。输入量越小，出错率越低，数据准备时间越少，数据的一致性也越好。所以在输入设计中，应尽量控制输入数据总量，在保证满足系统处理要求的前提下尽量减少输入量。

②简单原则。输入准备及输入过程应尽量简单方便，输入界面要清晰友好，从而尽可能地减少输入错误。

③早检验原则。应当尽早对输入的数据进行检验，以便及时发现并纠正错误。输入设计中还应采用多种输入校验方法及有效性验证技术，以杜绝或减少输入错误。

④少转换原则。输入数据应尽早和尽量记录在对其进行处理所需的介质上，以减少或避免数据转换介质时可能发生的错误。

⑤简练原则。输入设计时应尽量避免不必要的输入步骤，并仔细验证各步骤是否完备、高效。

2）输入方式设计

输入方式设计主要是根据总体设计和数据库设计的要求确定数据输入的具体形式。常用的输入方式如下：

①键盘输入：键盘输入方式包括联机键盘输入和脱机键盘输入两种。

②数模/模数转换方式：也称A/D和D/A转换方式输入。最常见的有以下几种输入：a. 用扫描仪输入：这种方式与条码输入是同一类的；b. 二维码或条码输入：即利用标准的商品分类和统一规范化的二维码或条码粘贴或印制于商品包装上，然后通过光学识别方式（OCR）采集商品的有关信息；c. 传感器（Sensor）输入：即利用各类传感器和电子衡器接收和采集物理信息，然后再将其转换为输入数据。

③网络传送数据：也叫网络输入方式，即通过计算机网络通信方式从别的网络终端或服务器获取有关数据。该方式能够及时获取数据，是一种较高水平的输入方式，也是信息系统发展的必然结果。网络传送有有线、无线等多种方式，可实现近场或远程数据输入。

④磁盘传送数据：即按照事先确定好的待传送数据文件的标准格式，再通过磁盘、光盘或 U 盘传送数据文件。这种方式不需要增加任何设备，算是一种非常方便的数据输入方式，常被用在主、子系统之间的数据连接上。

3）输入格式设计

实际设计数据输入时，特别是对于大批量的原始凭证、记账凭证，以及各类数据统计报表，常常可能遇到其数据结构与数据库文件结构不完全一致的情况。若有可能应尽量调整统计报表或者数据库关系表的结构使其一致，以降低输入格式设计的难度。例如，记账凭证一般分为收款凭证、付款凭证和转账凭证三种，均为账务处理的主要数据来源。这三种凭证格式上有所不同，虽然可以设计成三种不同的屏幕输入格式，使得输入格式与原凭证的格式更加接近。但往往这三种凭证是混合录入的，这就需要频繁地在三种格式之间进行切换，因而完全可以将这三种凭证设计成一个统一的屏幕格式，以减少输入格式设计的难度，可能效果会更好。此外，还可采用智能输入方式，由计算机自动将输入数据送至不同的表格或不同的格式中。

4）输入数据的校验方法

常见的数据输入错误有数据内容错误、数据多余或不足、数据延误等。为了保证输入数据的正确性，必须从数据收集开始，经整理到录入计算机为止的整个过程都对数据进行严格的检查。

必须对输入进行校验以保证输入数据的正确性，常见的校验方法见表 5.3。

表 5.3　输入数据的校验方法

校验方法	校验方法说明
人工校验	人工校验也称静态校验或视觉校验，指输入的同时由计算机打印或显示输入数据，便于与原始数据进行比较。在数据量较少的情况下，确实可以提高输入数据的正确性，从而降低计算机处理费用，但当数据量较大时该方法效率太低
重复输入校验	对同一数据输入两次，再由系统自动对比录入结果的一致性。该方法方便、快捷，且可用于任何类型的数据符号。但无法避免两次输入出现一致性错误的情况，尽管这种可能性出现的概率极小
校验位校验	在代码中附加上校验码进行校验，利用校验码本身的特性校验
格式校验	校验数据项位数和位置是否符合预定的格式
逻辑校验	校验数据项位数和位置是否符合预定的逻辑关系
界限校验	检查输入数据值是否位于规定范围内
顺序校验	检查顺序排列的记录，计算机中通常是按照记录的键进行排列校验的。通过顺序检查可以发现遗漏和重复的记录
记录统计校验	通过统计记录个数，检查记录是否有遗漏和重复
控制总数校验	对所有数据项的值求和，将人工求得的结果与计算机累计的值进行对比校验
数据类型校验	考察所输入的数据是否为正确的数据类型
平衡校验	检查相反项目间是否平衡。例如，会计工作中检查借方会计科目合计与贷方会计科目合计是否一致

5.6.3　用户界面设计

用户界面是系统与用户之间的接口，也是控制和选择信息输入输出的主要途径。用户界面设计应坚持友好、简便、实用、易于操作的原则，尽量避免过于烦琐和花哨。例如，在设计菜单时，应尽量避免菜单嵌套层次过多，以及每次选择还需确认一次的设计方式，菜单最多分为两到三级即可。又如，在设计大批数据输入的屏幕界面时，应避免颜色过于丰富多变，因为这样对操作员眼睛压力较大，反而有可能会降低输入系统的实用性。

1）用户界面设计的原则

用户界面设计仍然以用户满意为原则，具体而言，应遵循以下原则：

①界面简洁、清楚，没有二义性，同一用户界面中所有的菜单选择、命令输入、数据显示和其他功能均应保持风格一致。

②界面要适合操作人员的实际水平，便于其操作和学习，且具有帮助功能。

③界面应能反映用户的业务及使用习惯。

④必须迅速反馈用户的输入状态，不能让用户等待或犹豫。

⑤界面应能及时反馈错误信息，并能指导用户纠正错误。

⑥界面应适合用户环境和具体情况，允许不同能力和经验的用户以不同速度进行操作。

⑦界面要友好、美观、醒目，尽可能为用户提供一个轻松、愉快的操作环境。

2）用户界面设计的方式

界面设计包括菜单方式、会话管理方式、操作提示与权限管理方式等。

（1）菜单方式

菜单是信息系统功能选择最常用的方式。菜单形式可以是下拉式、弹出式的，也可以是按钮选择方式的（如 Windows 下所设计的菜单多属这种方式）。菜单选择的方式可以是移动光棒、选择数字（或字母）、鼠标驱动或触屏操作等多种方式，甚至还有语音控制等更先进的多媒体控制方式。

菜单设计应尽量安排各功能选择于同层菜单中，菜单层次要尽可能少。一般的功能选择最好直接进入对应操作，仅少数重要执行性操作才需要用户选择后再确定一次。例如，选择执行删除操作，可提示再次确认执行或取消操作等。

两个邻近功能（或子系统）菜单项之间，可以考虑交替使用深浅不同的对比色调，以使其之间有更加醒目的区别。

系统中常常使用下拉式菜单以描述系统或子系统功能，下拉式菜单的好处是方便、灵活，便于统一处理。例如，需要创建某学校的"薪酬管理信息系统"，经过系统总体设计后，可以得到如图 5.16 所示的控制功能结构图。根据实际需要和控制结构图可以考虑建立如图 5.17 所示的下拉菜单。

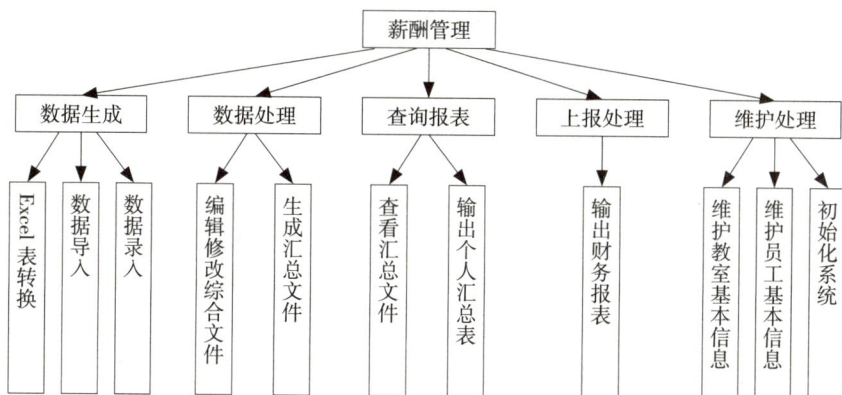

图 5.16　控制功能结构图

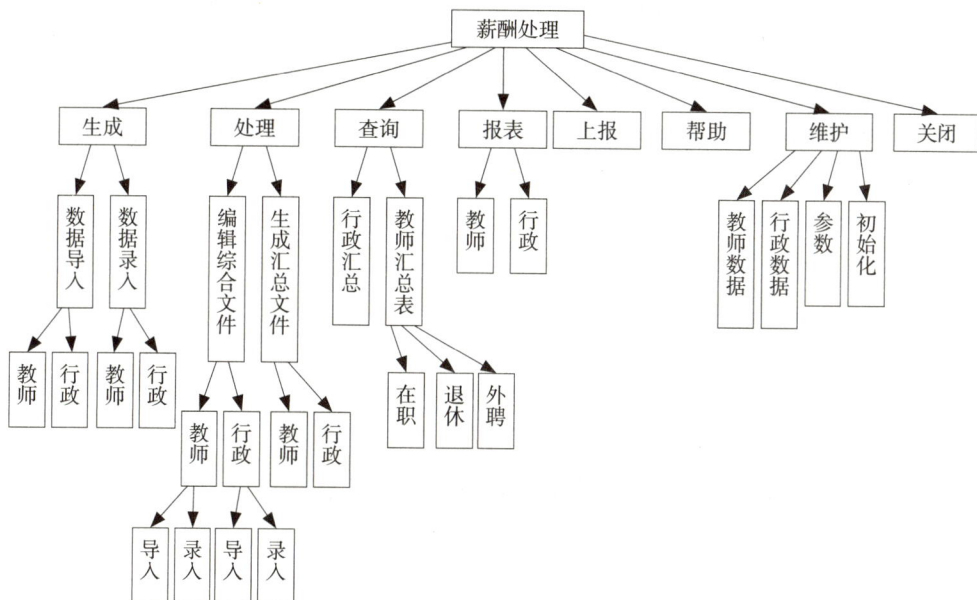

图 5.17　下拉菜单布局

从图 5.17 的下拉菜单布局可以看出，本薪酬处理系统主菜单分成四个层次（四级）：菜单栏是第一级，有八个菜单项；第二级是下拉菜单，许多下拉菜单项中还可以拉出第三、第四子菜单。

（2）会话管理方式

所有用户界面中几乎毫无例外地需要人机会话，最为常见的有：当用户操作错误时，系统会提示用户并发出警告性信息；当用户操作指令可能存在两种以上的不同操作时，系统将提请用户做进一步地选择；系统根据处理结果通过屏幕显示向用户发出后续操作确认信息等。此类会话通常的处理方式是由开发人员根据实际系统操作过程将既定的对话语句写入程序中。

还有另一类形式的会话管理，如决策支持系统中常常会有大量具有一定因果关系的会话。这类会话显然不能再简单地将其罗列于程序之中，因为其具有一定的内涵而且是双向式的，前一次人机会话的结果决定了下一步系统将要执行的动作及下一句会话的内容。对于这一类会话，可将其设计成数据文件中的多条记录（一句话一个记录），系统运行时首先接收用户对第一句会话的回应，再执行相应的判断处理；若有必要，系统会通过简单推理再从会话文件中调出对应的下一句会话并屏幕显示，依此反复，直到问题最终得到满意的解决。该会话管理方式的好处之一就是方便、灵活，且与程序不直接相关，对会话内容的调整不需要修改程序，而仅需改变会话文件中相应的记录即可。其缺点在于，其分析判断推理过程可能较为复杂，故一般只适用于少数决策支持系统、专家系统或基于知识的分析推理系统中。

（3）操作提示与权限管理

为便于操作，系统设计时常常把各项操作所对应的提示和要点同时显示在屏幕的旁边，以便用户操作更为方便，这也是比较流行的用户界面设计方式。另一种操作提示设计方法则是先将系统操作说明书整个输入系统文件中，再设置好系统运行状态指针，系统运行操作时指针将随着系统运行状态而改变，只要用户按"求助"键，系统就立刻根据当前指针位置调出相应的操作说明。如果调出说明后还需要更进一步详细说明，则可通过标题索引，或者通过选择关键字的方式检索到具体内容。

与操作方式有关的另一个内容就是对数据操作权限的管理，权限管理一般都是通过口令和系统预定权限相结合以实现的。在设计系统对数据操作权限的管理方式时，可以结合实际情况综合确定。

5.7 系统物理配置方案设计

系统物理配置方案设计是按照新系统的目标及功能要求，综合考虑环境和资源等实际情况，再根据信息系统要求的不同处理方式所进行的有关具体计算机软硬件、数据库系统以及网络系统的选择和配置。

5.7.1 设计依据

系统设计阶段主要根据系统功能、容量、性能、软硬件设备配置和网络通信等各方面的要求，以及应用环境要求等来进行系统物理方案的设计与配置。具体包括以下几个方面：

1）系统吞吐量

系统吞吐量是指系统每秒钟执行的作业数，系统吞吐量越大，则其处理能力越强。系统吞吐量与系统软、硬件和网络等配置情况有直接的关系，若要求系统具有较大的吞吐量，在进行系统物理配置时就应选择具有较高性能的计算机和网络系统。

2）系统响应时间

系统响应时间是指用户向系统发出作业请求，经系统处理后给出应答结果所需花费的时间。若要求系统响应时间短，进行系统物理配置时就应选择运算速度较快的计算机及具有较高传递速率的连接网络。

3）系统可靠性

系统可靠性可以用连续工作时间来表示。对于每天需要 24 小时连续工作的系统，系统的可靠性要求就较高，在进行系统物理配置时可考虑采用双机热备份或者双机双工结构。

4）系统处理方式

系统处理方式不同对系统物理配置的要求也会不同。若系统处理方式是集中式的，信息系统可以采用主机加网络终端方式；若系统处理方式是分布式的，则采用微机网络系统更能有效地发挥系统的性能。

5）地域范围

对于分布式系统，在进行系统物理配置时还应根据系统覆盖范围来决定是采用广域网还是局域网。

5.7.2　计算机硬件的选择

计算机硬件的选择主要是指选择和配置服务器、客户机、网络设备、输入 / 输出设备、办公自动化设备及接口等。计算机硬件的选择主要取决于数据的处理方式和所运行的软件对计算机处理能力的要求。一般来说，对于使用集中式数据处理方式的系统可以采用主机——终端系统，以使系统具有强大的计算能力；对于使用分布式数据处理方式的系统使用微机网络可能会更加灵活和经济。另外，在计算机硬件的选择上还要考虑应用软件对机器处理能力的需求，包括 CPU 的速度和性能、内外存容量及可扩充容量、输入输出和通信的通道数目、显示方式，以及外接转储设备及其类型等方面的要求。系统设计时可以综合考虑应用需要和经费条件来选择计算机硬件。通常情况下，在选择计算机硬件时可以参考以下原则：

①选择技术上成熟可靠的系列机型；②选择处理速度快的硬件；③选择数据存储容量大的硬件；④选择具有良好的兼容性与可扩充性、可维护性的硬件；⑤选择具有良好的性价比的硬件；⑥选择售后服务与技术服务好的硬件；⑦选择操作方便的硬件；⑧选择在一定时间内保持一定先进性的硬件。

5.7.3　计算机软件的选择

计算机软件的选择主要是指选择适合的操作系统、数据库管理系统、开发工具及应用软件等。选择计算机软件时不仅要考虑软件功能是否能够满足应用需求、软件之间的连接与配套，还要考虑软件对环境的要求和软件的稳定性、兼容性、可操作性、安全性、适应性及维护性等多方面的问题。管理信息系统建设中既可以根据应用需要来开发，也可以直接选用市场上较成熟的应用软件。选择应用软件时主要应考虑的是软件能否满足用户的需求，是否有足够的灵活性，以及是否能够获得长期、稳定的技术支持等问题。

5.7.4　网络设计

现代化的管理信息系统离不开网络通信，网络设计通常分为三个步骤：

首先要根据用户的要求选择网络结构，其次要根据系统结构划分的结果安排网络和设备的分布，即什么地方需要什么设备，哪些设备需要联网，网络结构采用什么方式为好，选用什么网络产品等。最后要根据实际业务的要求划定网络中各节点的级别、管理方式、数据读写的权限、选择相应的软件系统等。确定了这三方面内容并设计出完整的系统网络后，就可以通知提供网络产品的公司按要求建立起网络系统。

一个组织内部通常可考虑建立一个或多个局域网（LAN），因此在信息系统开发过程中使用最多的还是连接各子系统的局域网。当然广域网（WAN）技术在现代信息系统中也运用广泛，例如，采用内联网结构的系统，尤其是企业电子商务等系统就更需要有因特网等广域网的支持。

5.7.5　数据库管理系统的选择

数据库系统是管理信息系统的基础，所以适合的数据库管理系统对信息系统有着至关重要的影响。选择数据库管理系统时，应主要考虑的指标因素有：①构造数据库的难易程度；②程序开发的难易程度；③数据库管理系统的性能分析；④对分布式应用的支持；⑤并行处理能力；⑥可移植性和可扩展性；⑦数据完整性约束；⑧并发控制功能；⑨容错能力；⑩安全性控制。当然，还需要考虑其对汉字的处理能力，不过现有各类数据库基本上都能很好地支持汉字系统。

目前有许多数据库管理系统可供选择，大型的有 Oracle、Sybase、DB2 等，中型的有 SQL Server、Informix、My SQL 等。管理信息系统开发中可以根据自身所需进行选用。

5.8　系统设计报告

系统设计阶段的成果是系统设计报告，主要包括各设计方案和设计图表。系统设计报告是管理信息系统的物理模型描述，也是下一步系统实现的基础。

5.8.1　系统设计的成果

系统设计阶段的成果归纳起来一般应包括：

①系统总体结构图：包括总体结构图、子系统结构图、系统流程图等。

②系统设备配置图：系统设备配置图主要是计算机系统图，设备在各生产岗位的分布图，主机、网络、终端联系图等。

③系统分布编码方案：包括分类方案和编码系统。

④数据库结构图：数据库的结构，主要指表与表之间，以及表内部的结构（字段、域、数据字典等）。

⑤HIPO 图：包括层次化模块结构图和 IPO 图等。

⑥系统详细设计方案说明书。

5.8.2　系统设计报告的组成

1）引言

①摘要：对系统的目标名称和功能等的说明。

②背景：包括项目开发者、用户、本项目和其他系统或机构的关系和联系等。

③系统环境与限制：包括硬件、软件和运行环境方面的限制；保密和安全的限制；有关系统软件文本；有关网络协议标准文本等。

④参考资料和专门术语说明。

2）系统设计方案

①模块设计：包括系统的模块结构图；各个模块的 IPO 图（各模块的名称、功能、调用关系、局部数据项和详细的算法说明等）。

②代码设计：包括各类代码的类型、名称、功能、使用范围和使用要求等的设计说明书。

③输入设计：包括输入项目；输入人员（指出所要求的输入操作人员的水平与技术专长，说明与输入数据有关的接口软件及其来源）；主要功能要求（从满足正确、迅速、简单、经济和方便使用者等方面应达到要求的说明）；输入校验（关于各类输入数据的校验方法的说明）等。

④输出设计：包括输出项目；输出接受者；输出要求（所用设备介质、输出格式、数值范围和精度要求）等。

⑤文件（数据库）设计说明：包括概述（目标、主要功能）；需求规定（精度、有效性、时间要求及其他专门要求）；运行环境要求（设备支撑软件，安全保密等要求）；逻辑结构设计（有关文件及其记录、数据项的标识、定义、长度，以及数据项之间的关系）；物理结构设计（有关文件的存储要求、访问方法、存储单位、设计考虑和保密处理等）。

⑥模型库和方法库设计：包括该系统所选用的数学模型和方法，以及相应的简要说明。

⑦安全保密设计。

⑧物理系统配置方案报告：包括硬件配置设计；通信与网络配置设计；软件配置设计；机房配置设计等。

⑨系统实施方案及说明：包括实施方案；实施计划（包括工作任务的分解、进度

安排和经费预算）；实施方案的审批（说明经过审批的实施方案概况和审批人员的姓名）等。

本章小结

系统设计是结构化系统设计（生命周期法）中继系统分析之后的第二个阶段，目的是将系统分析阶段所确立的系统逻辑模型转换为系统物理模型。系统设计阶段可分为总体设计和详细设计，主要内容有：总体结构设计，包括子系统的划分、模块结构设计、物理配置方案设计等；代码设计，包括代码的分类、设计、维护和管理等；数据存储设计，包括文件设计、数据库设计、数据库的安全设计等；计算机处理过程设计，包括输入输出设计、模块处理过程设计等。系统设计最后将编写出系统设计报告。

第6章 管理信息系统的实施与评价

前面两章分别介绍了结构化系统开发方法（生命周期法）三阶段中的前两个阶段，即系统分析和系统设计。系统开发工作按部就班地进行，经过这两个阶段后已经分别得到了管理信息系统的逻辑模型（系统分析报告）和物理模型（系统设计说明书），接下来就是要将模型付诸实际，从而获得真正的管理信息系统。

6.1 管理信息系统的实施

从管理信息系统的生命周期来看，系统实施阶段已经到了系统研制开发的后期，故该阶段是前面各阶段工作的延伸和目的，也是生命周期法（三阶段开发模型）的最后一个阶段。按照系统实施的过程，其任务主要包括：物理系统的实施、系统程序设计、程序系统调试以及系统测试等内容。但需要特别注意的是，管理信息系统是一个人－机复合系统，除了机器部分，有关人的部分也需要建设，因此人员培训也应该属于该阶段的重要内容。

6.1.1 物理系统的实施

物理系统的实施是指对管理信息系统的物理（设备）实现，包括计算机系统和通信网络系统设备等的采购，以及机房的准备和设备的安装调试等一系列活动。物理实施是信息系统建设的基础，主要由系统分析人员、系统设计人员，以及系统构建人员（包括设备提供商）等共同完成。

1）计算机硬件系统的实施

按照系统物理配置方案的要求，选择购置该系统所必需的硬件设备（计算机系统）。硬件设备包括主机、外围设备、稳压电源、空调装置、机房的配套设施以及网络通信设备等。计算机硬件设备选择的基本原则是在功能和性能等方面能够全面满足所开发的管理信息系统之设计要求。当然，若有条件硬件选择方面可以略有超前，留有一定的升级空间以增强系统的扩展能力和环境适应性。这方面的工作要花费大量的人力、物力及财力，并可能持续较长一段时间。值得注意的是，选择计算机硬件系统时要充分进行市场调查，掌握设备现行主流技术指标及市场行情，了解设备运行情况及厂商所能提供的服务等。

2）计算机软件系统的实施

在硬件系统的基础上还需要建立适合系统运行的软件系统，包括购置系统软件和必要的应用软件。按照系统设计要求配置的系统软件主要包括操作系统、数据库管理系统、程序设计语言处理系统等。在企业管理信息系统中，部分需求可能已有商品化软件可供选择购置，其他则需自行编写软件程序。事前应先充分了解相关商品软件功能及性能指标、适用范围、接口及运行环境等，以便购买和配置适合的软件。计算机硬件和软件的配置，应当与计算机技术发展的趋势相一致，硬件选择要兼顾升级和维护的要求；在软件选择上，特别是数据库管理系统，应重点考虑主流软件产品，为提高系统的可扩展性奠定基础。

3）网络系统的实施

高效而安全的网络通信是现代管理信息系统的必要条件，因此计算机网络也是管理信息系统建设的基础之一。网络系统也是数据库系统和软件程序的开发及测试平台，大多数情况下，新开发的管理信息系统均可能有着更高的网络通信要求，因此可能需要创建新的计算机网络系统或者改造原有的旧网络，那么网络建设工作应当及时完成。

网络环境的建立应根据所开发系统对网络条件的要求，选择合适的网络设备和网络操作系统，按照目标系统将采用的工作模式和网络设计范式，进行相关网络通信线路的架构与网络设备的连接，以及网络操作系统软件的安装和调试，然后还需要进行对整个网络系统的运行性能与安全性测试，以及网络用户权限管理体系的实施等。

本项工作中，网络设计人员和网络管理人员起最主要的作用。网络设计人员应该是局域网和广域网的专家，而网络管理人员则是构建和测试信息系统网络的专业人员，并且负责网络的安全性。此外，系统分析人员也应当严格把关，确保构建的网络满足用户的需求。

6.1.2　系统应用软件开发方式

管理信息系统物理实现还包括对系统应用软件的实现，即配备满足系统设计功能相应的应用软件。第3章中已经大致介绍过有关管理信息系统的开发方式，并就目前五种常用开发方式的主要特点做了比较，下面再针对目前管理信息系统应用软件最主流的三种开发方式，即专门开发、全面购置商品软件及两者的集成综合方式做进一步的详细介绍。

对整个系统全部实施专门开发是早期就一直被采用的方式，由于当时信息系统开发方式与技术不够成熟，开发团队普遍缺乏开发经验，也几乎还没有现成的商品软件可供选购，因此根据不同企业的具体情况专门开发其管理信息系统也是必然的。专门开发的工作量非常庞大，应用系统软件的重复设计与编制耗费了大量的人力与时间。随着管理信息系统开发与应用的深入和普及，陆续出现了一些行业内较为通用的，能解决企业管理中部分普遍性问题的商品化软件，其中典型的有 MRPII、财务管理、人事管理软件，以及仓库管理和进销存管理软件等。购置商品软件可大大加快信息系统的开发进度，也可以提高系统开发的成功率。但是，每个企业的管理模式及业务流程不尽相同，或多或少都会有一些自己独特的需求，不可能买到能解决企业所有管理问题的商品软件，因此不得不采用系统软件购置与专门开发并举的集成综合方式，即购置一些管理工程较稳定、模式较统一的功能模块，而对于需要结合企业具体特点的、稳定性较差的或者决策难度较大的功能模块则进行专门开发。当然，两者应当有机地结合，以构成一个具有统一性和协调性的完整的信息系统。

对应用系统的全部专门开发进行细分，又可分为用户自主开发、委托外部开发、自主开发与委托开发相结合的合作开发三种方式。得力于开发工具的进步，用户自主开发难度现在已经大大降低了，比较适应于企业自身开发队伍的能力较强，并且对软件有特殊需求的情况。用户自主开发的优点是便于与用户协调，用户适应性好，项目可控性较强。但是也存在系统性及开发质量较难保证，开发周期较长，易加固传统管理方法而不利于组织变革，以及需要较多的信息人员，开发投入不一定能减少等缺点。委托外部开发是指当企业无能力自行开发时，可通过支付一定的费用委托专业单位进行开发。目前管理信息系统开发已经成了一种信息服务项目，委托开发也是较为主流的方式。采用委托开发的方式能够保证软件的系统性和开发质量，也能较好地推动组织变革，但却不利于培养组织自己的信息系统维护人员，易造成依赖性且存在较大应用风险。除以上两者外，专门开发还可以采用自主开发与委托开发相结合的方式，两者如何配合、互补、分工则是本方式的关键，一般以外部力量为主，内部力量为辅，前者侧重技术开发，后者侧重与用户的联系和协调工作，这也是目前较普遍采用的开发方式，企业还能够在开发实践中培养一批自己的信息管理人员。

全部购买商品软件具有开发周期短，可靠性好，以规范模式研制更能促使组织变革等优点，但同时也存在无法满足特殊性和多变性需求、软件服务（客户化和后期维护）价格较昂贵等问题。

如果将商品软件购置与专门开发相结合，应购买通用性功能的商品软件，而针对特殊性需求的则进行专门开发。关键在于对两者的选择划分和有机集成。一般而言，成熟、稳定、前端、底层的子系统宜购置，而结构化程度差、后端、上层的子系统宜专门开发。采用此方法时，需确保两者间系统软件和开发工具等要求尽可能一致、购置部分与专门开发部分的接口规范要统一，且必须保证主要数据的唯一性。几种主流开发方式的比较见表 6.1。

表 6.1　主流开发方式的比较

	商品软件	自主开发	委托开发	自主与委托	专门与购置
需求明确	较好	好	较好	好	好
项目可控	好	好	较好	较好	较好

续表

	商品软件	自主开发	委托开发	自主与委托	专门与购置
用户适应	一般	好	好	好	好
人才培养	差	好	差	好	好
系统质量	好	一般	好	较好	较好
开发周期	短	长	中	中	中
推动变革	有利	不利	较有利	较有利	较有利
风险程度	大	小	较大	较大	较大
开发投入	大	大	中等	大	大
依赖外界	唯一依赖	很少依赖	较依赖	较少依赖	较依赖

6.1.3 程序设计

程序设计也常常被称为软件开发，进行计算机程序设计是为了实现系统分析和系统设计中所提出的管理模式及业务应用功能，程序设计工作一般由程序设计员来完成。在系统实施阶段，对于开发者而言，最重要的任务就是程序设计。

随着计算机硬件技术的快速发展，硬件配置越来越高，计算机性能越来越好，人们对程序设计的质量要求也发生了很大变化。目前对于程序设计的主要要求体现在程序的正确性、可靠性、可维护性、规范性、可读性和效率等方面。

正确性是对程序设计的最基本要求，也是软件功能实现的先决条件。要保证程序正确，一方面是要熟悉程序设计语言，避免出现语法错误；另一方面应当使程序描述的处理逻辑和算法符合系统设计功能的要求，避免出现语义的错误。

其他几个方面按其重要性依次如下：

①可维护性：由于系统需求的不确定性，即系统需求会随着环境的变化而不断变化，而且由于现在的软件系统越来越庞大和复杂，运行过程中难免会不断出现各式各样的毛病，因此需要针对出现的问题不断修复和调整，以实现对系统功能的不断完善。如果一个系统出现问题时不能维护或者不易维护，必然会缩短其生命周期，甚至很快被淘汰。因此，越是庞大和复杂的系统其可维护性越是第一位的。

②可靠性：出错不仅会大大降低系统使用效率，甚至可能引起严重后果。程序应具有较好的容错能力，以保证即便是在异常情况下也能够有相应的方案来解决问题；也不能因为用户的误操作而破坏系统或数据，造成系统瘫痪或死机现象。可靠性主要包括程序或系统的安全可靠性和程序运行的可靠性两个方面。

③规范性与可读性：系统各功能模块的划分，以及每个功能模块中的各子功能模块的划分、各子功能模块程序的书写格式、所用变量的命名、各子程序模块的命名等部分应该按照整个系统的统一规范进行。此外，软件程序内容应当清晰、明了，没有

过多繁杂的"技巧性"，必要时要给出充分的注释说明，让别人也能够容易读懂和理解。这一条也与软件程序的庞大和复杂性有关，现在的软件开发往往需要以团队合作方式进行，而且往往维护人员还不一定参与过程序开发，为了便于集体协作就必须要求程序编写要规范和易于读解，不能太个性化和随意性。

程序的规范性和可读性对于未来程序的维护和修改是非常重要的，这也正是对可维护性的支持和保障。如果程序的规范性和可读性不强，除了具体的程序设计人员，别人很难读懂程序，也就很难进行程序的维护和修改，影响未来的系统使用。

④效率：效率是指程序结构严谨，运行速度快，节省时间；程序和数据的存储、调用安排得当，节省存储空间。随着计算机运算速度的不断提升，以及存储容量特别是内存容量的大大增加，程序在时间复杂性和空间复杂性方面的要求也降低了许多。因此，以前最为重要的效率要求反而掉到了最后。

目前程序设计的方法大多是按照结构化方法、原型方法、面向对象以及可视化的方法进行的。而且一般也都推荐充分利用现有软件开发工具的方法，因为编程并非系统开发的目的，而只是实现系统功能的过程。所以在编程实现中应尽量借用已有的程序和各种高效的开发工具，尽快尽好地实现系统，而不需要在具体的编程和调试工作中花费过多的精力和时间。

1）结构化程序设计方法

结构化程序设计的基本思路是：把一个复杂问题的求解过程分阶段进行，每个阶段处理的问题都控制在人们容易理解和处理的范围内。

结构化程序设计的方法包括以下几个方面：

（1）采用三种最基本的控制结构

程序设计中仅采用顺序结构、分支结构和循环结构三种基本控制结构，而不采用强制转向语句。

（2）自顶向下的设计原则

程序设计时，数量繁多的程序模块不可能完全同时进行，各项编程任务之间必须有先后顺序之分，以最终实现系统设计的整个方案。自顶向下的设计原则就是首先设计上层模块，然后再逐步向下，最后设计最下层的具体功能模块。而具体编程实现时则首先要实现下层模块，再逐步向上，最后实现最上层模块。结构化程序设计所采用的正是自顶向下的设计原则。

（3）功能调用层次分明

各模块功能程序之间的联系采用程序调用的形式，调用层次要分明。

（4）程序书写采用锯齿形风格

程序段可能都很长，如果在书写时层次不分可能就难以阅读理解。结构化程序设计中程序段书写一般均采用锯齿形风格，清晰分明的层次结构可以大大提高程序的可读性。

结构化程序设计的上述原则，其目的正是提高了程序设计的规范性、可靠性、可读性，易于程序的调试与维护。

2）速成原型式的程序设计

速成原型式的方法在程序设计阶段的具体实施方法是，首先将 HIPO 图中类似带有普遍性的功能模块集中，如菜单模块、报表模块、查询模块、统计分析和图形模块等，这些模块几乎是每个子系统都必不可少的。然后再去寻找有无相应的、可用的软件工具，如果没有则可以考虑开发一个能够适合各子系统情况的通用模块，最后用这些工具生成对应程序模型的原型。如果 HIPO 图中有一些特定的处理功能和模型，而这些功能和模型又是现有工具不可能生成出来的，就需再考虑编制一段程序加进去。利用现有的工具和原型方法有望能很快地开发出所要的程序。

3）面向对象程序设计方法

虽然结构化程序设计方法能有效地将各种复杂问题分解为一系列相对容易实现的子问题，从而有利于软件的开发及维护。但是因程序中数据和对数据的操作相互分离，若数据结构发生改变，则程序中大部分甚至所有相关处理过程都可能需要进行修改。因此，对于开发大型程序具有一定的难度，软件的可重用性差且软件维护工作量大。而面向对象程序设计与以往各种程序设计方法的根本区别在于程序设计的思维方法不同，比结构化程序设计更加成熟，能够有效地弥补结构化程序设计的不足。

面向对象程序设计的最大特征是强调构成事物的每一个对象，描述的是每个对象的属性与方法。对于响应每个事件的程序则一般不再独立构成一个文件，而是被封装在每个具体的对象之中。可以这样说，对于一个应用系统，面向过程的程序设计方法考虑的是解决问题的语句，而面向对象的程序设计方法则考虑的是构成系统的每个对象。因此，面向对象程序设计有三个重要特性：封装性、继承性和多态性。

4）可视化程序设计方法

在可视化编程出现之前，程序设计中基本上都是采用传统的编制程序代码的方式设计用户图形界面，不仅需要编写大量的程序代码，而且在程序设计过程中也看不到界面显示的实际效果，只有在程序执行时才能观察到，当界面效果不好时还需要回到程序中修改，编程效率较为低下。可视化编程则基于事件驱动的原理，通过调用各种可视控件，如按钮、列表框和滚动条等，每个可视控件对应多个事件和事件驱动程序，并为控制对象设置属性；根据开发者的需要直接在窗口中进行用户界面的布局设计，通过一系列的交互设计就能很快地完成一个应用项目的编程工作。该项技术具有编程简单、自动生成程序代码、效率高的优点，因而在当今的编程语言中被广泛采用。

6.1.4　程序和系统调试

系统调试是从系统角度对所实现的功能及功能之间的协调运行进行检验和调整，找出系统中可能存在的问题并进行更正，以达到系统设计的完整要求。

系统调试过程通常由单个模块调试、模块组装调试和系统联调三个步骤来完成。

①单个模块调试：对单个模块进行检查，保证其内部功能的正确性。调试的内容

和方法有以下几种：

a. 检测程序间的数据协调关系。模块相当于一个主控程序，它需要调用若干个子程序，因此调试时应检查主程序和各子程序之间，以及子程序与子程序之间的数据传送情况，使整个模块内的数据关系协调。

b. 检测内存变量属性。区分全局变量与局部变量，避免程序间变量的不良影响。

c. 检测整个模块输入和输出的正确性，可输入模拟数据以检测输出结果是否正确。对于某些不需要输出的中间变量可在程序中安排测试点，从输出结果中确认是否有错并查找出错原因。

d. 模块运行结束的检测。模块运行结束之前应当关闭所有与其关联的数据库，清除所有内存变量，释放所占用的资源。

②模块组装调试：针对各子系统内部模块组装情况，检查其模块间的调用关系及数据传递是否正确，检查子系统功能是否完整。

模块组装调试是在模块调试的基础上检测构成子系统的各模块间的调用关系和数据共享关系。调用关系的检测应根据功能结构图并采用自顶向下的调试顺序进行，重点检查上级模块是否能够正确调用下级模块，以及下级模块是否能够正确返回。数据共享关系的检测依据是数据流程图，重点调试相互之间有着数据传递和共享关系的模块，测试相关模块和处理对数据是否均有正确的响应，在输入输出内容与预期结果的反复比较中检测出各种错误。

③系统联调：在单个模块调试和模块组装调试确认各模块和各子系统正确完整之后，开始进行整个系统的联调。系统联调也是系统调试的最后一个阶段。

各子系统均调试完成后首先需要进行系统装配，然后再对装配好的系统进行整体调试，这个过程称为系统联调或总调。与前面的调试一样，系统总调也非常重要，特别是对于各子系统是由不同开发小组分别编写的情况，总调就更为必要。通过总调可以全面地协调各子系统之间的关系，保证接口和整个系统的逻辑关系正确，使系统具有最佳的整体效果。整个系统调试过程及各步骤间的关系如图 6.1 所示，调试范围由小到大，能够及时地发现错误，使调试更为有效。

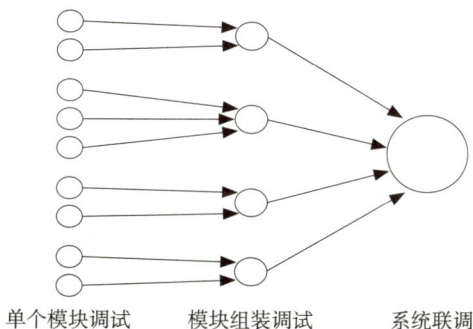

图 6.1　系统调试的过程

系统调试也是管理信息系统开发周期中的一个十分重要而漫长的阶段，其工作量甚至要占到整个软件开发阶段总工作量的近一半，其重要性更关乎管理信息系统开发的成功与否，因此在系统开发中占有相当重要的地位。这也是保证系统质量与可靠性的最后关卡，是对整个系统开发过程，包括整个生命周期各阶段的最终审查。

6.1.5　系统测试

系统测试的主要目的是检查内部控制关系和数据处理的情况。调试内容包括语法调试和逻辑检查两个方面。语法错误比较直观，调试时会有错误性质的显示并指明大概位置，只要弄清了语法规则即可改正。而逻辑错误则较难发现，因为在程序运行过程中并无任何有关逻辑错误的显示，这就需要仔细调试，以及在与预期结果的反复比较中才能找出这类错误。

广义的测试不仅包括在计算机上进行的动态测试（机器测试），还包括用人工方法进行的代码复审（人工测试），其目的是检查程序的数据结构，找出编译不能发现的错误。

1）人工测试

人工测试的目的在于检查程序的静态结构，找出编译过程不能发现的程序算法错误。其主要的任务是进行程序代码复审，一般采用三种具体形式：

①个人复查：个人复查是指程序源代码编写结束后由程序员自行检查。由于是自查，出于程序员对自身所编写程序的心理偏爱，不容易发现习惯性错误，若存在自身对程序功能算法的理解错误也很难纠正。一般该形式效率不高，仅限于小型程序模块的检查。

②小组复查：由3～5个经验丰富且未参与该程序设计的程序员组成测试小组进行复查。通过对系统软件资料和源程序的检查、分析和手工模拟，从中发现并纠正存在的各种错误。由于是人工方式故速度较慢，一般采用少量的、简单的测试用例进行。

③会审：会审是指由测试小组组成复查队伍进行复查，类似小组复查法。测试小组成员在进行会审时应仔细阅读有关资料，根据错误类型清单（包括常见的各种编程错误）实施会审，通过测试小组成员与程序员的提问、讲解、回答及讨论等各种交互过程以发现并纠正错误，同时审定有关系统程序的功能、结构及风格等。

2）动态测试（机器测试）

动态测试常用的方法分为黑盒法和白盒法。

（1）黑盒测试

黑盒测试也称功能测试，即不管程序内部的结构是如何设计和编制的，仅从外部根据IPO图的要求对模块进行测试。也就是说，从程序的输入和输出特性上测试程序模块是否满足设计的功能。

用黑盒法设计测试用例时，必须用所有可能的输入数据来检查程序是否都能产生正确的输出，这种包含所有可能情况的测试被称为穷尽测试。但是，黑盒测试一般不太可能真正实现穷尽测试，即便可以，也因其完成所有测试需要的时间太长而无法实现。因此常用的测试用例设计方法有等价类划分法、边界值分析法、错误推测法、场景分析法等。

①等价类划分法。等价类划分法把程序的输入域划分成若干部分，然后从每个部分中选取少数代表性数据作为测试用例。每一类的代表性数据在测试中的作用等价于这一类中的其他值。如果某一类的一个例子发现了错误，这一等价类中的其他例子也能发现同样的错误；反之，如果某一类中的一个例子没有发现错误，则这一类中的其他例子也不会查出错误。关于等价类又可以分为有效等价类和无效等价类两种。有效等价类是指对于程序的规格来说是合理的、有意义的输入数据构成的集合。利用有效等价类可以检验程序是否实现了规格说明中所规定的功能和性能。无效等价类是指所有其他的数据的集合，与有效等价类的定义相反。

②边界值分析法。人们在长期的测试中发现，程序往往在处理边界值的时候容易出错，例如数组的下标、循环的上下界等，针对这种情况设计测试用例的方法就是边界值分析法。边界值分析法是对等价类划分法的一种补充，由工作实践得出，大量的错误发生在输入输出的边界上，针对边界情况设计测试用例可以测出更多的错误。所以在确定边界时通常选取输入等价类和输出等价类的边界，即着重测试程序的边界情况。

对于边界条件的分类也有三种：边界条件，指相当于输入等价类和输出等价类而言稍高于其边界值及稍低于其边界值的一些特定情况；次边界条件，因在软件内部故也称内部边界条件；其他边界条件，如输入信息为假、非法、错误、垃圾数据等。

③错误推测法。错误推测法的基本想法是基于测试经验和直觉，列举出程序中所有可能有的错误和容易发生错误的特殊情况，有针对性地设计测试用例的方法。例如，输入数据为0或输出数据为0的地方往往容易出错。输入数据"图书名称"处若输入空格，程序是否认为是正确输入。图书的"定价"为负值，程序是否报错等。

④场景分析法。场景分析法是采用了软件设计思想，利用事件触发来控制流程，同一事件不同的触发顺序和处理结果就形成了事件流。用例场景是用来描述流经用例的路径，从用例开始到结束遍历这条路径的所有基本流和备选流。

（2）白盒测试

白盒测试也称结构测试，即将软件看作透明的白盒，按照程序的内部结构和处理逻辑设计测试用例来对软件的逻辑过程进行测试，检查其是否符合设计的要求。

白盒测试法考虑的是测试用例对程序内部逻辑的覆盖程度，最彻底的白盒测试法需要覆盖程序中的每一条路径。但是，由于程序中一般含有循环，所以路径的数目极大，要执行每一条路径是不可能的，只能希望覆盖的程度尽可能高。

白盒测试法多采用逻辑覆盖的思想，即以程序的内部逻辑结构为基础的测试用例设计与测试。要求测试人员十分清楚程序的逻辑结构，需要考虑测试用例对程序内部逻辑覆盖的程度。逻辑覆盖标准从低到高分别是语句覆盖、判定覆盖、条件覆盖、判

定 / 条件覆盖、条件组合覆盖等。

①语句覆盖：选择足够的测试用例，使程序中每个可执行语句至少执行一次。

②判定覆盖：通过执行足够的测试用例，使程序中的每个判定至少都获得一次"真"值和"假"值，也就是使程序中每个"真"分支和"假"分支均至少经历一次，也称"分支覆盖"。

③条件覆盖：设计足够的测试用例，使程序中每个判定包含的每个条件可能的取值（真 / 假）均至少满足一次。

④判定 / 条件覆盖：设计足够的测试用例，使程序中每个判定所包含条件的所有情况（真 / 假）至少出现一次，且每个判定本身的判定结果（真 / 假）也至少出现一次。

⑤条件组合覆盖：通过执行足够的测试用例，使程序中每个判定所有可能的条件取值组合都至少出现一次。

系统测试的最后需要编写测试报告，测试报告是把测试的过程及结果书写成文档，并对发现的问题和缺陷进行分析，为纠正软件中存在的质量问题提供依据，同时也为软件验收及交付打下基础。

6.2　管理信息开发的项目管理

管理信息系统的开发是一项复杂艰巨的系统工作，涉及企业管理、计算机技术、数据库技术以及网络通信等多学科领域的系统工程。为了对系统开发工作进行有效管理，必须坚持科学的项目管理方法。本节从项目计划与控制、组织管理和人员培训等几个方面介绍系统开发项目管理的内容及应当注意的要点问题。

6.2.1　项目计划与控制

信息系统的开发应当作为一个工程项目来实施管理，其主要内容是运用系统工程论方法制订出详细的开发工作计划，然后组织计划的实施并进行监督与控制，以保证能按质按时开发出既定目标下的管理信息系统。

1）信息系统开发项目工作计划的编制

信息系统开发项目工作计划的编制首先要确定并落实的具体事务有：

（1）开发阶段、子项目与工作步骤的划分

一般情况下，可以从开发阶段性和系统构成这两个维度来划分项目的工作子项。例如，开发阶段性维度划分有系统分析、系统设计、系统实施（生命周期）三阶段，以及用户培训等工作子项。而系统构成维度则可划分为应用系统各个子系统或功能模块、计算机硬件、软件系统、网络通信系统和数据库管理系统等工作子项。各开发阶段还可以再细分出具体的内容，如系统分析中的现行系统分析、需求分析、新系统逻辑方案以及 BPR 方案的设计等。同样，每项系统构成也可以再进行细分，如子系统的输入模块、处理模块和输出模块，数据库管理系统的系统购置与安装、数据表的建立、初始数据的输入等。

工作子项划分越细，计划安排就越明确和具体，对项目的管理也就越有利。开发阶段性和系统构成两个维度又是相互交错的，几乎每个开发阶段都要涉及系统的各项构成，大部分的系统构成也要经历多个开发阶段。因此，信息系统开发项目计划要针对系统每项构成的各个阶段，或者针对系统每个阶段的各项构成做出具体安排。

如果采用购置商品软件的系统开发方式，虽然没有程序编制等系统制作内容，但有其他开发方式不具备的系统软件购置内容。可见不同系统开发方式的项目工作子项略有不同。

（2）子项目之间的依赖关系及其开发顺序

当确定了项目的工作子项以后，还要进一步明确这些子项在计划安排中的先后实施顺序，这就需要了解各项目工作子项之间的相互工序逻辑关系。一方面，如果一个工作子项是建立在另一子项的基础上，那么作为基础的子项则必须先行安排。另一方面，开发阶段和系统构成这两个交叉的维度也使得某些工作子项有可并行推进的可能。于是，信息系统开发项目工作子项之间就会呈现出网络状的关系，相应的项目工作计划也就成了一个网络结构计划。当然，在开发阶段性上必须按生命周期法则来安排其先后顺序。系统构成上，作为基础的、位于业务流程前端的工作子项，例如销售子系统、产品数据管理子系统等应先予安排；而依赖性的、建立在其他子项之上的工作子项，例如生产管理子系统、财务管理子系统等则应后面再安排。另外，为充分体现信息系统的效益以激发开发信心，一些难度低、见效快的工作子项也应予以优先安排，例如，库存管理子系统等。

（3）各开发阶段、子项目与工作步骤的工作量

项目计划的安排除了需要明确工作内容，还需要明确各项具体工作内容的工作量，因为工作量的大小将决定工作子项所需投入的人力及花费的时间。时间和人力是可以互补的两个方面，但研究表明，信息系统的性质使开发人员数量与开发时间并不能正比互换。如果增加开发人数以缩短开发时间，工作量往往会变大，因为人员的增加将产生更多的协调与综合工作。

对于信息系统各开发阶段以及和系统各构成之工作量的核定，目前尚未有很精确的计算方法，一般也只能依据经验统计数据来给出估计数。信息系统开发常常使用人月数来表达工作量，即将一个项目或一个项目工作子项的工作量大致表示为多少个人月数。

此基础上再根据项目总进度要求，运用工程项目计划方法即可制订出具体工作内容及要求并落实到具体人员，且有限定完成时间的行动方案—项目工作计划。

编制信息系统开发项目工作计划的常用方法有甘特图和网络计划法。甘特图（Gantt Chart，也称线条图）是一种对各项活动进行计划调度与控制的图表，具有简单、醒目和便于编制等特点。一般来说，甘特图的横方向表示时间，纵方向列出工作。

用甘特图编制工作计划的例子如图 6.2 所示。

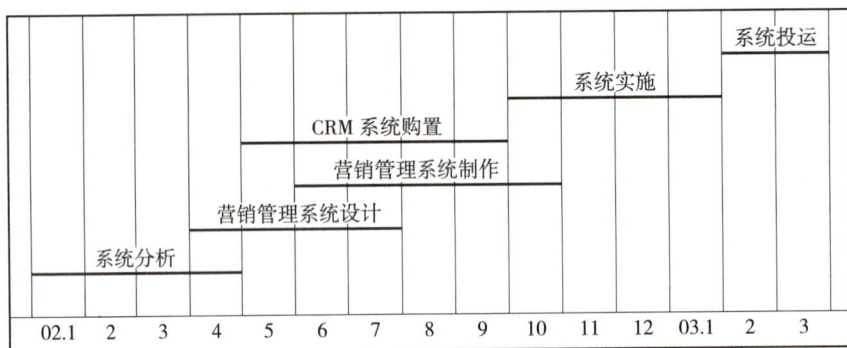

图 6.2　用甘特图编制信息系统开发项目工作计划的例子

网络计划法是以网状图表形式计划与控制各项活动的方法，一般适应于工作步骤密切相关、工序逻辑错综复杂的工程项目的计划管理。用网络计划法编制工作计划示例如图 6.3 所示。

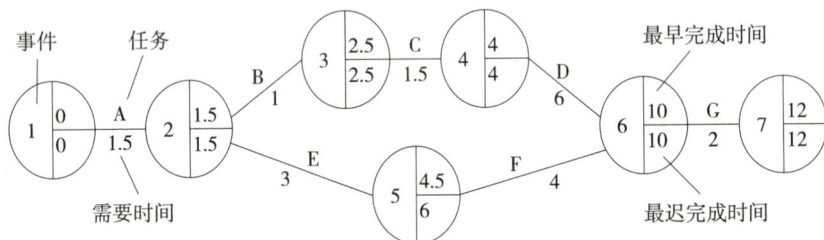

图 6.3　网络计划法

项目网络计划中需要计算若干个相关参数，如其中每个事件的最早开始时间和最早完成时间、最迟开始时间和最迟完成时间，以及其相应的自由时差和总时差等。各事件最早完成时间由始点事件开始顺向计算，而事件最迟完成时间则由终点事件开始逆向计算；最早时间与最迟时间相等时（总时差最小）则称其为关键事件，由关键事件联结而成的路线称为关键路线。为了利用网络计划以对项目进度进行控制，需要计算各事件的最早与最迟时间进而确定关键路线，整个项目的最短总工期就是由关键路线决定的。

信息系统开发项目的工作计划一般分为两个层次：第一层次按开发阶段安排，作为总体进度的控制，该层次采用甘特图；第二层次按各开发阶段或子项目的工作步骤安排，以便能在细节上安排人力，也便于控制项目进度，该层次可采用网络计划法。

由于信息系统开发项目通常带有一定的不确定性和不稳定性，工作计划不宜也不可能制订得过于具体，一般可在计划中预留一定的机动时间，随着计划的进行项目进展情况也会逐渐明朗，因此可在计划实施过程中不断调整和完善。

2）信息系统开发项目进度的控制

管理信息系统建设实践中几乎没有一个系统开发项目是真正能够完全按计划进度完成的，这也正是说明了其建设难度及复杂性，而由此可能造成的损失也较大，因此信息系统开发项目的进度控制就显得尤为重要。进度控制通过对计划实施过程的监督和检查，以及对计划延误的分析和解决等活动来实现，信息系统开发计划执行的监督与检查方法与其他开发项目基本上是类似的。

当项目工作计划发生延误时需要针对具体原因进行分析。一般而言，信息系统开发进度上的延误，除了有与其他工程项目中类似的情况，如环境变化较大、资金不到位、人员变动频繁等原因，还有一些较特殊的原因，主要表现在以下几方面：

①开发活动的工作量是凭经验估计的，实际工作量与预估数据偏差较大。

②开发过程中产生了不少事先未能估计到的活动，使得工作量增加较多。

③因系统需求或其他情况有变化，使得已完成的成果需作局部修改而造成返工。

上述导致计划延误的原因往往也是不可避免的，但究竟有哪些活动延误，以及因何原因造成延误则必须分析清楚。只有在问题明确的前提下才能选取对策，或解决问题或调整计划，以期能够在总体上把握开发进度，使延误造成的损失减至最小。针对不同原因，可能采取的解决措施大致如下：

①针对开发中可能出现的不确定性问题，可事先在工作计划中留出一定的宽裕度。例如，工作子项的工作量取上限，预设足够的机动时间等。

②坚持在开发过程中经常与用户交换意见，随时掌握企业的发展动向，及时明确各种不确定问题并尽快解决，以减少返工现象。

③当项目关键路线上的活动发生延误时，要及时调配增加开发人员，加班加点或集中人力予以重点解决。

④如果上述措施尚难以有效解决延误问题时，应当对原定计划进行必要的调整。例如，在可行的情况下调整相关工作子项的先后次序（工序），部分工作步骤提前或推后。必要时也可在不影响总体目标的前提下删减个别工作子项，或者降低局部的功能指标。

管理信息系统是一个复杂的人机系统，开发项目工作计划进度的控制也必然是一项难度极大的工作，况且目前尚缺少较为成熟的专门的项目管理方法。从根本上讲，信息系统开发进度问题的解决还有赖于企业管理模式的规范化，以及有待于系统开发的标准化等问题的解决。

6.2.2　项目组织管理

为保证信息系统开发工作的顺利启动，首先需要建立项目组织机构，即项目开发小组。项目组可由负责项目开发和管理的各方面人员组成，并由项目组长或项目经理来领导。一般来说，可以根据所开发系统的规模和项目经费的多少来确定项目组大小。项目组根据工作需要可设若干小组，小组的数目及各小组的任务可以根据项目规模、复杂程度以及开发周期长短来确定。通常需要设立的小组有：过程管理小组、项目支持小组、质量保证小组、系统工程小组、系统开发与测试小组、系统集成与测试小组等。一个好的项目组不一定就能确保项目的成功，但一个差的项目组则注定会导致项目的失败。因此，项目组要充分发挥每个成员的特长，坚持将正确的开发和管理方法贯穿始终。

管理信息系统的开发过程中，下述各组织是必需的，但工作的划分并不绝对。

1）项目组长

项目组长是整个项目的领导者，其任务是保证整个开发项目的顺利进行，负责协调开发人员之间、各级最终用户之间，以及开发人员和广大用户之间的关系。同时，项目组长拥有资金的支配权，可以把资金作为强有力的工具来进行项目管理。当然，项目资金的运用情况也应采用定期向上级汇报等方法来进行监督。

2）过程管理小组

过程管理小组的任务是负责整个项目的进度及成本控制、进行资源配置管理，以及安装调试、技术报告的出版和培训支持等各项任务，这是一个综合性的机构，目标是保证整个开发项目的顺利进行。

3）项目支持小组

项目支持小组的任务是后勤支持与保障，要能够及时提供系统开发所需要的设备及材料，还要负责进行项目开发的成本核算、合同管理，以及安全保证等。特别是对于大型项目而言，由于涉及的资金巨大、开发人员众多、材料消耗也较多，尤其要进行科学的管理。

4）质量保证小组

质量保证小组的任务是及时发现影响系统开发质量的问题并给予解决。问题发现得越早，对整个项目的影响就越小，项目成功的把握度也就越大。

5）系统工程小组

信息系统的开发是一项系统工程，因此应当用系统的观点，再结合工程的一般特性以制订出系统开发中各阶段的任务，这也正是系统工程小组的工作职责，即将整个开发过程按阶段划分出若干项任务，规定好各项任务的负责人，以及任务的目标、检验标准、完成任务的时间等。只有明确了每一项任务的责、权、利，才能使开发工作得以顺利进行。

6）开发与测试小组

开发与测试小组的任务是充分利用系统开发的相关关键技术、开发模型以及一些成熟的商品软件来进行各子系统的开发与集成，并对系统进行测试。这是整个开发项目的关键性内容，因此必须组织好小组成员，并采用统一的方法和标准进行工作。

7）系统集成与安装调试小组

系统集成是对整个信息系统进行综合的过程，该小组成员应充分注意软件、硬件产品与所开发的信息系统之间的结合，在最大限度地保证系统可靠性和发挥系统最高效率的前提下，完成由信息系统软件、硬件等各方面组成的系统集成，并做好整个系统的测试与安装调试工作。

6.2.3 人员培训

对系统用户和系统维护人员的培训也是系统投入正式运用的重要前提。需要参加培训的人员包括：系统操作员、硬件及软件系统维护人员、管理决策人员、档案管理员等。对于尚未掌握计算机基本知识的人员，必要时还要进行相关方面知识的培训。

对人员的培训，总体包括下列内容：

①系统的总体方案；②系统网络的操作与使用；③系统的功能结构；④计算机的操作与使用；⑤数据库系统、开发工具等系统软件；⑥系统事务型业务功能的操作和使用方法；⑦系统维护型功能的操作和使用方法；⑧系统统计分析型功能的操作和使用方法；⑨系统的参数设置；⑩系统初始数据输入功能的操作和使用方法；⑪可能出现的问题及解决方法；⑫汉字的输入方法；⑬系统的使用权限与责任；⑭系统的文档管理规范。

并非所有系统使用人员都需要进行上述全部内容的培训，可根据其工作岗位要求以选择不同的内容进行培训。这样既可以节省宝贵的时间，也更便于系统的安全与管理。具体培训内容可以参考表 6.2 中的建议进行选择。

表 6.2 工作岗位与培训内容

培训内容	操作人员	维护人员	管理决策人员	归档人员
系统的总体方案	√	√	√	√
系统网络的操作与使用		√		
系统的功能结构		√	√	
计算机的基本操作与使用	√		√	
数据库、开发工具等系统软件		√		
系统事务型业务功能的操作和使用	√	√		
系统维护型功能的操作和使用		√		
系统统计分析型功能的操作和使用		√	√	
系统的参数设置		√		
系统初始数据输入功能的操作和使用	√	√		
可能出现的问题及解决方法		√		
汉字的输入方法	√			
系统的使用权限与责任	√	√	√	
系统的文档管理规范		√		√

系统维护人员应具备较全面的计算机知识和丰富的实践经验，否则将难以胜任系统维护工作。管理决策人员的主要工作是分析决策，制订未来的发展战略，他们一般不需要进行具体的业务操作，其重点关心的是综合性的统计信息。因此，管理决策人

员除需要了解系统的业务功能结构外，更应重点掌握系统有关统计分析功能的操作和使用方法。

6.3　系统运行与切换

系统测试顺利通过之后，系统实施就进入到系统试运行阶段。

6.3.1　系统试运行

系统开始试运行之前需要准备好相应的基础数据，应当按照系统分析所规定的详细内容来组织和统计系统所需的数据。可以简单地将信息系统实施所要准备的数据分为两大类：静态数据和动态数据，也称基础数据和事务数据。

1）静态数据

静态数据是指开展业务活动所需要的基础数据，如物料基本信息，客户、供应商数据，财务的科目体系等。其特点是在整个数据的生命周期中基本保持不变，是其他数据（动态数据）的基础，组织中所有业务均通过调用静态数据来保持同一数据在整个系统中的唯一性。

2）动态数据

动态数据是指每笔业务发生时产生的事务处理信息，如销售订单、采购订单、生成指令等。动态数据按照时间节点又可分为期初数据和日常数据。期初数据既包括所有数据的状态，如物料库存的数量、金额，财务科目的余额，还包括那些未完结的业务单据，如未交货的销售订单、未付款的采购订单等。

图书馆藏书目录及数量等数据属于静态数据，而图书的借阅登记数据则属于动态数据。

有了基础数据就有了系统运行的基本数据条件。系统试运行是系统调试和检测工作的延续，很容易被人忽视，但对于系统最终使用的安全、准确及可靠性而言这却是极为重要的工作。

系统联调时使用的是系统测试数据，然而这些数据其实很难测试出系统在实际运行中所有可能出现的问题，因此系统在正式交付使用前还需要进行系统试运行，这是对系统的进一步检验和测试。系统试运行阶段的工作主要包括以下几点：

①对系统进行初始化；②记录系统运行的数据和状况；③对比新、旧系统输出的结果；④考查系统输入方式（方便性、效率性、安全可靠性、误操作保护等方面）；⑤测试系统运行情况和响应速度（包括运算速度、传递速度、查询速度，以及输出速度等）。

6.3.2　系统切换

系统切换是指系统开发完成之后新、旧系统之间的转换，即启用新系统，把新系统的控制权交付给最终用户，并终止旧系统的使用。

系统进行切换及交付使用通常有三种方式，即直接切换方式、并行切换方式和逐步切换方式，如图 6.4 所示。

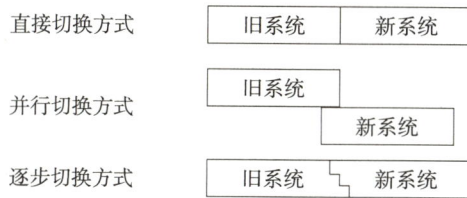

图 6.4　系统切换方式

1）直接切换方式

直接切换方式是指在确认新系统准确无误后，在某一确定时刻停止原系统运行的同时将新系统投入正常运行。这种方式转换过程简单快捷、费用最低，但风险也最大。因为万一新系统发生严重错误而不能正常运行，将可能导致业务工作的混乱和停止，因而造成巨大的损失。所以必须采取一定的预防性措施，事先充分做好各种准备，制订出严密的转换计划。这种转换方式仅适用于小型管理信息系统的转换。

2）并行切换方式

并行切换方式是指系统测试完成后，将新系统投入运行的同时保持原系统正常运行，新老系统并行运行一段时间确定新系统没有大的问题之后再停止原系统。这种方式安全保险，但费用也较高。因为是双系统运行，转换过程中需要投入两倍的工作量，不过也正好便于让用户通过新老系统平行运行的过程来熟悉新系统，确保业务工作平稳有序。这种转换方式适用于银行、财务和某些企业核心系统的转换过程。

3）逐步切换方式

逐步切换方式也称分段切换方式或过渡切换方式，是指在新系统投入正常运行之前，分阶段分批次逐步以新系统替换原系统的各部分，最后实现完全替代老系统。该方式实际上属于一种折中方案，既可以保证转换过程相对平稳和安全，减少系统切换风险，又可以避免较高的费用。但是，采用这种方式切换过程中毕竟也存在部分新老系统同时工作的情况，这样就增加了新旧功能和数据的衔接问题，对此设计和实施系统切换方案时就应做充分考虑。逐步切换方式常常被用于大型系统的交付使用，能够保证新老系统的顺利切换，并尽可能降低切换费用。

总的来说，直接切换方法效率高、成本低，但是切换风险较大；并行切换方法风险低，但是效率低、成本高；逐步切换方法是直接切换方法和并行切换方法的折中，既可以保证转换的安全，又避免成本过高。

6.3.3 企业流程再造

1990年，迈克尔·汉默博士首先提出了企业流程（Business Process Reengineering，BPR）的概念。他认为"企业流程再造就是从根本上考虑和彻底地设计企业的流程，使其在成本、质量、服务和速度等关键指标上取得显著地提高"。所谓从根本上考虑就是对企业现有的业务流程提出最根本的质疑，再造时必须抛弃传统的约束和规则；彻底的设计就是从零开始，创造性地使用一种全新的方法来完成满足客户需求的流程，而不是任务、人员或组织结构等。

下面从企业流程再造的概念、原则、主要步骤和作用四个方面对企业流程再造进行具体介绍。

1）企业流程再造的概念

既然管理信息系统是一个人—机综合系统，那么新系统的建设不仅限于对硬件与软件更新和升级，还应包括对与人有关的管理制度、操作规范，以及业务流程的相应改进和调整。仅仅对机器部分的更新换代是不够的，还需要有人方面即管理上的配合才能真正发挥新系统应有的作用，其中很重要的一点就是对原有业务流程的再造，使得新的业务流程能够符合新系统的特点和需要。否则就会陷入"穿新鞋走老路""开跑车跑田埂"的窘境。

总之，管理信息系统是一个"人—机"系统，若单纯依靠"机"缺乏"人"的配合是不可能发挥多大的作用。同理，信息系统确实能够在功能和数据上极大地强化企业管理及业务流程，从而全面提升企业效益。但是只通过流程自动化是不够的，还需要管理制度和业务流程等方面人的配合，比如对原有业务流程的重新设计和调整，这也就是企业流程再造的概念。

从另一个角度来看，信息流是依附或者说蕴含在企业经营活动的各种业务流里的，如图6.5所示。业务流产生了信息流，而信息流又将影响和改变业务流。

信息流（数据流）

物流、资金流、人才流（业务流）

图 6.5　业务流与信息流

同样，业务流程决定了信息系统的处理过程，而信息系统又对业务流程有着极大的促进和改变，两者之间有着紧密的联系。正因如此，信息系统要真正发挥其应有的作用，就必须改变相应的业务流程来配合和适应。

流程再造也称业务流程再造工程或流程重组，其极致就是组织重构或称"异化"。

然而，BPR虽然可以大幅度地提高企业关键的性能指标，但并非所有企业都适合进行业务流程再造，濒临破产和需要大发展的企业更容易推行BPR。一般来讲，企业进行BPR有以下几种情况：①企业濒临破产，不改只能倒闭；②企业竞争力下滑，需要调整战略和进行重组；③企业领导认识到BPR能大大提高企业竞争力，而企业正好又有此需要；④ BPR 策略已在相关企业获得成功，影响本企业。

实现业务流程再造的手段有两个：一个是信息技术，另一个是组织。BPR 之所以对企业的关键性能有重大的提高，关键就在于它充分地利用了信息技术的潜能来改变企业的业务过程。利用信息技术，组织可以对其业务流程进行反思、改进和优化，从而提高这些业务流程的执行速度和质量。而变革组织结构，则可以达到组织精简和效率提高的目的。

业务流程再造的技术重点在于简化和优化过程，其主要思想是战略上精简分散的过程、职能上纠正错位的过程、执行上删除冗余的过程。BPR 在利用信息技术简化过程上有一些原则，这些原则包括：横向集成，纵向集成，减少检查、校对和控制，单点对待顾客，单库提供信息，一条路径到达输出，并行工程和灵活选择过程连接等。业务流程再造的结果将会在职位、组织结构、管理实践和培训等多方面均产生一定的影响，见表 6.3。

表 6.3　信息化组织与传统组织的对比

要素	传统的	信息化的
职位设计	狭窄	广泛
结构	分层次	平面
职业路径	垂直	水平
工作标准	过程	评价
管理风格	监督	领导
员工要求	结构性	适应性
培训	技能性	教育性

2）企业流程再造的原则

一般情况下，新系统方案往往作为流程再造的依据和指导。当然，企业流程再造更需要遵循必要的基本原则。

尽管流程再造思想还不够成熟和完整，但因为理论界和企业界的持续关注，也在传播和推广中得到了不断完善。迈克尔·哈默在其 1990 年发表的宣言式文章中设定了流程再造的原则，随着各国学者理论研究的深入和对企业流程再造实践经验的总结，流程再造的原则也被不断补充和完善。

流程再造原则的日渐丰富，尤其是大量来自企业实践体验、经过反复验证的经验总结，不仅丰富了流程再造的思想，提供了更多的理论依据，更重要的是为企业的实践归纳出了非常宝贵的、可借鉴的基本原则，使企业流程再造的全面推行少走弯路、少绕圈子、少交学费。对这些原则的研判和消化吸收，也可以为流程再造提供更切合实际而又不偏离其思想精髓的工作思路。

学者们和企业一起，在研究和实践中陆续归纳出了不少流程再造的原则，其中比较重要的有迈克尔·哈默的八原则和阿什利·布拉干扎的十原则。由于篇幅所限，本书不再赘述，可参考相关书籍。

3）企业流程再造的主要步骤

业务流程再造需要设计出一个新的业务模型，描述各项业务活动的功能，分析各业务部门之间的相互关系，以完成对原业务流程的改造，使其能够减少冗余的业务活动而让业务活动更加高效。此时有两个重要问题需要解决：一是信息技术如何支持业务流程再造？二是如何应用信息技术以改善业务流程？以上这两个问题，通过了解运用信息技术重新设计业务流程的五个步骤就能解决。

①制订业务的视野和目标。高层管理人员应在战略高度制订业务的范围，提出组织的目标。实现这个目标往往要考虑业务流程再造，业务目标包括对时间和成本的节约以及质量的提高，这些目标是可以量化并予以优先考虑的。

②明确需要再造的业务过程。定义临界流程或瓶颈过程是十分重要的，同时还应当确定若干个可能有较好回报的业务流程作为再造的对象。在这一步骤中经常使用两种主要手段，即彻底的方法和主要影响的方法。其中，彻底的方法是指管理者考虑所有业务流程并对其赋予优先级，而主要影响的方法则是指管理者以是否属于割裂的过程作为选择候选过程的依据。彻底的方法会耗费较多的时间，而主要影响的方法则只集中在最严重的问题上。

③了解并评价已有业务流程的执行结果。掌握现有系统存在的问题是十分重要的，要为衡量再造成果设计一个基本线，就需要在再造之前先明确现有流程的时耗、成本和输出。这一步骤中为了能更清晰地看到执行成果，最好能进行定量的评测。

④找出利用信息技术的机会。传统方法一般是先弄清业务职能和业务流程的各种信息需求，然后再考虑怎样用信息技术以支持这些信息需求。该过程可以通过头脑风暴方式进行调查和扩展，参与者应包括能够产生影响的职能部门的专业人员、信息系统专家，以及代表各个部门的管理者。很显然，这样的系统设计是建立在已有的业务流程基础上的，而那些业务流程又受许多长期存在的假设前提所限定，一旦这些前提被信息技术推翻，则原有业务流程就完全有可能被重新设计成更理想的方式。

⑤设计并构造业务流程的原型。新的业务流程应当先建立一个实验性的原型系统，然后再不断完善和改进直到获得最终认可。流程原型的实施是十分必要的，原型设计应满足最初的业务流程设计目标。事实上，从原型实施过程中获得的经验将提供许多新的想法，两者反复影响，更有助于开发新的技术以支持流程。

4）企业流程再造的主要作用

BPR对企业的改造将是全面的、彻底的，大部分现行体制将被打破再重组。企业只有重视顾客、关心流程、提高运行效率才能继续生存于市场。业务流程是为客户创造价值的相关系列活动，其主要特征是协同而不是职级顺序。流程式管理强调管理当面向业务流程，而流程决定机构。管理以流程为中心，将决策点定位于业务流程执行之处。在业务流程中建立控制程序，压缩管理层次，建立扁平式管理组织，以提高管理效率。作为一种极前卫的管理思想，业务流程再造具有更新管理理念、解放管理思想，以及创新流程模式的重要意义。

总之，业务流程再造与并行工程、敏捷制造一样特别强调过程，即如何将企业的各部门、各业务环节通过对过程的重建而达到有机统一，使之成为一个具有共同目标的系统性整体，以实现资源共享及各部门之间的高度协调。业务流程再造强调以业务流程为改造对象，以关心客户需求及满意度为目标，对现有业务流程进行根本性的再思考和彻底性的再造，利用先进的制造技术和信息技术，以及现代化的管理手段，最大限度地实现技术上的功能集成和管理上的职能集成，以打破传统的职能型组织结构而建立起全新的过程型组织结构，从而实现企业经营在成本、质量、服务和效率等各方面的巨大改善。

关于先进的管理信息系统与业务流程再造的关系，还可以这样来比喻：如果想成为绅士和淑女，单靠漂亮的衣装是远远不够的，还需要努力提升自身的素质，改正不适宜的习惯，养成高尚和优雅的做派才行。

6.3.4　系统运行管理

管理信息系统的运行管理工作是系统研发工作的继续，也是系统能否达到预期目标的根本，主要包括有运行情况记录、日常运行的维护、系统运行情况的检查和评价。

1）信息系统运行情况记录

有关系统运行情况的记录数据是系统管理与评价的宝贵资料。人们对于信息系统的专门研究还只是刚刚起步，许多问题尚有待探讨。即便从具体的企业或单位来说，同样也需要从实践中摸索和总结经验，以求能够进一步提高信息处理水平。但实践中往往有不少单位对此不够重视，缺乏对系统运行情况有关基本数据的记录，所有系统运行状况只停留在一般的大概印象上，无法对系统运行情况进行科学的分析和合理的判定，难以进一步提高信息系统的工作水平。管理信息系统的主管人员从系统运行初始就应当注意对系统运行情况的记录及相关详细材料的积累。

管理信息系统运行过程中需要收集和积累的资料主要包括以下五个方面：

（1）系统的维护修改情况

对于系统中硬件、软件和数据的更新、维护和检修等都有一定的工作规程。所有一切必须有详细的、及时的记载，包括维护工作的内容、状况、时间、执行人员等。这不仅是为了保证系统的安全和正常运行，而且有利于将来的系统评价及扩充。

（2）系统的故障情况

无论发生大小故障，系统都应及时记录以下具体情况：故障发生时间、故障现象、故障发生时的工作环境、处理方法、处理结果，以及处理人员、善后措施和故障原因分析等。需要注意的是，这里所谓的故障不仅限于计算机本身的故障，而是对于整个信息系统而言。例如，由于数据收集不够及时，使年度报表的生成未能按期完成，这属于整个信息系统的故障而并非计算机的故障。同理，如果收集来的原始数据有错，这当然也不是计算机的故障，而有关于这些错误的类型、数量等的统计数据就是非常有用的资料，其中所包含的诸多信息对于整个信息系统的改进、扩充及发展均具有重要意义。

（3）系统所提供的信息服务的质量

信息服务与其他类型服务一样，应当保质保量。如果一个信息系统所生成的报表并不是管理工作所需要的，让管理人员使用起来并不方便，那么这样的报表生成得再多再快也毫无意义。同样，使用者对于提供信息的方式是否满意，所提供信息的精确程度是否符合要求，以及信息提供是否及时，临时提出的信息需求能否得到满足等也都属于信息服务质量范围。

（4）有关工作数量的信息

例如，开机的时间、每天（周、月）提供报表的数量、每天（周、月）录入数据的数量、系统中积累的数据量、修改程序的数量、数据使用的频率、满足用户临时要求的数量等都是反映系统的工作负担、所提供的信息服务的规模以及计算机应用系统功能的最基本的数据。

（5）工作的效率

工作的效率是指信息系统为完成所规定的工作而占用了多少人力、物力和时间。例如，完成一次年度报表的编制耗用了多长时间、多少人力。又如，当使用者提出一个临时的查询要求，系统花费了多长时间才给出结果数据。此外，系统日常运行中例行操作所花费的人力是多少，其消耗性材料的使用状况又如何等。任何新技术的采用都应以经济效益为中心，否则是不可能得到广泛应用的。

上述五个方面中，正常情况下的运行数据通常是比较容易被忽视的。因为发生故障时人们往往比较重视对有关情况加以及时记载，而系统正常运行时则不会那么在意。事实上，要全面地掌握系统的情况就必须十分重视正常运行下的情况记录。如果缺乏平时的工作记录，根本就无从了解到瞬时情况。如果没有日常的工作记录，标志可靠性程度的平均无故障时间指标也就无从计算。

从现有信息系统来看，对这些有关信息的记载主要还是依靠手工方式记录。虽然大型计算机一般都有自动记载其自身运行情况的功能，较为完善的软件系统也基本上具备自动记录操作过程和运行情况的日志功能，但是仍然需要以手工记录作为补充，因为总存在某些特殊情况是无法仅用计算机记录的。例如，使用者的满意程度，所生成报表的使用频率等就只能用手工方式收集和记录，况且当计算机本身发生故障时是有可能无法详细记录其自身故障情况的。因此，对于任何信息系统都必须有严格的运行记录制度，并要求有关人员严格遵守和执行。

各类别工作人员均应当担负起记载相关运行记录的责任。硬件操作人员应记录硬件设备的运行及维护情况，软件操作人员应记录各种程序的运行及维护情况，而负责数据校验的人员则应记录数据收集情况，包括各类错误分类及数量，录入人员也应当记录好有关录入的速度、数量及出错率等情况。要通过严格的制度和经常性的教育，使所有工作人员均把记录运行情况作为自己的重要工作任务，信息系统的主管人员也必须亲自动手。满足管理者的需求是管理信息系统的出发点和基本工作内容，这是对信息系统是否已达到其目标的检验，也是对整个系统工作最根本性的检验。企业的领导也应以此作为对信息系统及信息管理部门工作情况评价的标准。

2）日常运行的维护

管理信息系统正式投入使用后的日常运行所需维护工作量巨大，其内容大致包括数据的收集、例行的信息处理及服务工作、计算机本身的运行与维护，以及系统的安全管理等四项任务。

（1）数据的收集

数据的收集一般包括数据采集、数据校验以及数据录入等三项子任务。如果系统数据收集工作没有做好，整个系统的工作就将成为"空中楼阁"。系统主管人员应努力通过各种方法来提高数据收集人员的技术水平和工作责任感，并对其工作进行评价、指导和帮助，以保证所收集数据的质量，为系统能有效地工作打下坚实的基础。

较小的系统中数据校验工作往往是由系统主管人员自己来完成的，而对于较大的系统，通常需要设立专职数据控制人员来完成这一任务。因为数据收集人员一般来说是由业务人员组成的，并且在行政上也不属于信息处理的专职部门，所以数据校验这种"数据把关"的工作是不可缺少的。

对数据录入工作的要求是迅速与准确。录入人员的责任在于把经过校验的数据录入计算机，即应当严格地把所收到的数据及时而准确地录入计算机系统。录入人员并不会对数据从逻辑上，以及其在具体业务中的含义进行考虑和承担相应责任，这一责任是由校验人员来承担的。录入人员只需要保证输入计算机系统的数据与纸面上的数据严格一致即可，而绝不能由录入人员代替校验人员的工作。

（2）完成例行的信息处理及服务工作

常见的工作包括：例行的数据更新、统计分析、报表生成、数据的复制及保存、与外界的定期数据交流等。这些工作一般来说都是按照一定的规程，由软件操作人员定期或不定期地运行某些事先编制好了的程序来完成的。这些工作规程应在系统研发中就已经详细规定好，操作人员也应经过严格的培训，熟悉各项操作规则，了解各种情况的处理方法。组织软件操作人员完成这些例行工作是系统主管人员的又一项经常性任务。

（3）安排专职人员负责计算机本身的运行与维护

对于大型计算机系统而言，这项工作需要有较多的专职人员来完成，但微机系统则不需要那么多的人员及专门设备，这也是微机系统的一个重要优点。当然这也并不是说微机系统就不需要硬件运行与维护，如果没有人对硬件设备的运行与维护负责，还是很难避免会因设备损坏而导致整个系统不能正常运行，这种情况实践中也常有发生。这里所说的运行与维护工作包括设备的使用管理、定期检修、配件备品的准备及使用，各种消耗性材料（如光盘、打印纸等）的使用及管理，以及电源及工作环境的管理等。对于微机系统来说，即便不需要许多专职人员来完成这些工作，也至少要指定能够切实负责的人员来兼管这些事情，完全无人负责肯定是不行的。

（4）系统的安全管理

安全管理同样是日常工作中的重要内容之一，目的是防止对系统的非法使用，保证系统硬件、软件及数据不会因偶然或人为的因素而遭受破坏、泄露、修改等侵害，也正是为了保障信息系统安全运行、维护正常信息活动所采取的必要手段。信息系统的安全性主要体现在保密性、可控制性、可审查性、抗攻击性等四个方面，与此相关的安全管理工作是日常运行中必须认真组织并切实完成的。作为企业管理信息系统的主管人员，必须全面考虑这些问题，组织有关人员按规定的程序予以具体实施并进行严格要求和严格管理。否则，信息系统将难以发挥出其实际应有的作用。

总之，信息系统的日常管理工作十分繁重而重要，绝对不能掉以轻心。特别要注意的是，信息系统的管理绝不仅限于对机器系统的管理，更重要的是对人员和数据资源的管理。

3）系统运行情况的检查与评价

信息系统运行期间除了不断进行大量的管理和维护工作，还需在高层领导的直接领导下，由系统分析员或专门的审计人员会同各类开发人员和业务部门经理，定期对系统的运行状况进行审核和评价，为系统的改进和扩展提供依据。系统评价一般从以下三个方面考虑：

①系统是否达到预定目标，目标是否需要做修改；②系统的技术性评价；③系统的社会经济效益评价。

对系统定期进行各方面的审计与评价，实际上就是检查系统是否仍处于有效适用状态。如果审计结果认为系统基本适用但需做必要的改进，那说明系统需要做一定的维护工作；而一旦审计结果确认系统已经不能够满足各项管理需求和决策需求，已经无法适应企业或组织未来的发展，则说明该信息系统已经处于其生命周期末端，必须尽快提出新的开发需求，开始另外一个新系统的开发，使整个开发过程又回到系统开发的最初阶段。

6.4 管理信息系统的维护与评价

管理信息系统的维护与评价阶段的工作主要包括维护系统正常运行、记录系统运行情况、进行系统软硬件升级、维修和更新，以及对系统的功能、性能、效益等各方面进行评价等。

6.4.1 系统维护

系统维护包括硬件系统维护、软件系统维护、数据维护以及系统的日常使用维护。

1）硬件系统维护

硬件系统维护应由专门的硬件维护人员负责，且一般还需要与硬件厂商合作共同完成。硬件系统维护主要有两种类型：一种是定期的设备保养性维护，保养周期可以是一周或一个月不等，维护的主要内容是进行例行的设备检查与保养；另一种是突发性故障的维修，即当设备出现突发性故障时，由专职人员或者请厂商专业维修人员来排除故障，这种维修活动所花时间不能过长，以免影响系统的正常运行。

硬件系统更新时有可能会影响系统的正常运行，进而影响企业内部使用该系统的各业务部门的工作。因此，在更新前需要制订出具体的更新计划，并与硬件供应商、企业内部有关业务部门，以及其他相关机构协调一致，做好充分的准备工作。另外，硬件系统更新的时间也不能过长，否则可能会耽误系统的正常运行。

硬件系统故障的维护同样也不能拖延过长的时间。系统硬件故障往往是突发性的、不可预见的，为了防止因硬件系统故障而引起系统应用的中断，应当配备充足的备用设备以备不时之需。对于非常重要的应用系统，一般都采用并行服务器结构，甚至以双机热备份模式运行，以避免系统故障时出现的应用中断或数据损失。

2）软件系统维护

软件系统维护，尤其是对系统代码的维护，是系统维护工作中最为重要，也是最困难的工作，因为代码结构及编码规则的调整不仅是软件程序上的修改，更是对系统数据库结构有着重大影响，需要做相应的调整。按照软件维护的不同性质，系统维护可划分为改正性维护、适应性维护、完善性维护和预防性维护四种类型。

改正性维护用来改正在系统开发阶段产生而系统测试阶段未发现的错误。系统测试不可能发现一个大型系统中所有潜藏的错误，所以在其正式运行期间用户难免会发现一些程序中的错误，这就需要对错误进行诊断和改正。

适应性维护是为适应软件外界环境条件变化需要而进行的修改和调整。由于计算机科学技术发展迅速，新的硬、软件不断推出使得系统外部环境条件发生了变化，为了适应新的外部环境条件就需要对系统进行相应的修改。这里的外部环境不仅包括计算机硬件、软件的配置，还包括数据库及数据存储方式在内的"数据环境"。

完善性维护是为了系统扩充功能或改善性能而进行的修改和调整，是指对已有的软件系统增加一些软件需求规范书中并未规定的功能与性能特征，包括对处理效率和编写程序的改进。在系统使用过程中，由于业务处理方式和人们对管理信息系统功能需求的改变和提高，用户往往会提出增加新功能或者对已有功能进行调整的要求，如修改输入格式，或者调整数据结构以使操作更简单、界面更漂亮等。为了满足这类要求就需要进行完善性维护。

预防性维护的主要思想是维护人员不应当被动地等待用户提出要求才去做维护工作，而应选择那些还有较长使用寿命，目前虽能运行但不久就需做较大改变或加强的系统进行维护，目的是通过预防性维护为未来的修改与调整奠定良好的基础，以便于以后对其维护时更加容易，或者能够减少所需的工作量。

根据对实践中多种维护工作的分布情况统计，一般改正性维护占21%，适应性维护占25%，完善性维护达到50%，而预防性维护及其他维护约占4%。可见系统在维护工作中，一半以上的工作是完善性维护，见表6.4。

表 6.4　各类维护所占的比例

改正性维护	适应性维护	完善性维护	预防性维护及其他维护
17% ~ 21%	18% ~ 25%	50% ~ 66%	4% 左右

3）数据维护

业务处理对数据的需求是不断发生变化的，除系统中主体业务数据的定期更新，还有许多数据都需要进行不定期的更新，或者需要随环境、业务的变化而进行调整。此外，数据内容的增加、数据结构的调整，以及数据的备份与恢复等都是数据维护的工作内容。因此，系统维护中数据维护的工作量很可能最大。

数据维护工作中为了保证数据的正确性，应做到如下几点：

①每隔一定时间就将数据库内容转存到其他永久存储的介质上，作为备份数据库。还可以采用磁盘冗余阵列等镜像备份技术自动地进行数据备份，以确保发生故障时数据能够得以恢复。

②依据用户的业务所需给予其使用数据库的"最小授权"，并规定其对所知数据信息的保护义务；同时对数据库的使用过程进行记录和监控，出现错误时可以追踪检查；要始终将用户对数据的访问限制在规定范围内。

③每次对数据库的内容进行修改时，应将修改前和修改后的内容均转存到备份存储设备上加以保存，以备检查。

④系统出现故障或错误时，能够利用之前已做备份的正常数据来恢复数据库。

4）系统的日常使用维护

除了系统的硬件维护和软件维护，系统日常使用中也有很多维护性的工作，如定期的预防性的硬件维护、软件系统的日常维护。对于系统的硬件维护，不仅需要进行适时的更新和突发性故障的维修，而且需要进行定期的预防性维护，例如，在每周或每月固定的时间对系统硬件进行常规性检查和保养。定期地进行硬件系统的维护可以减少以后的系统维护工作量，降低维护的费用。

系统维护工作不应该随意进行，一般应遵循下列步骤：

①提出维护修改要求。修改意见应该以书面形式提出，明确需要修改的内容和需要修改的原因。维护修改要求一般不能随时满足，要在汇集分析后有计划地进行。

②制订系统维护计划。包括系统维护的内容和任务、软硬件环境要求、维护费用预算、系统维护人员的安排、系统维护的进度安排等。

③系统维护工作的实施。软件系统的维护方法同新软件的开发方法是相似的。在维护工作实施时，一定要注意做好准备工作，不能影响系统的正常使用。

④整理系统维护工作的文档。在实施系统维护工作时，对系统中存在的问题、系统维护修改的内容、修改后系统的测试、修改后系统的切换及使用情况等均需要有完整、系统的记录。

6.4.2　系统评价的内容

系统评价一般是在系统不间断地运行期间和维护过程中进行的，是对管理信息系统的工作状况、技术性能以及所产生的效益等各方面进行的综合性分析与评估。

系统评价包括系统目标评价、功能实现情况评价、系统运行的性能和实用性评价以及系统直接经济效益和间接经济效益评价等几个方面。

1）系统目标的完成情况评价

针对系统所设定的目标，检查已处于运行中的系统的实际完成情况。例如，系统的硬件和软件环境能否满足系统功能及性能上的相关要求，系统是否已实现了系统设计方案所提出的全部功能，系统内部各种资源的实际应用情况如何以及为达到系统目标所支出的经费、配备的人员是否超出了计划安排等。

实际上，随着系统开发的不断进行，一些具体目标往往会因为时间和环境的原因而发生变化。因此，在对系统目标的完成情况进行评价时也要对所设定目标的合理性进行评价，以便为系统的修改与完善提供依据。

2）系统运行的性能和实用性评价

管理信息系统是一种面向应用的系统，评价系统的性能和实用性也是系统评价中非常重要的方面之一。系统性能和实用性评价的内容包括：系统的应用是否使采购、销售、生产、管理等各项业务的工作效率有所提高，系统使用人员对系统的满意程度如何，以及系统运行是否稳定可靠，系统使用上是否保密和安全，系统运行速度如何，系统操作是否灵活、用户界面是否友好，系统对误操作的检测和屏蔽能力如何等。

3）系统直接经济效益评价

管理信息系统的经济效益包括直接经济效益和间接经济效益两部分。直接经济效益是通过应用管理信息系统而直接产生的成本的降低和收入的提高，其主要体现如：由于信息的准确性和及时性使销售收入得以增加；更合理地利用了现有生产能力和原材料从而提高了产品的产量；更有效地进行调度和组织生产，减少了停工产生的损失，提高了生产的效率；改善了企业的供应链，减少物资储备，缩短了生产循环周期；掌握客户信息，及时收回应收账款，降低费用性支出等。对于直接经济效益可以采用一般的经济效益评价方法进行评价，例如，计算由于系统的应用带来的利润增长、计算投资回收期、投资效果系数法、德尔菲专家评审法等。

4）系统的间接效益评价

间接经济效益是指因管理信息系统的应用而带来了企业管理的一系列变革，促进了企业管理决策水平的提高，从而为企业带来的经济效益。管理信息系统的间接经济效益相比直接经济效益而言一般要大得多，或者说管理信息系统的经济效益通常主要体现在其所产生的间接经济效益。对管理信息系统间接经济效益的评价虽然也有一些估算模型，但是实际上由信息系统的应用所带来的企业管理水平的提高，以及随之所带来的综合性的经济效益却是很难精确计算的。这种综合性的经济效益往往还需要经过较长一段时间后才能反映出来，而且会随着应用向高级阶段的发展而越来越显著。成功应用信息系统所产生的间接经济效益主要可能体现在以下几个方面：

①新的管理信息系统的应用克服了企业传达式的管理体制和组织机构中存在的诸多弊端，使企业的管理体制进一步合理化。

②信息系统能够显著地提升企业文化和改善企业形象，对外可提高客户对企业的信任程度，对内可提高全体员工的自信心与自豪感，能有效加强管理人员之间的协作精神，提高企业的凝聚力。

③管理信息系统的应用大大提高了企业信息处理效率，使企业由静态的事后管理变为了实时的动态管理。同时也使企业管理工作逐步走向标准化和定量化，从而使得管理方法更加科学化。

④管理信息系统能够帮助管理人员获得许多新知识、新技术与新方法，进而提高其素质和技能，拓宽了思路，还能进入学习与掌握新知识的良性循环。

⑤管理信息系统需要规范和及时的基础数据，这个特点正好也对企业的规章制度、工作规范、计量和代码等基础管理工作产生了极大的促进作用，并为其他相关管理工作提供了诸多有利的条件。

总之，由管理信息系统的应用而带来的，如数据质量的提高、数据库系统的完善、工作效率的提高和经营战略及决策的更精准制订等，这些诸多方面为企业所带来的经济效益都是不太容易计算的，而这类潜在的经济效益甚至社会效益更是体现了管理信息系统应用上的重大意义。

6.4.3 管理信息系统的评价方法

根据系统评价内容的不同，管理信息系统的评价方法一般可分为：系统性能评价方法和系统综合评价方法两种。

1）系统性能评价方法

计算机系统性能的评价包括分别针对硬件和软件的评价，以及对软、硬件的综合评价。而系统性能也包括面向设计者的性能和面向用户的性能两个方面，计算机系统的性能不仅是设计者所关心的问题，同样也是用户所关心的问题。对系统性能进行评价的主要方法有以下几种：

（1）分析方法

用数学模型描述并定量地分析计算机系统或相关软件的性能。此方法的优点在于相关模型的建立和修改相对容易，可利用数学方面的研究成果来评价系统性能，评价结果可以定量化。但该方法的使用要求具有一定数学水平的人员参加。

（2）典型程序法

顾名思义，该方法重点着眼于典型程序，这些典型的程序可以选自计算机系统的各种应用或用户所关心的特定领域。对典型程序的要求包括：运行时间短、具有代表性、本身具有收集信息的功能以便于用来进行对比等几个方面。这种方法既可以用于评价计算机系统的性能，也可以用于评价应用软件的性能，因为其同时考虑了指令系统、硬件结构、程序语言及软件等方面的特点。典型程序可以真正地在计算机上运行并测定其执行时间的长短，也可以根据计算机的有关参数来进行计算。使用此方法的关键在于要选择好典型的基准程序。

（3）模拟方法

该方法是在已有的系统上模拟尚不存在的系统，以便对其性能进行评价，并希望能及时发现设计中的缺陷和错误，避免不必要的返工。该方法要求有关人员具备丰富的应用经验，而且可能需要占用大量的机器时间。在模拟过程中还要对产生的数据进行分析和检查，以保证模拟所用模型能够尽可能准确地反映出被模拟模型的真实情况。由于原系统已经存在，可以采用实际测定方式收集和分析系统或软件性能方面的数据。对于不同系统或用户的不同要求，可选择不同的方法对系统性能进行测试。

2）系统综合评价方法

（1）多因素加权平均法评价方法

多因素加权平均法评价方法将用于系统评价的 20 项指标列成表 6.5 所示的表格各列，然后请有关专家对每个指标按其重要性打出一个权重评分，权重最高分为 10 分，最低分为 1 分。再请每个专家分别对被评价系统的 20 个指标打分，最高分也是 10 分，最低分 1 分，其打分表情况见表 6.5。

表 6.5　专家打分法（专家权重）

项目　权重	重要性	实用性	准确性	及时性	友好性	经济性	安全可靠性	信息量	效益性	服务程度	投资情况	开发效率	资源利用率	人员情况	共享性	先进性	管理科学性	可维护性	领导支持	引导性
权重 W（满分 10）	9	9	9	8	8	8	9	9	8	8	9	8	9	10	9	9	9	9	10	9
权重 K（满分 10）	10	9	8	8	9	9	9	9	9	8	8	9	9	10	9	8	9	8	10	9

专家权重是指专家的权威性，权值大小由评价者根据具体专家的知识面和经验丰富程度而决定。根据多个专家的打分表以及专家本人的权重，可以求得各项指标的权重值。

（2）层次分析法评价方法

层次分析法（AHP）是一种比较适用的多准则决策方法，主要用于解决难以用其他定量方法进行决策的复杂系统问题。该方法定性与定量结合，充分重视决策者和专家的经验与判断，将决策者的主观判断用定量的形式表达和处理，能够大大提高决策的有效性、可靠性和可行性。因此，AHP评价方法也非常适合于信息系统的评价，尤其适合于多个系统之间的比较评估。AHP评价方法在运用上大体可分为以下四个步骤：

①分析评价系统中各基本要素之间的关系，建立系统的递阶层次结构（分解法、ISM法）。

②对同一层次的各要素相关于上一层次中某一准则的重要性进行两两比较，构造判断矩阵（专家调查法）。

③由判断矩阵计算被比较要素对于该准则的相对权重（方根法）。

④计算各层要素相对于系统目的（总目标）的合成（总）权重，并据此对各备选方案进行排序（关联矩阵表及加权和法）。

（3）数据包络分析法

数据包络分析法（DEA）可以作为处理具有多个输入和多个输出的多目标决策问题的方法。在对企业管理信息系统的评价中，可根据投资项目的输入数据和投资后的输出数据来进行评价。输入数据是指投资项目在投资过程中需要耗费的某些量，例如，投入项目资金总额、投入的专业人数及素质情况等。输出数据是指建设项目经过一定的输入后，其所产生的表明该管理信息系统活动成效的某些信息量。根据输入数据和输出数据来评价信息系统规模效益的优劣，即所谓评价信息系统间的相对有效性。

本章小结

本章主要介绍管理信息系统生命周期的最后一个阶段—系统实施运行维护与评价工作的主要任务，包括有关信息管理系统开发项目管理的相关内容，如项目工作计划、人员培训等，以及有关管理信息系统运行维护与系统评价的相关内容及方法。

信息系统是组织变化的强大工具，组织变化包括自动化、业务流程合理化、业务流程的再设计和异化。在今天的经济中，由于竞争和外部环境变化的加速，组织变革通常是急剧的、持续的。企业要经常创造性地破坏原来企业的业务流程，即企业业务重构、再造或重组。

第7章　管理信息系统的应用与发展

7.1　管理信息系统发展体系及常用信息系统

管理信息系统的产生源于以电子计算机为代表的现代信息技术的发展及运用，以及现代管理科学的新进展。自 20 世纪 60 年代以来，管理信息系统在企业界的广泛应用又从需求的角度进一步促使了信息技术的进步，也推动着现代管理的新思想及新方法的研究与实践。与此同时，企业环境也发生了深刻的变化，如此一来，企业管理的强烈需求与技术及方法的有力支持相互推进，使管理信息系统在逐步普及和深入应用中得到了广泛的应用和快速的发展，且不断有新的类别和模式推出。如今几乎每个企业都建有不同规模与档次的管理信息系统，管理信息系统已发展成类别、功能及模式相当丰富，适用领域非常广泛的信息系统体系。

纵观其发展历程，能够看出管理信息系统是如何从简单到复杂，从单项数据处理到多项业务的综合管理，从单机到网络再到人机协作，从部门管理系统到企业级管理系统，从企业应用到政府机关再到社会各界的广泛应用，直至现在跨组织跨国界的分布式系统，这样逐步发展壮大起来的。就计算机在企业数据处理中的应用而言，其实在 20 世纪 60 年代管理信息系统产生之前就已经出现了。早在 1952 年，美国 John Plain 公司应用计算机处理对账业务，1954 年，通用电器公司用计算机进行工资计算。为全面地了解和把握管理信息系统及其应用的实质，不妨从最早的计算机在企业中的应用开始，按代表性的系统为线索，分阶段地回顾一下信息系统的发展历程。

自 20 世纪 50 年代迄今，如果以时间段落和所面向的问题来划分，信息系统大致可以分为 20 世纪 50 年代中期至 60 年代的事务处理系统（TPS）、70 年代初期开始出现的所谓狭义的管理信息系统（MIS）、70 年代中期出现的决策支持系统（DSS）和 70 年代后期的办公自动化系统（OAS）等四大类，其发展历程如图 7.1 所示。

需要特别注意的是，正如刚刚提到过的，管理信息系统在概念上有狭义和广义之分，当泛指各类面向管理应用的信息系统时，例如，《管理信息系统》教材的名称，以及在谈论一般的信息系统原理和方法技术时，可将其总称为广义的管理信息系统。而 70 年代初期开始在企业出现的管理信息系统则可以被认为是狭义的管理信息系统。如果从计算机在管理中的应用开始计算，信息系统的发展应该已有半个多世纪了。

实际应用中的企业信息系统具有许多种类，其中有一些已经被广泛地应用，其认知度很高且影响很大，可以称之为主流信息系统。目前，如 ERP、CRM 和电子商务等信息系统就属于企业应用的主流信息系统。通过深入学习和了解这三类信息系统，对于掌握企业信息系统应用的相关知识能够达到事半功倍的效果。

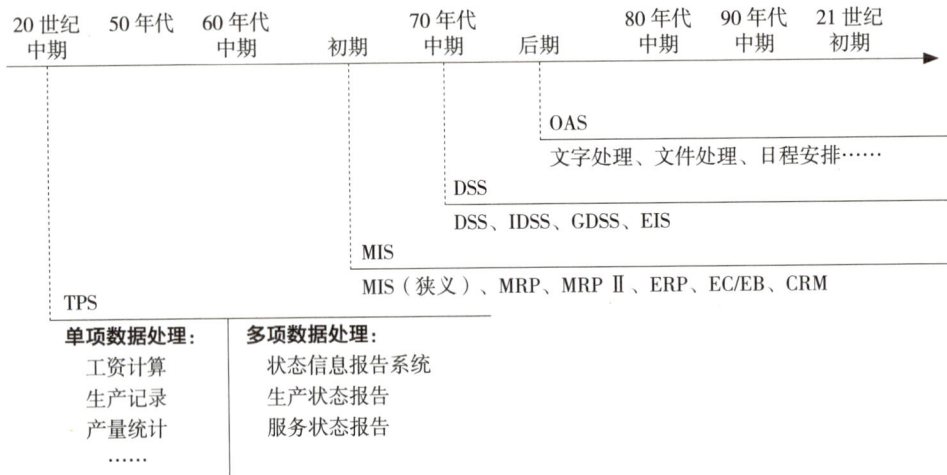

图 7.1　管理信息系统的发展历程

7.1.1　企业资源计划系统

企业资源计划（Enterprise Resource Planning，ERP）其实是一种综合管理企业资源的现代管理理论，而依据该理论并运用先进的信息技术手段，研究与开发出了相应的企业资源计划系统（ERP 系统）。ERP 系统是当今企业界涉及面最广泛、结构最为复杂、应用上也最为热门的一类信息系统。目前，ERP 系统已经在各行各业的企业中得到了广泛的应用，对企业管理产生了巨大而深刻的影响。从总体上看，ERP 系统的实施与应用效果尚不能尽如人意。另外，ERP 相关思想理论及其应用系统仍在继续拓展和强大，其应用前景依然开阔和深远。

1）ERP 的背景与思想

20 世纪 90 年代初，美国的 IT 分析公司高德纳咨询公司根据当时企业对供应链管理的需求，以及对制造业管理信息系统的发展趋势所做的预测，在早期 MRP Ⅱ（Manufacturing Resource Planning，制造资源计划）的基础上，提出了 ERP 的概念。ERP 的核心思想是将企业的人力、资金、物资、技术、时间和信息，以及外部的客户和供应商等合作伙伴均看作企业的资源，以期能够对这些资源进行综合的平衡管理。通过科学的技术和方法将企业的信息高度集成，制订出一系列递推的计划，使企业各管理部门能够围绕市场导向及客户需求开展紧密的协同管理，以提高企业整体绩效和竞争能力，从而实现企业的战略目标。

ERP 概念的提出具有其必然的起因。从 20 世纪 90 年代开始，现代信息技术得到空前的发展，数字通信和计算机网络进入了普及应用阶段，这就为信息系统的再创新提供了必要的技术基础。在市场和客户方面需求呈多样化，竞争也愈加激烈。面对新的环境挑战，企业不得不重新审视过去的管理模式和组织模式中存在的缺陷，进而寻求新的应对策略和解决方案。从这一时期开始，企业为了生存与发展，不得不将其经营理念由以"产品"为中心转向以"客户"为中心，而纵向一体化的组织模式也向着横向一体化模式转变。臃肿和反应迟缓的业务流程逐步再造和重组为精练且响应敏捷的业务流程，新的管理和组织模式从理论走向实践。企业通过管理和组织的变革，在内部以期提高业务流程的效用和效率，加强各职能部门之间的协作，降低生产经营的成本，加快对客户需求的响应速度；同时在外部与供应商、销售商和客户等建立起多赢机制的供应链。

正是在此背景之下产生了适应企业变革需求的 ERP 概念，并在信息技术的支撑下开发出了 ERP 系统。"综合""集成""整体"是 ERP 的基本特征，根据此特征及其核心思想，再联系其源起就可以给出一个 ERP 系统的定义：ERP 是现代市场环境下企业经营的全新理念，其包含着一系列关于管理思想和方法的变革。而据此实现的 ERP 系统则是一种企业级的管理信息系统，其集成了整个企业范围内所有有关业务流程的资源信息，提供了能够系统地处理信息、全面地管理和控制企业业务的成套功能，具有显著提升企业管理水平的作用。

ERP 系统属于企业级的信息系统，也是企业界迄今为止功能模块最多、集成度最高的信息系统之一。高度集成主要体现在信息集成与管理业务集成这两个方面。信息集成几乎囊括了企业作业事务、职能管理和经营规划等各个组织层面的信息，以及市场营销、生产计划、车间作业，以及库存和采购、财务和人力资源等各个管理过程的相关信息，将其高度集成为能供企业所有部门和全体员工共享的信息集合，为管理决策提供全面和完整的信息支持。管理业务集成方面则以客户订单处理、物料采购或物流管理，以及产能平衡、资金和人力等过程为主线进行综合集成，以实现各主线、各子过程之间的无缝连接和高效协同。ERP 系统把管理信息系统推进到了一个新的高度，已成为管理信息系统体系中最为先进的代表。

ERP 的核心思想及主要特点大致可以概括为以下四个方面：

（1）面向业务过程，支持业务流程再造

ERP 系统是企业级的面向业务过程的信息系统，系统中的模块以及模块中的功能项均对应于企业各项具体管理业务和业务操作项，这些模块和功能项被系统地集成为有机的整体。ERP 系统不是简单地照搬原来的模式，而是将被称为"最佳实践"的先进管理模式嵌入软件中，并由此推动用户企业的流程变革，删除那些不产生价值的过程环节后再重组业务流程，即支持所谓的业务流程再造（BPR）。现实中有很多企业的BPR 没有成功，也有不少企业的 ERP 系统遭到失败，关键原因之一就是未能将两者很好地结合起来，而其背后的真正原因则是没有理解 ERP 的这一核心思想。

（2）高度集成信息，全体共享一致的信息

ERP 系统要对所有数据（信息）进行全局性的总体规划和设计，以及对应于业务过程的系统集成和构建高度集成的企业级数据库。这样，企业各部门及每一位员工就都可以共享到一致的规范信息，从而能够在统一的信息支持下做出正确和一致的管理决策。实践中，很多企业购置或开发 ERP 系统时仅选择了其中的部分模块，因此也有可能带来如何与其他系统的数据进行交互和集成的新问题。尽管目前已有一些技术上的解决方案但大都不甚理想，旨在消除信息"孤岛"现象的 ERP 思想也并没有得到应有的体现，这也是不少 ERP 系统用户不能获得满意效果的重要原因之一。

（3）面向客户需求和市场趋势，支持各职能部门的高效协同

以客户需求为导向，以市场趋势为依据，通过"最佳实践"的管理模式来支持各职能部门的高效协同，以求达到快速响应客户和抓住市场机遇，这是 ERP 的又一主要思想。在业务过程和相关信息高度集成的基础上，做到以客户为中心，遵循市场机制，各职能部门和员工紧密合作而获得显著的协同效应，从而提高客户的满意度。很显然，客户订单管理和市场需求趋势预测也是 ERP 系统的主要功能，如果没有配置这些功能模块，ERP 的核心思想也不能得到很好的体现。

（4）全面计划和调控，精细配置各类资源

ERP 还有一个思想（也是主要特色）在于全面地计划与调控，从以客户订单和市场趋势预测为依据的销售计划到主生产计划和车间作业计划，再到物料采购计划和生产能力计划，以及资金调配计划和人力资源计划等，环环相扣、步步递进。企业资源计划是全面科学推算产生的资源计划，通俗的说法是需要多少就准备多少，不多不少刚刚好。在全面计划的指导下，人、财、物等资源能够精细化和平衡地配置，进而降低成本。对数字化的计划还能很便捷地根据变化的情况加以调整和控制，真正实现精益生产、敏捷制造、并行工程和系统柔性等现代生产经营思想。

2）ERP 系统的原理

ERP 思想及 ERP 系统也并非凭空而生的，而是在当时已经进入企业实际应用的MRP Ⅱ系统的基础上发展而来的。信息系统应用早期，为了解决企业多品种情况下物料库存控制问题而提出了物料需求计划（Material Requirements Planning，MRP）的概念，于是产生了 MRP 软件。此后，针对制造企业整个制造流程业务的集成管理又发展出了制造资源计划（Manufacturing Resource Planning，MRP Ⅱ）系统。20 世纪 90 年代初，为适应企业内部变革和应对环境挑战的需要，且随着 MRP Ⅱ应用上的进一步发展，形成了将企业所有资源均集中加以管理的企业资源计划即 ERP 思想，于是又推出了相应的 ERP 系统。

ERP 是在 MRP Ⅱ的基础上发展起来的新一代的管理思想和方法，故其基本架构和基本逻辑与 MRP Ⅱ无本质上的不同。因此，对 ERP 系统原理的了解可以先从 MRP 和MRP Ⅱ入手。

MRP、MRP Ⅱ和 ERP 均起源于制造业，而制造企业最主要的管理活动是"供、产、销"。在供过于求的市场环境或计划经济体制下，生产处于重要地位而销售地位不突出。在市场经济体制下，企业以"以销定产"的模式运作，客户需求什么、需求多少就生

产什么、生产多少，然后再由此决定采购什么、采购多少。

MRP Ⅱ的基本思想是：根据产品的实际需求情况与产品结构来确定原材料和零部件的需求数量及订购时间，以求在满足生产需要的前提下能够有效降低库存和生产成本。在企业经营计划和生产计划大纲的指导下，依据客户订单需求和市场需求趋势预测，并在保证按期供货的前提下制订主生产计划，确定最终产品品种、数量和完成日期；力求在主生产计划和生产能力（设备、人力、原材料、资金等）之间做平衡，使主生产计划可行，而当生产能力不足时还要制订能力需求计划。对于生产日常消费品的企业而言，尽管也有客户订单，但依据历史数据及趋势所预测出的市场需求是主生产计划的重要依据。

首先根据主生产计划与物料清单，再结合工艺流程等数据，即可制订出零部件和材料在品种、数量以及时间上的需求计划即物料需求计划以保证主生产计划的完成；然后再根据物料需求计划确定哪些物料需要采购、哪些零部件需要自制，进而制订出相应的物料采购计划和车间作业计划。物料需求计划的制订还要考虑实际物料库存情况，若已有一定数量的库存物料则可适当减少采购或增加生产数量。

MRP Ⅱ还具有对库存和成本的管理环节。库存管理采用经济订购量和库存上下限控制等管理方法，以使库存在满足生产需要的前提下尽可能减少资金占用。成本管理要测算出整个生产过程和采购的开销，为财务系统提供相关的基础信息。

MRP Ⅱ的核心是有机关联和依次推进的各级计划，其主要的计划依次是：经营计划、生产计划大纲、主生产计划、能力需求计划、物料需求计划、物料采购计划和车间作业计划等。通过精细的计划安排，将生产制造管理过程中的各个环节与采购、营销及成本部分管理过程紧密联系起来，以实现 MRP Ⅱ 的目标。

但是，MRP Ⅱ 所考虑范围仅限于企业内部的制造资源，其决策支持也主要针对结构化问题。随着市场的国际化以及客户需求的个性化和多样化，MRP Ⅱ 已不能满足先进企业的需要。于是又发展出了涉及面更广的 ERP，ERP 仍以 MRP Ⅱ 为核心，并基于MRP Ⅱ 在管理内容上向企业内部和外部两个方向延伸了许多。

在企业内部，ERP 几乎延伸到了每个角落。例如，将企业全体员工（MRP Ⅱ 仅考虑车间工人）均作为人力资源以管理，不限于使用还包括培训、激励等更长远考虑的管理；将企业整体发展战略纳入系统，不仅是经营计划还包括高层次的战略管理；将成本控制扩展为全面成本管理，不仅是生产制造成本的管理，同时还延伸到会计财务等管理。

在企业外部，ERP 也延伸到了与企业有着密切合作关系的相关企业和客户。例如，增加了敏捷物流（Agile Logistics）管理，以改进与供应商、零部件加工企业等合作伙伴的协作，提高了物料供应的敏捷度和柔性能力；增加供应链中合作企业关系的管理，如针对供应商经营状况、信用、合作质量等信息的管理；增加下游企业或客户关系的管理，如针对有关客户的信息，客户的价值和客户满意度的管理，让客户能够随时了解订单的执行及进展情况等。

资金是企业的一类重要资源，物流状况在资金流中能够得到反映。产品销售业务中向客户的收款、反映生产过程中的物料、人力、设备等消耗的成本支出、物料采购业务中向供应商的付款、物料库存资金的占用等，这些均是企业物流的资金流表现。通过资金流来集成企业生产经营管理活动是一个合适和可行的思路，因此，ERP 的原理也能从资金流的角度加以阐述。

美国生产与库存管理协会认为："ERP 系统是一个面向财务会计的信息系统，其主要功能是将企业用于满足客户需求所需的资源进行有效的集成与计划，以提高整体经营绩效和降低成本"，这一观点也从资金流的角度描述了 ERP 的基本原理。ERP 系统的财务管理一般包含应收账款、应付账款、固定资产和总账等四个模块。销售、生产、采购和库存管理等业务过程的物流状况，均可由财务模块传递的发票和有关单证表达的伴随发生的资金流来反映。这些物流信息通过资金流信息汇集到财务管理的各个模块中，因此财务会计模块能反映出整个企业物流的状况。

ERP 也是一个在不断发展的概念，目前已出现第二代 ERP，即所谓的 ERP Ⅱ。第二代 ERP 进一步延伸到与供应商和客户等合作伙伴的商务协同，向着供应链管理的方向发展。另一个发展趋势是纳入知识管理，将知识作为一类重要的资源加以开发和利用，与各个业务过程的管理进行更全面地集成。如今不仅制造业普遍引入了 ERP 系统，甚至银行、通信、商贸等服务业也已经大量引入。ERP 本身源于离散型制造企业，其基本逻辑是以物料需求计划为核心，而服务类企业与制造类企业在此方面存在较大的区别，如果在服务业应用 ERP 系统，那么其物料需求计划、生产和作业计划等核心模块将失去意义，除非根据服务业的服务流程对这些模块做全面的改造或重新设计开发。当然，ERP 面向客户和市场需求、基于业务流程的全面精细的计划管理、以财务会计的资金流来集成的思想还是值得服务业借鉴的。将离散型制造业的 ERP 拓展到连续型的制造业，如石油、化工、冶金等过程制造企业则应该是可行的，实践中确实也已经取得很大的进展。

3）ERP 系统的构成与功能

ERP 思想及方法在信息技术的支持下以信息系统的形式出现，并以系统应用软件的形式存在。ERP 系统由一整套功能模块构成，可以向软件供应商购买，也可以专门开发。那么 ERP 系统到底有哪些模块，这些模块之间的关系又是怎样的呢？本小节将做简要的论述。

不同的软件开发商所推出的 ERP 系统在模块数量和命名上都是不一样的，但总体上还是大同小异。世界著名的 SAP（System Application Product）公司推出的 ERP 系统被命名为 R/3，因其功能模块非常齐全且组合多样，号称信息系统航空母舰。R/3 由财务、物流和人力资源三大相关领域的模块以及称为"行业解决方案"的行业专用构件所构成。R/3 采用开放式的系统设计方案，由 C/S 模式下的客户端/应用服务器/数据库服务器等三层系统架构构成，具有最佳的企业数据模式，能够适应不同国家企业和网络化的企业经营环境，还可以提供集成解决方案、特定行业解决方案和实时的整合功能。

图 7.2 所示的是某软件公司推出的 ERP 系统的模块系列及其相互关系，从中可以看到 ERP 系统是如何的庞大和复杂，而其所能提供的功能又是多么的强大和齐备。该

公司将这些模块称为系统，其功能与一般的ERP模块相当。当然，这么多的模块并不是每一个企业都必需的，实际应用中用户企业可以根据自身生产经营特点从中遴选购置，但对于其中一些较为核心功能的模块，如订单管理、主生产计划、物料需求计划和库存管理等模块基本上还是需要选择的。

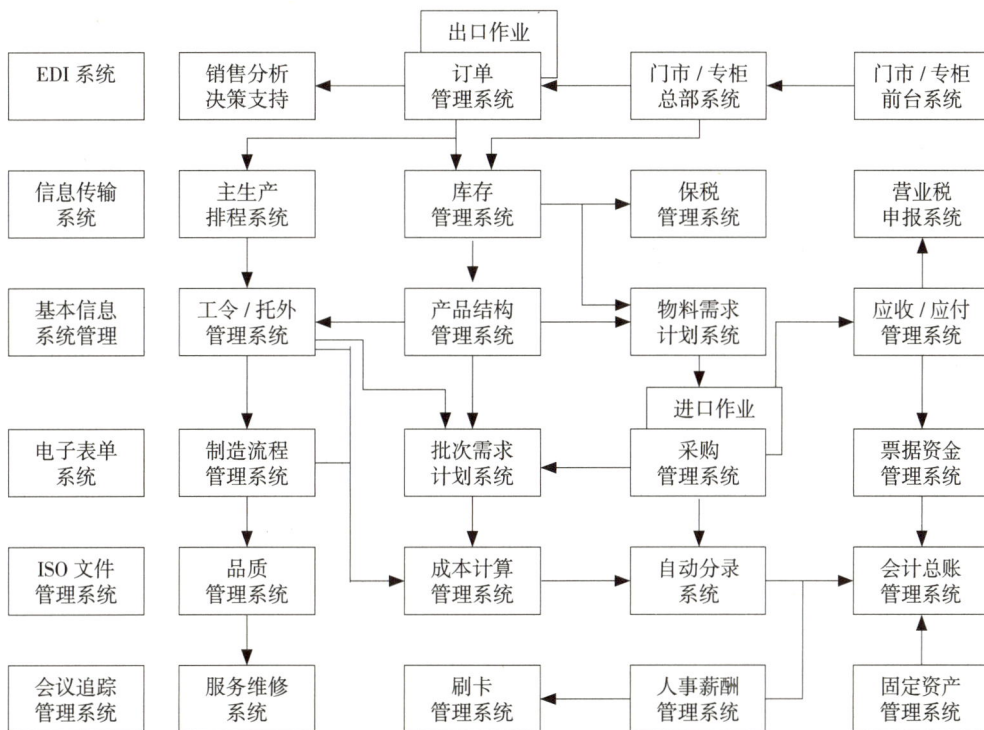

图7.2 某软件公司的ERP系统模块

上述ERP系统模块均是以应用软件形式存在的，目前可以预计，ERP系统的软件功能正朝着更大范围、更先进的方向发展，已有的功能模块逐步成了标准配置，而新的功能扩展将主要表现在向其他信息系统的蔓延或者融合，例如，加入决策支持（DSS）、办公自动化（OA）、客户关系管理（CRM）等信息系统的功能，同时融合计算机辅助设计（CAD）、计算机辅助制造（CAM）等系统的功能，继续向供应链管理延伸，且向知识管理和智能系统拓展。

4）ERP系统的实施

每一类型信息系统在不同发展阶段都有其特殊的重点问题，现阶段ERP系统的重点问题就是实施问题。ERP系统的实施问题表现在过高的失败率或者效果不太令人满意，究其原因主要在两个方面：一是未能与企业的变革紧密结合；二是未能很好地遵循实施方法论，而且这两个方面还存在相互关联和影响。

ERP系统面向业务过程，相关的企业变革主要是业务流程再造。BPR的出发点是为了提高企业业务过程的绩效，要推倒原来的业务过程，就需要评估各过程环节产生的价值大小，以评判这些环节是否有存在的必要；此外，还需要评判各环节之间的关系是否合理，然后才能重新设计并推行新的业务流程。企业实际情况中确实存在不少没有多少价值的多余业务环节，环节之间的衔接也可能存在不合理的地方，例如，大量单证的核对、客户信用的反复审核、具体业务的逐层审批等，许多过程的串行运作造成了积压和滞后，还有不少过程属于毫无必要地绕圈子等。经过业务流程再造之后，可能有很高比例的过程环节都将会被删去，使整个业务流程得到精简，原来串行的流程也可能改变为并行的，从而使整个业务流程的绩效得以显著改善。然而，由于许多习惯性的做法往往具有一定的顽固性，人工作业情况下的误差困扰也使一些复核工作很难舍弃。据统计，实践中 BPR 的实施并不像想象的那么容易成功，很多企业都遭受过不同程度的失败。

另外，ERP 面向业务过程，那就要提高企业范围的所有管理运作绩效。这里讨论两个较为极端的情况：一个是完全按照企业原来的业务流程，原封不动地用软件加以模仿实现，看起来似乎有一定的效果，但那只是借助计算机的力量提高了自动化程度而已，这样不仅没有实现真正的信息化，达到应用信息系统支持企业变革以应对环境挑战的根本目的，反而加固了落后的传统做法，使今后的变革更为艰难；另一个极端则是完全依照 ERP 系统的标准逻辑，全面照搬地引入，凡是与之不吻合的业务过程就一概改造或者删除。这可谓是最为激烈的企业业务流程变革，但因为 ERP 是企业级的，其涉及面广且深达业务细节，若能取得成功，那么对企业绩效方面的收益肯定相当可观，然而遭遇失败的风险也同样会很大。说起来是两个极端，其实实际中还真有不少企业就陷入了这两个极端情况，最终处于进退两难的困境。

如前所述，对于 ERP 系统的实施有两条各有优缺点的路线或方式供选择，即购置商品软件和专门开发，当然也可以采用这两种方式的结合，即部分模块购置商品软件而另一部分模块专门开发。专门开发又可以是由用户企业自主开发，或者委托开发，再或者合作开发等不同的具体方式。一般情况下，专门开发方式比较照顾原有的习惯做法，容易走向单纯的业务流程自动化，商品软件本身已嵌有先进的管理模式，故购置方式下业务流程将可能不得不进行更大范围的变革。

ERP 系统是迄今最为全面和重要的企业信息系统，其对企业变革的支持力度最大，实施也最为困难。有关信息系统实施成败的问题已有较多的专门研究，信息系统要取得成功就必须要与企业变革紧密结合才正是研究结论之一。因此，如何将 ERP 与 BPR 结合，借助 ERP 系统的实施趋势精简业务过程，或者按照 BPR 的要求来选择和实施 ERP 系统，这既是对 ERP 系统的考验，也是对 BPR 的挑战。

ERP 系统实施中的方法论问题也非常值得人们关注。ERP 系统的实施要经历诸多的环节，即使是采用购置商品软件的方式也并不像购置其他商品那样简单。介于越来越多的企业采用商品软件实施 ERP 系统，以下就沿着该方式的实施步骤做简要介绍。

以购置商品软件方式实施 ERP 系统，主要内容包括系统分析、可行性分析、选型选购、安装上线与流程变革、用户培训等。

（1）ERP 系统的系统分析与可行性分析

实施 ERP 系统前应该首先进行系统分析，即描述并分析生产经营上所面临的问题，提出一个包括业务流程再造和其他所需变革的逻辑意义上的解决方案。然后对该方案进行经济、技术和管理等方面的可行性分析。ERP 系统软件价格本身均比较昂贵，而安装实施、咨询、培训和其他有关服务上可能还需要花费多倍的费用。参考国外情况，一个中等规模企业 ERP 系统的投入在 1 000 万美元左右。而在国内，稍成规模的 ERP 系统其建设总费用也需要数百万到数千万元人民币不等。据统计，如果按照有形的成本和收益平均计算后几乎每个企业的 ERP 系统都是亏损的。

当然，ERP 系统毕竟具有许多很难估算的无形收益，例如，因客户满意度提高而留住并发展更多客户，因员工合作基础的改善而减少了诸多矛盾和冲突等，企业管理效率及整体效益均可得益于其中，所以进行经济分析时也应该考虑这些无形收益的间接经济效益。从技术层面上看，由于 ERP 系统非常庞大和复杂，信息高度集成，故对数据库管理系统和相应硬件条件的要求均很高。大型企业的 ERP 系统必然需要最先进的信息技术以支撑，而中小企业的信息处理技术条件要求则可以适当降低。对于可操作性的问题，需要特别注意的是，ERP 基于标准化流程，故反倒不利于倡导和保持"个性化和差异化服务"，以及"企业文化特色"和"员工间竞争氛围"等企业个性。

（2）ERP 系统的选型及选购

目前的 ERP 系统软件市场已经有很多丰富的品种，这些品种基本涵盖了各种类型的制造企业，并且具有适应多种不同管理模式和管理方法的配置。用户企业需要根据自己的企业类型、管理变革内容及程度选择适当的系统品种和功能模块的搭配。如果 ERP 系统软件的过程管理模式与本企业差别较大，则实施起来就更困难，风险也更大。ERP 系统软件商非常多，其市场份额占有上却极其不均衡，市场和行业竞争也异常激烈。加之购买商品软件所得的仅是使用权，不会提供程序源代码，将来对软件的维护和改进也就都只能依靠供应商。因此，ERP 系统的实施应当特别关注对软件供应商的选择，原则上讲其服务的水平和可持续性，以及商业信誉等均应该是重要的选评指标。据报道，在众多研发和提供 ERP 系统的软件商中，SAP 公司占了全球约 50% 的市场份额，其次是 Oracle 公司，其市场份额约占 20%，其余公司所占份额相对很小。国内提供 ERP 软件的厂商主要有用友、金蝶和浪潮等。

（3）ERP 系统的安装上线与流程变革

ERP 系统软件选购之后就是安装与上线了，在此之前或者同时还需要同步进行预定的业务流程再造工作。一旦切换到新系统，企业的管理业务流程也就同时开始按新模式运作。因此安装与上线是一个难点也是一个瓶颈，ERP 系统的失败往往就发生在这个节骨眼上。为能顺利且尽可能平滑地从旧系统切换到新系统，切换工作一般不宜一步到位，而应当采用阶段式切换或者并行切换等可靠性更高的策略。ERP 系统的安装与上线工作应该有用户企业的共同参与，而不能完全仅由系统实施商来承担。因为流程变革过程中往往可能会出现事先没有估计到的情况，例如，对于客户订单的取消、采购的原材料未能按时到达等意外情况的特殊处理，新系统里可能就没有周全地考虑到，或者与其他过程环节未能很好地衔接等。ERP 系统的安装上线与流程变革是企业管理模式发生变更的转折点，对于用户企业将是一个严峻的考验。

（4）ERP 系统的用户培训

用户培训的成效也将极大地影响 ERP 系统的成功率。在系统安装与上线之前或者同时，绝对有必要对用户进行 IT 知识、信息系统知识以及即将运行的 ERP 系统有关知识的讲解和培训，使用户能够掌握必要的基础知识并熟悉与自己业务相关的模块功能，尽可能地使用户了解更多的 ERP 特性以利于其操作和应用。一般情况下，有关用户培训的要求和内容应当在购置商品软件的协议中就做好约定，并具体落实培训的对象、时间和相应的内容等。

ERP 系统不仅需要较大的投入，而且还有着勉强成功甚至失败的风险。因此，ERP 系统的实施是企业 ERP 建设重中之重的工作内容，企业对 ERP 建设必须给予高度的重视并保持谨慎。除上述内容及需要注意的问题外，最近的研究表明，ERP 系统实施中用户企业与软件实施商、咨询商等机构之间的相互知识转移也是极为重要的成败因素。

7.1.2　客户关系管理系统

客户关系管理（Customer Relationship Management，CRM）是在企业由"以产品为中心"转向"以客户为中心"的过程中产生的管理新思想，意在将企业的经营理念从"提供什么产品和服务"引导到"怎样使客户满意"上来，由此研发推出的客户关系管理系统也已经成为当前企业信息系统的主流之一。客户关系管理系统在很多企业中都得到了应用，但总体上看，其应用的深度与预期相比尚有较大的差距。

1）CRM 的基本概念

在市场竞争日益激烈，客户需求成为主导，企业与客户的关系已发生显著变化的背景下，20 世纪 90 年代初高德纳咨询公司提出了客户关系管理的概念，其核心思想是以客户为中心，提高客户满意度，改善客户关系，从而提高企业的竞争力。CRM 一经提出就自然而然地被企业界所接受，许多学者也对此进行了大量的研究，提出了各种客户关系管理的方法和技术，进而推出了诸多各有特色的客户关系管理系统。

企业要盈利就得有市场，而市场竞争的作用点就是客户。企业要有大量的优质客户才能在市场上占有竞争优势，从而实现其利润目标。据统计，一般公司平均每五年就会失去一半客户，而发展新客户的难度是保持老客户的 5~10 倍。客户带给企业的价值符合二八定律，即 20% 左右的客户为企业创造了 80% 左右的利润。由此可见，市场竞争是如何激烈，同时对客户的开发和优质客户的保持对企业是何等重要的。

客户关系管理的一般理解是：依据客户是重要资源的观点，利用现代信息技术以集成与客户相关的业务和管理过程，开发和利用与客户及客户服务相关的信息资源，分析并掌握客户的属性和价值进而优化和吸引客户，与客户建立相互信任和稳固的关系，以求在与客户和谐的关系中为企业创造利润的一系列活动。

企业客户可分为个体消费者和团体客户、单个客户和客户群等，其中客户群是指具有类似基本属性、偏好，或者实力、价值，或者信用等特征的客户群体。客户关系指客户与企业的相互关系，大体上可分为狭义和广义两类，狭义的客户关系仅包括企业直接与客户接触而发生的关系，如服务与被服务、提供与接受产品、信息交互等；广义的客户关系则包括一切与客户相关的活动之间的关系，如直接与客户接触的销售业务、与客户间接有关的市场营销、产品研发等。

CRM 系统通过对客户有关信息的整合和深入分析，可获得如下这些能够指导企业更有针对性和更有效地开展客户服务的有用信息：

①重要客户的属性和需求特点；②重要客户过去、现在和未来对公司带来的价值；③各种客户服务渠道和方式方法的效果及优缺点；④客户的赞扬、抱怨、意见和建议；⑤潜在客户，有可能从小变大的客户，有流失倾向的重要客户的定位；⑥其他可以发现的有关客户和服务的模式与规律。

更具体地说，企业非常关心的一些关于客户的问题，诸如：一位特定客户的终生价值是什么？谁是企业最忠实的客户？谁能让企业获利最高以及最想要购买哪些产品？对于这些问题都希望 CRM 系统能够帮助企业找到答案。

2）CRM 系统的构成与功能

企业信息系统的产生都有着一定的理论背景和实际需求驱动的性质，客户关系管理系统当然也不例外，CRM 系统也正是在 CRM 思想的基础上应用先进的信息技术予以实现的。与 ERP 等横向系统相比，CRM 系统应该属于纵向深入的系统，其主要特点不在于规模的庞大，而是在于对数据分析的深入和精细。

在 CRM 系统的构成上一般都认为是关于企业与客户进行交互的所有业务流程的集成。图 7.3 是路易描述的客户关系管理模型，此模型基于销售、营销和客户服务三个领域而简要地刻画了 CRM 系统的构成及其主要功能。

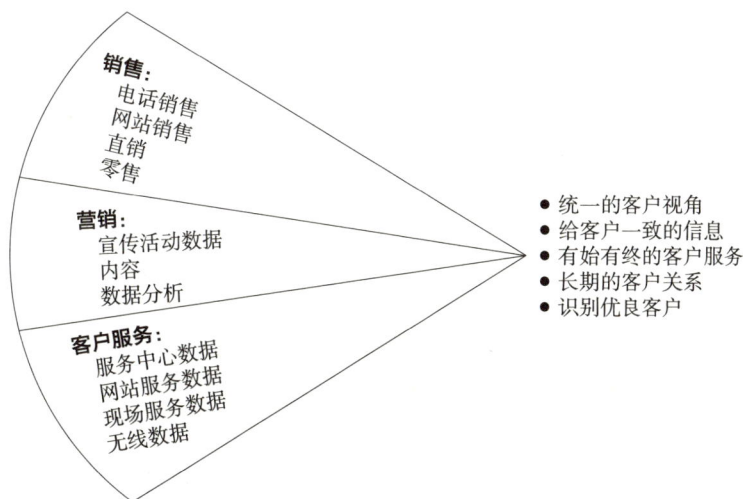

图 7.3　客户关系管理模型

　　CRM 系统利用现代信息技术以多角度地观察客户，通过整合应用系统，从营销、销售和客户服务等多个方面来维护客户关系。

　　一些文献甚至认为 CRM 系统应该包括从开发客户和接受客户订单开始，直到为客户提供预订服务之后的整个业务流程，例如，订单处理和电子商务等。但这种观点似乎过于扩大化了 CRM 系统的范围，在客户相关活动的直接性和间接性的区分度上也过于宽松。不过本书也认为营销、销售和客户服务三个领域只是 CRM 系统的作用范围，而非其核心部分。

　　CRM 系统同样主要以软件形式出现，目前软件市场上已有多种类型而又各具特色的 CRM 系统可供选择，不少企业也已经应用或实施了大小不等的 CRM 系统，其较为常见的基本构成框架如图 7.4 所示。

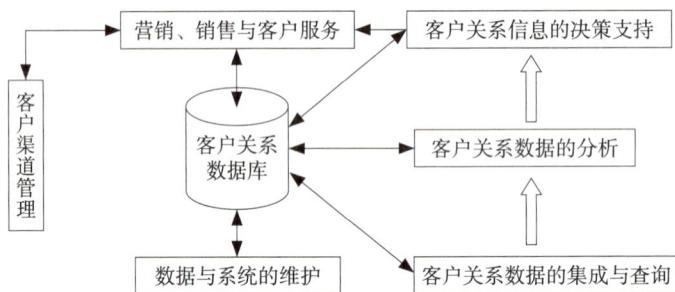

图 7.4　CRM 系统基本构成框架

　　从该框架可以看出，CRM 系统总体上由三个层面的核心功能、三个领域与客户的交互功能、客户与企业交互渠道的管理，以及客户关系数据库和数据与系统维护功能等四个部分组成。

　　①三个层面的核心功能。CRM 系统的核心是客户关系数据的集成与查询、客户关系数据的分析和客户关系信息的决策支持等三个功能层面。客户关系数据的收集与组织是 CRM 的基础构成，负责集成企业与客户交易中所产生的交互数据以及客户的属性数据；往上是涉及许多定量模型和算法的客户关系数据分析，能得出有关客户与营销、销售和服务之间关系的模式和规律方面有价值的信息。再向上就是应用客户数据和客户关系分析结果来支持营销、销售和客户服务活动的功能层面，其中最为重要的是对有关客户的活动方案的决策支持。

　　②三个领域与客户的交互功能。CRM 系统不单纯是对客户数据的管理、分析及决策支持，其功能还延伸到了营销、销售和客户服务的具体业务和事务，例如，市场营销活动的策划与事后评估、自动化的或客户自助式的产品销售和服务等。CRM 系统的数据主要来自这三个领域，反过来也受惠于这三个层次核心功能的信息支持。

　　③客户渠道管理功能。在信息技术支持下，目前已有多种客户与企业的交互渠道，这些渠道的分析和管理也被纳入 CRM 系统中，实现了 CRM 延伸到客户的想法。

　　④数据与系统的维护功能。系统所有三个层面及三个领域的数据均被有机集成、

统一组织并集中存储于客户关系数据库中，CRM 系统一般都设有专门用于维护系统软件和客户关系数据的功能模块或子系统，由于客户关系数据分析功能建立在数学模型基础上，故该子系统也具备对这些模型的管理功能。表 7.1 列出了 CRM 系统的客户关系"数据集成与查询—数据分析—决策支持"三个层面的部分功能及内容，以子系统为单位划分三个层面，对客户关系数据分析子系统做了比较突出的表示。

表 7.1　CRM 系统的主要功能

子系统	功能		内容
客户关系数据集成与查询	数据集成		数据采集、整理、规范化处理、录入或转入
	原始数据查询		客户基本属性：身份、个人基本状况、家庭基本情况
			客户实力：资产规模、类别、品质、余额、流动额
			客户特性：偏好、性格、交易产品集
	交易记录查询		每笔产品交易的记录
			每次异常交易及处理的记录
	服务记录查询		每次服务的记录（咨询、宣传、建议、关怀等）
			客户投诉及处理记录
	分析结果查询		参见客户数据分析子系统
客户关系数据分析	属性分析	指标分析	价值指标：客户贡献度、余额和交易增长率计算等
			信用指标：客户和客户群的信用度评价
			风险指标：客户交易风险度、盈亏点比较
			关系指标：稳定度、忠诚度、热衷度、事件响应度
			交易指标：客户交易频率、最大交易额、最小交易额、平均交易额
		客户细分	单因素细分：按价值、年龄、职业、信用度等划分
			综合因素细分：按综合诸因素的总价值划分
	综合分析	分布特征分析	产品 / 客户关系分析
			交易量 / 交易方式 / 客户关系分析
			利润 / 成本 / 客户关系分析
			以上诸要素的组合分析
		客户反馈分析	客户投诉分析、客户响应分析
		潜在客户分析	潜在客户分布 / 可得度分析
		客户分析报告	客户分析报告、客户简报
	预测分析	客户增减预测	注册客户预测
			客户流失预测 / 客户流失预警
		分布特征预测	参见综合分析功能类
		客户风险预测	客户欠款预测 / 客户风险预警
客户关系信息决策支持	销售支持		呼入客户相关信息 / 特征 / 群属 / 控制等的定位
			建议产品与服务方案提示、呼出业务内容的组织
	客户服务支持		客户进入渠道分析 / 客户服务调度
			客户关怀计划管理 / 个性化与差异化服务设计
	营销支持		市场需求分析
			营销活动计划制作 / 营销活动记录与成效分析

从表 7.1 中可看出，CRM 系统的功能已相当地深入和细化。决策支持方面的功能与营销、销售和客户服务的业务及管理有部分交叉重叠，边界较难以清晰划分，一些功能还需要结合电子商务和网络营销等技术手段来实现。

其实还有不少较重要的 CRM 系统功能未在表中列出。如决策支持方面，依据客户关系数据分析的结果支持新产品和新服务的研发，销售业务中的自动化销售和客户自助服务等也是目前研究和应用的重点。产品和服务研发支持功能主要有产品结构优化、产品创新、新品定位和新品投放模拟测试等。销售自动化功能主要有客户需求自动匹配、人工智能问题解答、产品故障自动诊断和排除等。

此外，在与客户的交互内容和运作模式上，制造业与服务业存在一定的差别。因此，不同行业的 CRM 系统在构成和功能上也有各自的特点。即使同属服务业的银行、电信和商贸等企业，由于其服务内容、方式的不同，CRM 系统也不尽相同。例如，银行有贷款服务，CRM 系统就需要包括依据客户关系分析结果支持是否贷款的决策功能；电信企业有上门维护和维修通信设备的服务项目，则对客户服务调度功能有较高的要求；而商业企业营销活动较频繁和重要，故 CRM 系统的相应功能也就比较突出。

3）CRM 系统的重点内容

CRM 系统的重点内容包括客户渠道管理、客户呼叫中心、客户关系数据的挖掘以及客户细分等四个方面。

（1）客户渠道管理

客户渠道是企业与客户联系的途径及交易的接口，目前可用的客户渠道有服务柜台、邮局、电话机、手机、传真机、自动服务机（如 POS 机、ATM 机）、计算机与通信网络（如邮件、呼叫中心、网站）等。企业通过客户渠道为客户提供服务，与客户开展交易，向客户发布信息和接受客户的反馈意见等。客户渠道管理是 CRM 系统的重要组成部分，其水平与效果直接影响客户的满意度。

客户渠道管理的主要目的是通过各类渠道的运作与对客户分布情况的统计分析，支持其优化配置、有效宣传和均衡调度，使企业与客户之间能够保持便捷与畅通的联系。客户渠道统计分析的对象主要有各类渠道的利用率、负荷分布、平均占用时间、联系成功率、使用适配性等指标。此外，对渠道内容的分析还可以间接地了解客户偏好以及产品与服务受欢迎的程度，为产品与服务的研发决策提供重要依据。客户渠道的配置与企业类型有关，但总的趋势是服务柜台和邮局等传统的渠道将会逐步退化，而基于现代信息技术的客户渠道所占比重将逐步上升。

（2）客户呼叫中心

呼叫中心（Call Center）是充分利用计算机与通信集成（CTI）技术，如交互式语音应答系统（IVR）、自动呼叫分配系统（ACI）等现代信息技术，将营销、销售、技术支持及和客户服务等商业活动的交互接口统一而成一个集成的系统平台。简单地说，呼叫中心就是可以自动处理大量不同类型的电话或其他方式呼入与呼出的场所，是一个集中应答电话的地方。

世界上第一个具有一定规模、可提供 7×24 小时服务的呼叫中心是由泛美航空公司在 1956 年建成并投入使用的，其主要功能是让客户可以通过呼叫中心进行机票预订。发展至现今，呼叫中心已在许多行业推广应用。这些呼叫中心或自建、合建或者外包，或人工坐席或者全自动化，总之大多均达到了预期的效果，为客户带来了很大的便利性，其中国内最为大众所熟悉的呼叫中心可能要数电信部门的"114"查号台。CRM 系统与呼叫中心的关系非常密切。从广义上讲，呼叫中心作为销售与客户服务的前端可以被归入 CRM 系统中，换个角度来看，呼叫中心的很多工作也都需要依靠 CRM 系统的支持。

（3）客户关系数据的挖掘

数据挖掘（Data Mining）是一种能够从大量历史数据中探寻潜在有价值的信息和知识的技术，因为具有类似采矿和淘金一样的含义而得名。数据挖掘技术涉及较多的数学方法和智能方法，如数理统计、概率分析、人工神经网络、回归分析、遗传算法、近邻算法、规则推导等，而在数据挖掘建模方面，常采用分类、聚类和关联分析等方法。目前在数据挖掘技术实践方面已经有不少的软件工具可供选用，如 SAS/EM Enterprise Miner、SPSS、IBM/Intelligent Miner、Oracle/Darwin 等。

企业在与客户长年累月的交往中积聚了大量的客户信息，以及有关的交易和服务数据，其中就隐含了许多具有重要价值的信息和知识，非常值得加以开发。因此，数据挖掘技术在 CRM 系统中也得到了较普遍的应用。通过数据挖掘企业能够获得事先未知但确实客观存在的一些信息，如有关客户行为、客户分布，以及产品和服务的潜在关系、市场需求发展趋势等对企业生产经营具有参考和指导价值的规律或模式。例如年轻客户群偏好某种款式的产品、某种产品的销路受服务质量的制约、利润中极大部分是由某些少数客户所创造的、具有某些特征和征兆的优质客户容易流失等。"小孩尿布销售量增加的时候，啤酒的销量也同步上升"的案例就是典型的数据挖掘成果。

数据挖掘的实现必须建立在相当规模的数据之上，对数据的存储和管理有着特殊的要求，常规数据库在存储空间和组织方式上大多难以胜任。目前数据挖掘研究基本上都是基于数据仓库的，数据仓库的数据也是从常规的工作数据库中定期转载而来的，按其所面向问题的多维主题以组织数据。从一定程度上讲，数据仓库类似于历史档案库。

（4）客户细分

客户细分是最能体现 CRM 系统特色的内容之一，也是其研究较多且极具实际价值的功能。所谓客户细分就是按照客户的属性（如个体客户的年龄、职业、偏好和信用度等，机构客户的所在行业、规模、管理水平、信用度等）、交易产品特点、服务需求，以及过去、现在和将来的价值等指标将客户划分为若干类别，称为客户群。同一客户群中的客户具有相同的特征。客户细分对于企业如何更好地设计针对性强的产品和服务，将有限的资源科学合理地配置到最有效的地方，均具有重要的参考和指导作用。客户细分越细致，越有利于个性化和差异化服务方案的设计及实施。

不同企业及其目的不同均会有不同的客户细分依据和细分指标。目前一种比较常见的方法是按照客户为企业所带来价值的大小来细分客户，即所谓基于客户价值的客户细分。细分结果可能划分出大客户群、小客户群、具有发展潜力的客户群、没有发展潜力的客户群等。还有较多按客户的喜好或消费习惯来划分的客户群，这种划分的结果可能是高档次消费客户群、实惠型客户群、固定型消费客户群、偶然型消费客户群等。再例如银行客户的细分，可能会有诸如高端优质型、成长型、投资型、储蓄型、理财型、生活便利型或综合型等客户群的细分结果。

4）CRM 系统的建设与应用

CRM 系统的建设也是一项较为复杂的工程，其主要难点有三：其一，所涉及的数学方法和智能方法，以及客户关系数据分析建模等均需要较深的专业知识，且当前的CRM 系统还远未达到足够的用户友好程度；其二，与其他信息系统集成而引发的品种选择问题，目前软件市场上主业型和非主业型两大类 CRM 系统产品各有其特点，前者功能全面且相对独立，与用户的其他信息系统异构而导致集成难度较大，后者则仅含有核心功能（即数据的集成、分析和决策支持三个层面），与其他信息系统集成的能力较强；其三，系统要求具有规范的客户关系数据集成和足够的数据积累，这对于信息系统应用的时间不够长、历史数据未能很好保存，或者数据结构差异较大的企业而言，建设 CRM 系统犹如无米之炊。

这些难点使得绝大多数的用户企业选择购置商品软件的方式以建设其 CRM 系统。CRM 系统的软件产品所面向的行业也有侧重，如金融业、商业、制造业等较多，不同行业的 CRM 系统也各有差异，选购时应当充分考虑到该因素。与 ERP 系统相比，CRM 系统更为经营理念所左右，即如果没有很好地树立起以客户为中心的经营理念，那么 CRM 系统将难以达到预期效果。此外，也并非所有企业都有必要应用 CRM 系统，对于一些客户数量并不多或者客户相对稳定的企业，ERP 系统中的客户管理功能就已经基本上能够满足相关需求了。

自 20 世纪 90 年代提出 CRM 概念以来已有一段时日，但我国企业普遍对 CRM 系统的应用不理想。究其原因主要还是专业知识要求较高，企业难以深入应用，以及没有足够的客户数据资源来满足一定信度要求的分析需要。此外，数据仓库投资大、建设难度大也是导致 CRM 系统应用不佳的重要原因。目前，仅银行、通信、商贸等领域的大型服务企业中的 CRM 系统得到了相对而言算比较理想的应用，其实这也要归因于这些企业拥有大量的客户和比较雄厚的资金实力。

总的来说，CRM 系统的应用普及以及要取得理想的效果还有较长的路要走。现阶段有意或有必要建设和应用 CRM 系统的企业不妨采用分步走的策略，先搞好客户数据集成等基础工作，再建设和应用一些切实能够产生效果的局部功能模块，例如客户属性和信用分析，销售、营销和客户服务的相关统计分析等。

7.1.3　电子商务系统

说到电子商务（Electronic Business，EB 或 e-Business），那还得从先产生的电子商贸（Electronic Commerce，EC 或 e-Commerce）说起。电子商务和电子商贸是两个既有

联系又有区别的概念，不过却常常普遍被混淆或误用了，而今以至于似乎到了不得不将错就错的地步。不管怎样，电子商务不仅已被企业界普遍接受，也为寻常百姓所喜闻乐见，可见电子商务系统已成为现代管理信息系统之一。

1）电子商务的概念

电子商贸是利用计算机互联网通信、电子数据交换（Electronic Data Interchange，EDI）和其他数字技术，以电子方式进行商品交易与服务的过程，还包括支持这种市场交易的广告、营销、客户支持、交付和结算等相关活动，其实质就是网络电子化的交易模式。电子商贸依靠计算机处理能力以及网络所特有的强大通信功能，建立起连接商贸活动相关企业与消费者的网络通信平台。基于此平台，交易各方通过通信网络传递商业文件，然后在各自的信息系统中处理这些文件，从而实现快速有效的商业交易。与传统人工交易相比，电子商贸在降低交易成本和提高交易效率方面具有显著的优势。

电子商务是因特网和其他数字技术在企业业务流程管理和控制方面的应用，其涉及范围宽广到计算机网络所能到达的任何管理活动，尤其针对那些能够凸显网络系统优越性的跨组织、跨地域商务活动的管理，其具有将整个企业电子化的含义。电子商务所涉及的各企业内部部门之间、相关企业之间，以及企业和消费者之间发生的商务单据或交互数据均以电子方式在网络上传输并处理，由此从根本上改变了传统的企业业务处理及管理方式。

从以上关于电子商贸与电子商务的描述中还可以大致辨析出两者之间概念上的区别和联系。其实单按字面上的理解，其含义本来就属于既有别而相近似。电子商贸早在20世纪70年代就已产生并实践应用，而电子商务则是到20世纪90年代才出现的。由于翻译上的原因和两者本身又很近似，或者还有其他什么原因，总之至今多数人在众多场合已不再或很少对两者加以区分，且中文的表达都习惯地使用电子商务一词了。

既然已成为约定俗成的惯用概念，那么只要明确电子商务的具体含义也就无碍其研究与应用，因此可以理解为电子商务概念范畴更大，其包含了电子商贸的含义。事实上，目前极大多数电子商务其实尚处于电子商贸层面，即电子化的买卖交易上。为了方便学习和理解，本书此后的叙述中也就直接使用"电子商务"一词。

电子商务也是一类信息系统，且内容上与ERP系统和CRM系统均存在一定的重叠之处。具体而言，ERP系统的重点在于业务流程，但也涉及客户订单处理、向供应商订购原材料等管理活动；CRM系统的重点在于客户或消费者，同样也涉及销售、营销和客户服务等活动；而这些内容与电子商务的交易活动显然也有部分重叠，但在概念和侧重点上电子商务与其他信息系统还是有所不同。首先，电子商务着重于电子化的交易处理手段，这与ERP系统侧重交易流程管理不同；其次，电子商务着重于参与交易的相关企业之间，以及企业和消费者之间的电子交互方式，这又与CRM系统侧重相关方的关系管理不同；此外，电子商务着重于不受地域和时段限制的交易与合作，而其他信息系统侧重的是业务的处理和管理问题的解决。

按商业交易参与方的性质划分，电子商务有以下五种交易模式：

① B2B，企业与企业之间（Business to Business，B to B）。

② B2C，企业与消费者之间（Business to Customer，B to C）。

③ C2C，消费者与消费者之间（Customer to Customer，C to C）。

④ B2G，企业与政府之间（Business to Government，B to G）。

⑤ C2B，消费者与企业之间（Customer to Business，C to B）。

其中 B2B 是电子商务中份额最大的网上交易模式，据统计，目前 B2B 交易模式的交易额是 B2C 的 100 倍以上。

B2C 如同网上商店或者虚拟商店，是消费者直接在网上购买商品或接受服务的模式，其发展空间巨大。B2C 主要面向个体消费者，因此也是人们较为熟悉的网上交易模式，例如，当当书店的网上书籍购买。

C2C 是一种消费者之间在网上开展的商品交易活动，主要以个人物品拍卖为主，比较著名的 C2C 网站有易趣网和淘宝网。

B2G 主要用于政府的网上采购，由于这种交易模式往往是先由政府在网上发布采购意向及内容，然后企业投标竞争供应方，故也称 G2B 模式。

C2B 交易模式则是一类新兴的以客户为先导的网上交易模式，即先由消费者提出所需的要求，再由企业提供相应的商品或服务。这种交易模式在理念上符合以客户为中心的思想，也具有相当可观的发展前景。

电子商务都在一个称之为交易平台或虚拟市场的环境中进行，该平台一般以商务网站的形式存在。商务网站有自建和第三方提供两种模式，大企业或交易量较大的企业往往自建商务网站，而小企业或实力不够的企业则可以借助第三方专业商务网站开展电子商务活动。

电子商务的交易有着与实际交易相似的运作模式，如图 7.5 所示。

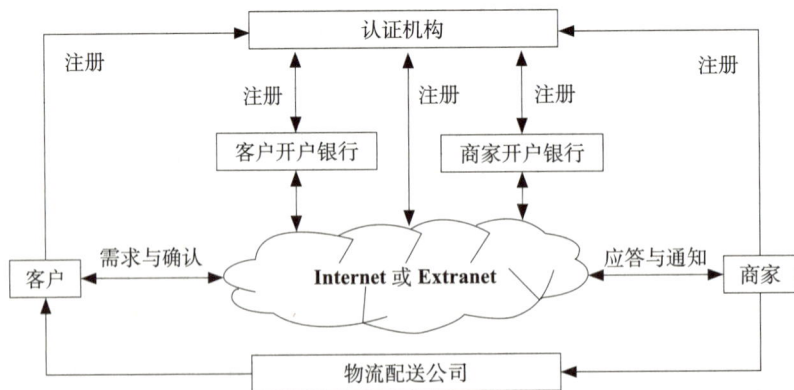

图 7.5　电子商务运作模式

上述五种交易模式在此基本运作模式的基础上又各有特点，为了安全可靠，其中对交易各方的身份认证是一个重要环节。电子商务无论其网上具体运作方式如何，均不用手工、无须纸张。但是，如果属于实物商品或者是需要物质为载体的信息商品的交易，则还是要靠交通运输工具和人工运送商品并最终交付消费者。因此，电子商务离不开物流，物流水平已成为影响电子商务发展的重要因素之一。

2）电子商务的运作流程

电子商务交易流程一般可以按照售前、售中和售后的传统销售流程来划分，对售中也可再做进一步的区分，那么大致可以分为交易前准备、商务洽谈、签约与执行、结算支付、售后服务等五个阶段，如图7.6所示。

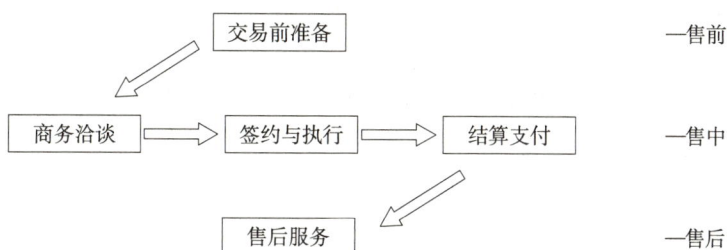

图7.6　电子商务运作流程

（1）交易前准备

交易双方都需要有交易前的准备工作。商家的准备主要是通过商务网站对外发布商品和服务信息，利用网络为自己做宣传。较主动的商家还会在互联网上主动搜索客户的需求信息并与自己能提供的商品和服务进行匹配，以寻找可能的交易机会。客户的准备工作主要是在网上搜索自己所需的商品或服务，一般要经过多个电子商务网站的检索和比较。随着计算机及互联网应用的普及，消费者越来越注重交易前的准备，会对多个商家的信用、商品质量以及价格和服务水平等做对比分析，不仅个性化、差异化的需求越来越显著，而且越来越挑剔和苛刻。客户方可以在网上发布自己对商品或服务需求的信息，以供有关商家发现和匹配，也可以自己主动将其需求与商家可能提供的商品及服务进行匹配。商家的交易前准备还可以再向前推移到网上营销目标的定位和策略的制订，尤其是对于B2C的交易模式，因受众面广而更应该有所侧重和做特色方面的考虑。

如今互联网上随处可见琳琅满目、多姿多彩的商品和服务的广告信息，有些网站还从需求与供给两个方面提供了成千上万的商品和服务信息，可以说，商务网站的商品和服务信息已经是应有尽有无所不包。与传统的报纸、电视、招贴等渠道的宣传广告相比，无论在互联网或内联网上，网站及网页等超媒体形式展示商业信息的手段显然要优越得多。另一方面，随着电子商务的普及和发展，商家之间的竞争也越来越激烈，从一定形式上看，原来直接可见的企业营销实力已转变为网站内容的制作水平。

（2）商务洽谈

电子化的网上商务洽谈，在内容上与传统方法基本相同。洽谈内容的多少和复杂程度取决于交易内容的重要性和交易双方的关系程度，有的商务洽谈内容非常繁多，尤其是跨国的 B2B（国际贸易）上的洽谈，具体包括有需求和报价请求、报价、询盘、发盘、还盘、交易条款商谈、订单草拟等。一些日常的交易，例如 B2C 的交易在洽谈上就相当简单，有时甚至谈不上什么真正的洽谈，因为通常其交易额较为零碎微小但交易数量庞大，如果洽谈过于繁杂将会失去电子商务的优势。

网络上电子化的洽谈需要通过电子文件和电子单据的往来进行信息传递，交易各方要谈妥对应的义务和责任。此阶段的工作是建立在双方相互信任的基础上，因此需对彼此给出有关身份的合法性及可靠性的权威认定，承担该认证工作的是所谓的认证机构或认证中心。认证机构的数量非常有限，一般均有政府背景和相当高的可信度。例如，威瑞信公司是国际上的著名认证机构，上海市数字证书认证中心是我国的认证及管理机构。在这些认证机构的网站上有身份认证等知识的介绍，有兴趣和需要的读者可自行上网查看。

洽谈内容越多越复杂，就越能体现电子商务手段的优越性。传统的电话方式也比较方便，但不够准确也不便于确认；传真虽方便精确，但不够安全可靠且法律依据不足；文件邮寄能克服以上缺点但又费时，处理周期太长。电子商务手段能实现交易所需的各种单据文件，并且快速、准确、安全和可靠。当然，电子商务所有这些优越性均必须建立在先进、可靠的信息技术基础之上，但目前也只能够做到最基本的安全保障，尚不能保证绝对的安全可靠。

（3）签约与执行

洽谈后若交易双方能达成一致，并愿意承担各自应尽的义务和责任，且得到认证确认后即可进入签约和执行阶段。B2B 模式具有规范标准的合同文本，手续齐全程序严谨，而有些 B2C 模式的交易就并不一定有那么严谨了，一般只需要在网上对电子订单按下确认按钮即可。签约的做法与货款或服务费用的支付方式有关，货到付款的情况下签约就比较简单，而且合同签约一般还可以采用电子签名方式。

电子商务的签约同样具有法律效力，所有洽谈过程中的文档和合同都要以电子日志和数据文件的形式记录并保存起来。签约后，交易双方均不能抵赖或随意撤销，也不能单方面更改或毁约。与传统的书面合同一样，所有相关电子资料也要采取加密和密码管理等安全保护措施，确保不会被篡改和失密。合同签约后的执行除了交易双方，可能还要涉及许多相关机构，最复杂的如国际贸易的电子商务，同样要有中介、银行、海关、商检、税务、保险、物流等机构的参与。如果这些机构也采用电子化手段与交易平台连接，那么这样的电子商务就是完整和全面的。随着交易合同的执行及推进，这些机构也将陆续参与进来，对各个环节进行相应的电子化处理，直到客户获得商品或接受服务。对于需要根据合同再进行生产制造的商品，或者需要事先采购备货的商品就还牵涉商家内部事务，例如商家按照交易合同备货等，这也正是电子商务被延伸到企业内部的原因。如果电子商务与企业相关信息系统连接，那么就构成了更为理想的电子商务系统。

电子商务交易执行中，电子化的信息还能够供交易双方和有关机构共享，客户可以通过计算机网络查询其合同落实的进程，以便能够及时跟踪、了解相关情况。例如，了解相关货品是否已经进入生产安排或进入采购备货阶段，是否已经装箱发货，是否准时或脱期等。对于客户来说，这些反映合同执行情况的信息是非常重要且有意义的。

（4）结算支付

电子商务中交易通常采用电子支付方式进行结算并交付货款或服务费用，电子支付成了电子商务中最为复杂、难度也最大的重要环节。货款和费用也是以电子形式表示的，目前电子支付主要通过信用卡、电子支票和电子现金三种形式，其基础是金融电子化网络。所谓电子支付其实就是经由计算机信息网络，将账户及支付的相关数据以电子数字形式从一个账户传送到另一个账户的过程。该过程以电子化方式由客户启动，再由银行等金融机构的信息系统进行传送与控制，最后由商家在其电子化的账户上予以确认。

信用卡电子化后作为由金融机构为客户或消费者签发的一种电子支付工具，同时也具有一定的货币存储功能和透支消费功能，一般为最终消费者所采用。电子现金或数字现金是一种加密后的数字形式流通的货币，具有与现金等同的可交换性、存储性和匿名性等性质，但必须经由授权和担保的金融机构通过软件系统来处理和传输。电子现金的性质决定了其一般只适用于小额度支付。电子支票则是模拟纸质支票的电子货币表现形式，具有一次性的定额支付功能，需要在注册、开具、背书和认证等系列操作以后才能生效，自然，这些操作都以电子数字的方式进行。

电子支付与传统的纸质货币或凭证支付相比具有简单、便捷和高效等显著优点，确定将成为最终全面替代传统支付的先进支付方式。电子支付中最为突出的问题还是安全、可靠及有效性等问题，目前所采用的应对方案主要是基于数字加密、数字签名、数字认证或验证等技术手段。

（5）售后服务

有的交易合同附带有售后服务条款，许多商品和服务按照法规或习惯做法也带有一定的售后服务内容。如果这些售后服务也通过网络实现，或者售后服务的相关管理流程是在网上进行的，那么也属于电子商务过程中的一个阶段。通过现代信息网络，客户提出商品存在的或者后续服务产生的问题之后，商家提供相应的技术支持和解决方案并能跟进服务状况，客户也能提供反馈意见等，而所有这些均属于电子商务售后服务内容。

与传统的电话或书面询问、上门解决问题等比较，电子商务确实有其优势。但是毕竟存在某些售后服务可能还是需要采用传统方式进行，不可能全部由电子化方式实现。

为了能更好地理解电子商务的交易流程，下面以一个消费者持信用卡在网上购物的过程为例进行简要描述，如图 7.7 所示。

①持卡人（购物人）使用浏览器在商家 Web 页上的商品目录中查找和选择所需要购买的商品。

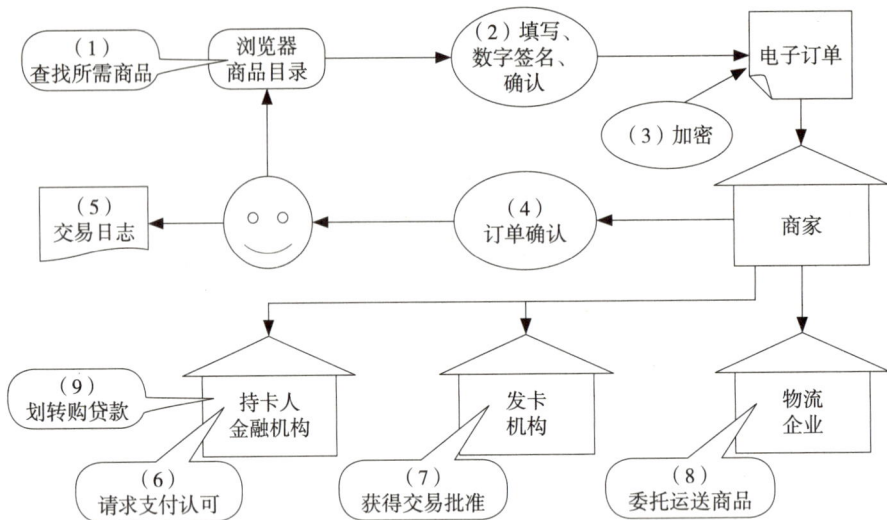

图 7.7 信用卡网上购物

②持卡人填写 Web 页上的电子订单，选择付款方式、数字签名并确认订单。

③电子商务系统为订单加密。

④商家接受订单，向持卡人发送订单确认信息。

⑤所有交易日志和文件存档，以备将来查询。

⑥商家向持卡人的金融机构请求支付认可。

⑦发卡机构确认，发出交易批准。

⑧商家直接或请物流企业给持卡人（购物人）运送商品。

⑨商家随即或稍后请银行从持卡人账户划转购物款。

电子商务纵然有很多优越性，但由于在较开放的网络环境中进行，客户与商家并不见面，整个过程可见却不可着，也给彼此带来了安全和诚信的问题。这也正是电子商务实际应用的瓶颈所在，必须依靠现代信息技术及相应的法律法规来予以有效解决。

3）电子商务的关键技术

电子商务的关键技术主要是计算机网络技术和安全技术，安全技术解决交易的安全性与可靠性问题，如保证交易文件的机密、完整和不可抵赖，验证交易各方身份的合法和有效等。目前应用得较为广泛的相关安全技术有计算机通信网络、防火墙技术、非对称加密技术、数字签名技术、身份认证技术和安全电子交易协议等。

（1）计算机通信网络

早期的电子商务在专用的计算机通信网络中通过约定的电子文件交换格式互传交易文件。目前的电子商务已主要在互联网环境中运用电子邮件或网页订单等方式传输交易文件，而商家内部交易文件的传输和处理则可利用内联网或局域网实现。

（2）防火墙技术

防火墙是一种通过硬件或软件实现的，安装在企业内部网入口处的信息流通核查和控制系统。防火墙对流入或流出的信息做判断，对于未授权的非法信息流通予以拦截。应用防火墙可以防止外界非法用户的入侵，使企业内部信息免被破坏或盗取。防火墙技术对于电子商务来说是一道外围的关卡。

（3）非对称加密技术

非对称加密技术是采用数字密码技术对所传输的文件加密的技术，该技术由商家将密钥分设为公开密钥和私人密钥。公开密钥向客户等其他交易有关各方公开，客户用此密钥对商业文件加密后传给商家；商家接收后再用私人密钥进行解密。非对称加密技术的公开密钥也可用于电子文件的数据签名，以供接收方识别原始文件以确保其真实性和不可抵赖性。

（4）数字签名技术

数字签名技术是通过以一串称为数字摘要的短小签名信息编码来表达身份的技术。该技术先将待发送的文件编码加密产生 128 bit 的数字摘要，然后用发送者的私用密钥再对该摘要加密而形成数字签名。接收方收到后用公共密钥解密，再用与发送方同样的方法编码对其加密再次产生数字摘要并做对比，若两次摘要完全一致，则说明该文件在传送过程中没有被破坏或篡改。

（5）身份认证技术

一般的身份认证有口令、磁卡等技术，而要求较高的身份认证则需要采用由第三方审核并确认以给出身份证明的技术。电子商务中的身份认证通常由权威的认证中心（Certificate Authority）负责对交易各方身份的查证和认证事务，然后再发出数字证书以确保客户和商家的合法和可靠。

（6）安全电子交易协议

安全电子交易协议（Secure Electronic Transaction，SET）是一套保证在线交易中信用卡支付安全的规范或规则。该规范涉及商家、持卡者、商家开户银行、电子货币发行机构和认证中心等交易相关对象，内容有安全技术规范和交易信息格式规范等，主要涉及交易文件加密技术和交易对象认证技术。遵循该规范所实现的软件插件安装于浏览器和 Web 服务器，在线对交易文件加密并针对客户信用和商家身份提供认证，确保交易各方信息相互隔离而不泄露私密。交易过程中，电子文件的传输和确认行为均由 SET 协议约定的认证机构对持卡人和商家的身份进行认证，确保不存在冒名顶替。

4）电子商务系统的优势与发展

由于网络特有的时空优点，电子商务在提高商务效率、减少交易环节、缩短交易周期，以及改善企业形象、降低管理成本、密切企业之间和企业与客户之间的关系等多方面均有显著作用。电子商务能够使企业价值链各环节增值，同时也给客户带来了很大的便利与实惠。电子商务的兴起无疑将会对整个社会商业体系的结构及市场格局，以及企业的营销理念、策略和方式，包括对消费者的消费观念和行为习惯等产生巨大且深远的影响。无纸化、个性化、理性化、电子货币、虚拟体验等交易新特点或新方式已成为必然趋势。电子商务不受企业规模的限制，能为企业提供争夺市场份额的机遇，也引来了更激烈的市场竞争，但也为消费者带来了全新的市场且更为便捷多样的消费途径。

除对原有的商业环节有显著的增值外，电子商务还延伸出了许多新的交易方式，如24小时网上服务、个性化产品与服务组合、虚拟商店、信息产品直接在网上发送等。完全按电子商务模式运作的企业，如网上银行、网上书店、网上服务公司等，更是充分体现了电子商务的优越性。其运营成本低廉，再凭借丰富的客户资源，能轻装迅速地占领市场，可见具有显著的竞争优势和发展潜力。

综合来看，电子商务的发展还存在着诸多一时难以克服的瓶颈问题。例如，尽管技术层面上已解决了许多安全和可靠性的问题，但是"道高一尺，魔高一丈"，单靠技术是不可能从根本上解决这些问题的，还必须由国家制定出相应的政策制度及法律、法规，并设立专门的部门机构严格监管执行。目前我国整个信用体系尚不够健全和完善，这也从一定程度上有碍于电子商务的推广应用。而物流配送是电子商务最终得以实现的必需环节，若物流配送体系不够健全也必然会制约电子商务的发展。此外，还有一些诸如合同有效性、税收、知识产权等方面的法律法规问题，在电子商务环境中这些问题带有很大的特殊性而难以用传统的办法予以解决。

然而电子商务毕竟是先进的商务模式，电子商务企业也是先进的企业组织模式，代表着企业发展的方向。随着信息技术的不断发展以及相关环境条件的改善，相信电子商务前景可观，将会有更广阔的空间和更迅速的发展。

7.2 信息系统的国际化和全球化

7.2.1 国际化信息系统

前面章节所描述的由先进的互联网络和信息系统驱动的全球经济体系正日益显现，许多区域性公司将被快速发展的跨越国家边界的网络化公司所替代。国际贸易的持续增长也反映出了全球经济一体化的发展趋势。

1）开发一个国际信息系统架构

国际信息系统架构是由能够为组织协调其全球贸易及其他相关活动的基础信息系统组成，当建设一个国际信息系统时应当遵循的基本策略是首先要了解全球环境以及在此环境竞争中的公司战略。其次必须考虑如何实现该战略及所有相关的管理问题，关键是设计企业过程。最后一个才是技术平台问题，虽然不断发展的技术确实是引导全球市场的关键驱动因子，但合理地选择恰当的技术之前更需要先确定公司战略和结构。

2）全球环境：企业驱动器和挑战

表7.2列出了全球环境中的企业驱动器，它领导行业向着全球市场和全球竞争前进。

表 7.2　企业驱动器

全球通信和运输技术	全球市场
开发全球文化	全球生产和经营
全球社会标准	全球协调
政治稳定	全球职工队伍
全球知识库	全球规模经济

全球企业驱动器可以分为两组：一般文化因素和特殊企业因素。容易看出一般文化因素从第二次世界大战后已经驱动了国际化。信息、通信和运输已经创造了一个全球村，在其中围绕着世界的通信（用电话、电视、无线电和计算机网络）已非常便利，且并不比地区通信贵多少。货物运送和服务到分散地区的成本已极大地降低。

另一个驱动因素是全球知识库的增长。在第二次世界大战后知识、教育、科学和工业技能高度集中于北美、西欧和日本，世界的其余部分被称为第三世界，现在已不复如此。中国、拉丁美洲、印度、南亚和东欧已经发展了强大的教育、工业和科学中心，形成了一个较民主、广泛多样化的知识库。

这些一般文化因素领引了国际化，形成了特殊的企业全球化因素，已经影响了大多数行业。强大的通信技术和随之广泛化的世界文化创造了全球市场条件—全球顾客喜欢消费相同或类似的产品，这也是不同区域文化的相互认同。

新的全球市场与全球生产和运营的压力进一步呼唤着所有生产因素的全球性协调，不仅生产，而且会计、市场和销售、人力资源、系统开发（所有的企业主要职能）都可以进行全球范围的协调，全球化的市场、生产和管理创造了强大且持续发展的全球规模经济。生产由全球需求驱动，并尽可能集中在更容易完成的地方，有效资源也尽可能集中在较大的生产运转，于是大工厂的生产运转计划也可以进行更高效、更精确的预估。生产的低成本因素可在其出现的任何地方被开发利用，其结果就是跨国公司可以实现全球组织生产的强大战略优势。显而易见，这些一般的和特殊的企业驱动器已经大大地扩大了世界的贸易和商业。

然而也并非所有行业所受到的这种趋势之影响是相同的，相对于服务业来说，制造业所受的影响更大。然而在通信业、娱乐业、运输业、金融服务业和一般商业服务业（如法律），服务的地区主义也正在被打破。很明显，处在同一行业的公司若能够了解行业的国际化并做出合理的响应，则在生产率和稳定性上就更能获得巨大的收获。

表7.3列出了开发全球系统的最普遍和最强大的挑战。在文化层面上，特殊主义者基于有限的或个人的性格做出判断和行动，其所有的各种形式（宗教的、国家主义的、种族主义的、地区主义的、地理政治位置）均拒绝共享全球文化的概念，并拒绝外国商品和服务对其地区市场的渗透。文化的不同产生了社会期望、政治和法律规则的不同。

例如，美国的消费者就期望地区名牌的商品应是本地生产的，不愿听到所购买的本地商品事实上是由国外制造的。

表 7.3　全球信息系统的挑战

一般挑战	特殊挑战
文化特殊主义：地区主义、国家主义、语言差别 **社会期望**：品牌期望、工作时间 **政治法律**：跨边界的数据与隐私、商业规则	**标　准**：不同的电子数据交换、电子邮件、通信标准 **可靠性**：网络通信可靠性不一致 **速　度**：不同的数据转换速度 **个人化**：缺少熟练的顾问

不同的文化产生了不同的政治制度。世界上不同国家有着不同的相关法律规定。系统软件和硬件来源、网络通信以及无线电、卫星通信、信息共享规范及对隐私的保护等，甚至商业时间和商业贸易术语在不同的政治文化中差异也很大。不同的法律、政治制度使得全球性商业更加复杂，这也是建造全球系统时必须加以考虑的。

例如，欧洲国家具有十分严格的法律，关注跨越边界的数据流和隐私，跨界数据流（Trans-border Data Flow）定义为以任何形式跨过国家边界的信息流动，某些欧洲国家禁止财务信息的处理越出国界或个人信息流向外国。《欧洲数据保护法令》于1998 年 10 月生效，限制任何信息流向不符合欧洲严格的个人信息法律的国家（如美国），以至于金融服务、旅游、健康护理公司等均有可能直接受到影响。受此影响，大多数跨国公司在各个国家分别开发了对应的信息系统以避免信息跨越国界的费用和不确定性。

7.2.2　组建国际信息系统

跨国公司面临三个组织问题：选择一个战略；组织企业；组织系统管理领域。前两个是紧密联系的，所以一并讨论。

1）全球战略和企业组织

四个主要的全球战略形式形成了跨国公司的组织结构基础，即地区出口、多国、特许、跨国，而每种战略均有其特殊的企业组织结构。

简单起见，这里主要描述三种组织或政府结构：集中的（在本国）、分散的（在当地的外国单位）和协调的（所有参与单位都是平等的）。其他管理模式可以在具体的公司观察到（即有一个单位处于主导地位，平等的联盟，联盟结构在战略单位之间平衡权利等）。

地区出口商战略的特点是生产优势高度集中在原产地国家，大多数的跨国公司都始于这种战略。生产、财务 / 会计、销售和市场、人力资源、战略管理均在其母国设置以利于优化资源。国际销售利用代理合同或子公司的分散化，即使如此，市场营销的主流也还是完全依赖于地区基地。

多国战略在母公司基地集中财务管理与控制，而将生产、销售和市场运作等分散在其他国家。销售和服务设在不同的国家有助于适应地方市场，于是组织上便形成了一个设在不同国家的生产和市场的联盟。许多金融服务公司和制造商（如通用汽车、克莱斯勒和英特尔）就属于这类模式。

特许经营商是一个利益结合体。一方面，产品的创意、设计、筹资和初始生在母国，而另一方面又必须依赖国外进行生产和销售。食品特许经营商如麦当劳、肯德基就属于这种模式。

跨国公司是跨国界的全球性管理公司，这将成为未来国际商务的主流。跨国公司没有单一的国家总部，或者只有一个全球总部，但却可能有多个区域总部。跨国战略中大多数增值活动均面向全球视角而不再限于国家边界，以求最优化的供应源和需求，无论何地都要充分利用其地区竞争优势。跨国公司是以全球而不是母国作为其管理的参考框架的，公司管理类似联邦结构，其中有一个很强的中央管理决策核心，但重大的权力和财务力量则遍及全球。

2）适应这些战略的全球系统

现代信息技术给予跨国公司更多的灵活性去修改其全球战略，架构管理和系统开发也将随之而改变。

这里所说的系统是指信息系统建设中的全部活动内容，包括系统概念模型、与企业战略计划的结合、系统开发和将来的运行及维护等。为简单起见，这里仅考虑四种类型的系统架构。①集中型系统，其开发和运行全部发生在母国基地；②复制型系统，开发在母国基地但运行转到国外；③分散型系统，各国外单位设计自己独有的解决方案和系统；④网络型系统，系统开发和运行以跨越所有单位的形式进行集成与协调。

由表 7.4 可以看出，地区出口型趋向于高度集中的系统，由单一地区的系统开发队伍来开发世界范围的应用系统；多国型则由国外单位各自设计基于地区需要的系统解决方案，或许其中仅有少数应用与总部的应用系统相同（如部分财务报告和某些通信应用）；特许型具有最简单的系统架构，正如其销售的产品一样，特许型通常先在母国基地开发出一个系统，然后在世界范围复制推广；可能最有前途的系统开发形式就是跨国型，因为网络系统具有开发和运行系统所需的单一而稳定的全球环境。

表 7.4　全球信息系统结构和战略

系统结构	战略			
	地区出口	多国	特许	跨国
集中	√			
复制			√	
分散	√	√	√	
网络		√		√

通常假设存在一个强大的通信主干、一个共享应用开发的文化和一个跨文化边界的共享管理文化。网络系统架构在金融服务中最常见，因为单一的产品（钱和钱的凭证）似乎克服了所有文化障碍。

3）企业重组

为在国际范围内进行商务活动，一个公司应当如何组织呢？为了成为跨国公司并开发一个信息系统支持结构，需要遵循以下原则：

①根据相对优势来组织增值活动。例如，为了实现成本最低和影响最大，市场/销售职能应放在最利于其执行的地方。同样，生产、财务、人力资源和信息系统也应如此。

②开发和运行公司各层次单位系统。为了满足地区的需要，母国系统单位应更强大一些。区域系统单位应处理跨国界的通信和系统开发，以覆盖其主要的地理区域。跨国系统单位还需要建立跨主要区域的连接，以协调国际通信与系统的开发和运行。

③建立一个世界总部的单一办公室负责开发国际系统，设置一个全球信息主管职位。

许多成功的跨国公司都遵循这些原则并设计了组织系统结构。这些公司的成功不仅依赖于活动的正确组织，而且还有一个关键因素——管理队伍了解国际信息系统的风险和利益，并制订出能够克服风险的战略。

7.3 大数据时代的管理信息系统

随着计算机和互联网通信技术的广泛应用，相关信息技术方面又不断衍生发展出众多的前沿科技，如云计算、5G通信、区块链、物联网、商务智能、融媒体、大数据等，尤其是大数据技术的运用更使得管理信息系统如虎添翼，必然将会有更强大的功能和更广泛的应用。

7.3.1 大数据技术

不妨就先从近年网上广为流传的一个段子来领教一下大数据的厉害吧。

下面这段客服与顾客的对话基本上能告诉你什么叫大数据，以及大数据有什么作用。

某必胜客店的电话铃响了，客服人员拿起电话。

客服：必胜客。您好，请问有什么需要我为您服务？
顾客：你好，我想要一份……
客服：先生，来电显示您的号码是1380456×××，请问是机主本人吗？或者烦请告诉一下您的会员卡号。

顾客： 是我本人。

客服： 陈先生，您好！您的会员卡号是1684614××××，地址是泉州路一号12楼×××室，您家电话是262××××，您公司电话是466××××，您还有一个手机号是1391234××××。请问您准备用哪一个电话付费？

顾客： 你为什么知道我这么多的个人信息？

客服： 陈先生，因为我们联机到CRM系统。

顾客： 我想要一个海鲜披萨……

客服： 陈先生，海鲜披萨不适合您。

顾客： 为什么？

客服： 根据您的医疗记录，您的血压和胆固醇都偏高。

客服： 您可以试试我们的低脂健康披萨。

顾客： 你怎么知道我会喜欢吃这种的？

客服： 您上星期一在国家图书馆借了一本《低脂健康食谱》。

顾客： 好。那我要一个家庭特大号披萨，要付多少钱？

客服： 99元，这个足够您一家六口吃了。但您母亲应该少吃，她上个月刚做了心脏搭桥手术，还处于恢复期。

顾客： 那可以刷卡吗？

客服： 陈先生，对不起。请您付现款，因为您的信用卡已经刷爆了，您现在还欠银行4 807元，而且还不包括房贷利息。

顾客： 那我先去附近的提款机提款。

客服： 陈先生，根据您的记录，您已经超过今日提款限额。

顾客： 算了，你们直接把披萨送到我家吧，家里有现金。你们多久送到？

客服： 大约30分钟。如果您不想等，可以自己骑车来。

顾客： 为什么？

客服： 根据我们的CRM全球定位系统的车辆行驶自动跟踪系统记录，您登记有一辆车号为SB-740的摩托车，而且目前您正在解放路东段华联商场右侧骑着这辆摩托车。

于是顾客当即晕倒。

以上对话虽然仅是个笑话，但在大数据面前此番场景又何尝不可能真实呈现呢？最直接的感觉就是大数据无所不包、无所不能，只要是具有关联性的一切数据均可以被当作有用信息而加以综合性利用。

那究竟什么是大数据呢？其实关于大数据的概念目前尚无统一定义，不过倒是有两种说法值得一提。

维基百科：大数据是指一些使用目前现有数据库管理工具或传统数据处理应用很难处理的大型而复杂的数据集。

百度百科：大数据是指无法在一定时间范围内用常规软件工具进行捕捉、管理和处理的数据集合，是需要新处理模式才能具有更强的决策力、洞察发现力和流程优化能力的海量、高增长率和多样化的信息资产。

维基百科的定义表明大数据是一个组成复杂的数据集，特点是数据量巨大、传统数据方法和手段难以处理。而百度百科在此基础上强调它是一种需要新处理模式的信息资产。综合而论，大数据的主要特点就是数量大、种类多、复杂、难处理、价值大。

大数据是以容量大、类型多、存取速度快、应用价值高为主要特征的数据集合，最早应用于 IT 行业，目前正快速发展为对数量巨大、来源分散、格式多样的数据进行采集、存储和关联分析，从中发现新知识、创造新价值、提升新能力的新一代信息技术和服务业态。那么，大数据是谁创造的呢？笼统地说：是所有人的所有行为，或者说人人都参与了大数据的产生和使用。

大数据技术是以数据为本质的新一代革命性的信息技术，在数据挖掘过程中，能够带动理念、模式、技术及应用实践的创新。

有学者认为，可以用 4V 特征来描述大数据与传统数据库技术之大不同：①数量（Volume）的庞大；②种类（Variety）复杂；③更新速度（Velocity）极快；④价值（Value）性巨大。因此，也有基于这几项特征而对大数据技术做出的定义：大数据是一个跨越多个信息技术领域的活动，属于一种全新的数据处理技术，通过及时采集和处理，能够从超大容量的多种类数据中获取到巨大的应用价值。

大数据必须采用分布式架构，对海量数据进行分布式数据挖掘，因此必须依托云计算的分布式处理、分布式数据库和云存储、虚拟化技术等。

事实上大数据技术的广泛应用从根本上得力于现代信息技术的高速发展，从数据采集端的各类新型传感器、摄像头等，到互联网、物联网及高速网络通信（包括 5G 等移动通信）技术的运用，再到云存储等极大容量的高效率数据存储技术，以及性能强大的大规模数据分布式处理技术和云计算技术的普及应用，有关数据从收集、传递、存储、加工到使用的整个完全过程均离不开最先进信息技术的支撑。

7.3.2　基于大数据的管理信息系统

管理信息系统发展至今，也例外地进入了大数据时代。

如今基于大数据的信息系统已经普遍运用，也使得大数据的概念得以深入人心。从国家层面的第七次人口普查，到行业性的交通、物流状况统计，再到企业电子商务与网络营销等，大数据无处不在。尤其在最近的新型冠状病毒疫情防控中的疫情流行调查，以及健康码、行程码的普遍使用，更令人们深切而真实地感受到了大数据的重要价值。

大数据技术应用上的意义显然并非在于体量庞大的数据本身，而在于对其进行专业化的分析处理，从中获得更有用的信息。而通过对数据的加工处理以获得有用的信息也正是管理信息系统的目的，为适应大数据的特征，对于大数据时代的管理信息系统的开发与应用必然会有着更高的标准和要求，但从另一个方面讲，大数据技术的运用也同样能够极大地丰富和提升管理信息系统的能力和作用价值。

大数据还有着一个最为突出的特征就是数据类型的非结构化趋势，未来数据增长的 80%～90% 均将来自非结构化的数据类型（半结构化、准结构化和非结构化），而传统管理信息系统的数据处理还是以结构化类型为主，非结构化的数据总体上具备分布广泛、格式多样化以及数据量大等特征，这就对信息系统的数据采集、存储及处理提出了挑战，例如常规的数据库已经不能满足大数据的要求。关于大数据及相关信息系统的应用，以下几点需要重点关注。

1）非结构化数据分析的意义

这些非结构化数据似乎与企业日常经营及具体业务并无太多直接关系，但是通过对其加以分析和利用则有可能为企业带来间接的价值。例如，如果能够获得一些从侧面反映企业用户状态、经营管理状态或者员工行为的相关信息，并且通过专门的加工使其能够为企业的经营和管理决策提供参考。数量庞大的非结构化的数据确实具备为企业生产经营进行决策所需的参考价值，可惜目前大部分这类数据却被忽略甚至丢弃了。

2）企业大数据系统的能力架构分析

管理信息系统的应用也是一个数据积累过程，企业信息化建设到了一定阶段必然将面临如何处理日益增长的大数据的问题。其主要原因有：

①无论企业采用 C/S 还是 B/S 计算模式，应用或许尚能应对传统的结构化数据，但当数据量增长到一定程度时，系统结构及处理能力的限制就将导致处理速度变慢，甚至死机等问题。

②大数据技术的应用所获得的大部分属于非结构化数据，来源广泛、类别繁多，数据性质差异极大，更难有统一的格式，对于这些异构的大数据首先需要针对性地选择适合的数据处理方法。

③大数据环境下的企业信息系统需要建立一个统一的大数据平台，兼具采集、存储、分析和搜索、趋势学习和预警以及分析结果展现等功能，该平台为企业整体进行大数据服务。介于大数据的增长速度非常快，因此该平台应该具备通用性、高扩展性和高性能的特点。

大数据与管理信息系统的结合恰好迎合了新信息时代的发展需要，也必将会成为未来管理的重要应用。在大数据技术的有力支撑下，管理信息系统将拥有更大的数据资源，系统开放程度也会获得极大提升，能够更为有效地辅助决策并不断提高管理决策的精准性以获得更好的效益，与此同时，还能够极大地促进管理的发展和创新。

3）大数据应用的安全问题

大数据技术的普遍应用确实为管理信息系统带来了众多有利因素，然而也必须清醒地意识到其中存在的诸多安全问题。首先，管理信息系统的特性决定了对输入的基本要求，即信息应该是客观的，数据必须是真实的。如何确保从大数据浩瀚的数据海洋中获取到真实有效的数据，这无疑是大数据在信息系统中运用的首要问题。

此外，信息系统自身如何保证所涉及之大数据的保密性与可靠性又成了另外一个安全问题。众所周知的"棱镜"事件直接将大数据下信息系统的安全问题暴露无遗，人们已经意识到世上没有不透风的墙，并没有什么是"绝对秘密"的，也就不存在所谓绝对的安全。网络通信能够获取到更多的数据，同时也可能会泄露更多的机密。因此，保证大数据信息系统的安全是非常重要的。针对可能存在的网络安全问题，加强数据认证与监管、控制网络访问权限、强化数据加密，以及智能终端加固等均不失为保障信息安全的有效手段。此外，安全问题向来是三分技术七分管理，更重要的是相关法律法规的建立和执行。

本章小结

　　本章比较深入地讲述了当今企业中应用最为普遍和重要的 ERP、CRM 和电子商务三类主流信息系统。

　　ERP 系统是管理信息系统体系中最为先进的代表。它面向企业业务过程，将企业各个层面各类事务和业务管理职能，以及相关数据高度集成起来，构成企业级的信息系统，对企业业务流程的变革具有重要的促进作用。ERP 系统以各类企业资源的计划管理为主线，由一整套功能模块构成，其基本架构和基本逻辑起源于 MRP Ⅱ。现阶段 ERP 系统的重点问题是实施问题，主要表现在过高的失败率或效果不令人满意，问题的原因主要在于没有与企业的变革紧密相结合和未能很好地遵循实施方法论。

　　CRM 是在企业由"以产品为中心"转向"以客户为中心"的过程中产生的管理新思想，意在使企业的经营理念从"提供什么产品和服务"转变为"怎样使客户满意"。CRM 系统的目的是要通过客户资源及与企业有关的管理使企业获得最大化和持久的经济效益。CRM 系统的构成主要包括客户关系数据的全面开发与合理组织、客户关系数据的科学分析与规律探寻、客户关系分析结果对管理决策与业务过程的支持三个逐级向上支撑的层面，以及营销、销售和客户服务这三个领域中企业与客户交互进行的所有业务流程。数据挖掘技术和客户细分是 CRM 系统的主要技术和特色内容。

　　电子商务和电子商贸是两个既有联系又有区别的概念，目前有混用为电子商务的趋势。电子商务有 B2B、B2C、C2C、B2G、C2B 五种交易模式，一般的交易流程可以按照售前、售中和售后的传统的销售流程来划分，其中售中阶段还可以再做进一步的区分，大致可以分为交易前准备、商务洽谈、签约与执行、结算支付、售后服务五个阶段，其中电子方式的结算支付是电子商务中最为复杂和难度最大的环节。目前采用的安全和可靠性技术主要有防火墙技术、非对称加密技术技术、数字签名技术、身份认证技术和安全电子交易协议等。

　　此外，本章还简要介绍了管理信息系统在全球经济一体化环境下的应用特点，尤其是在大数据等新的信息技术的支持下，管理信息系统更有着极广阔的应用前景。

参考文献

［1］黄梯云．管理信息系统［M］．北京：高等教育出版社，1999．

［2］李东．企业信息化案例［M］．北京：北京大学出版社，2002．

［3］薛华成．管理信息系统［M］．5版．北京：清华大学出版社，2007．

［4］何有世．管理信息系统［M］．南京：东南大学出版社，2003．

［5］钟佳桂．信息资源管理［M］．北京：中国人民大学出版社，2008．

［6］刘四清，龚桂平．计算机网络技术基础教程［M］．北京：清华大学出版社，2004．

［7］周山芙．管理信息系统［M］．3版．北京：中国人民大学出版社，2009．

［8］徐志坚．管理信息系统案例精选［M］．北京：北京师范大学出版社，2010．

［9］肯尼斯·C.劳顿，简·P.劳顿．管理信息系统：原书第11版［M］．薛华成，编译．北京：机械工业出版社，2011．

［10］赵天唯．管理信息系统教程［M］．北京：北京大学出版社，2011．

［11］庄玉良，贺超，等．管理信息系统［M］．北京：机械工业出版社，2011．

［12］陈智高．管理信息系统［M］．北京：化学工业出版社，2007．

［13］陈伟达．管理信息系统［M］．北京：科学出版社，2009．

［14］范并思，许鑫．管理信息系统［M］．上海：华东师范大学出版社，2011．

［15］李兴国．管理信息系统案例［M］．北京：清华大学出版社，2010．

［16］李静．管理信息系统实验教程［M］．北京：北京师范大学出版社，2011．

［17］李永平．管理信息系统［M］．2版．北京：科学出版社，2009．

［18］斯蒂芬·哈格，梅芙·卡明斯．信息时代的管理信息系统：原书第8版［M］．严建援，等译．北京：机械工业出版社，2011．

［19］周苏，王硕苹．大数据时代管理信息系统［M］．北京：中国铁道出版社，2017．

［20］吴世忠，李斌，张晓菲，等．信息安全技术［M］．北京：机械工业出版社，2014．